OEUVRES

DE

JACQUES DELILLE.

TREMBLAY, IMPRIMEUR A SENLIS.

L'IMAGINATION,

POÈME

PAR JACQUES DELILLE.

DEUXIÈME ÉDITION,

ACCOMPAGNÉE DE NOTES HISTORIQUES ET LITTÉRAIRES,
ET AUGMENTÉE D'ENVIRON CINQ CENTS VERS NOUVEAUX.

TOME SECOND.

A PARIS,
CHEZ L. G. MICHAUD, LIBRAIRE,
PLACE DES VICTOIRES, N°. 3.

M. DCCC. XXV.

L'IMAGINATION,

POËME

EN HUIT CHANTS.

L'IMAGINATION,
POEME.

CHANT CINQUIÈME

LES ARTS.

Toi, que l'antiquité fit éclore des ondes,
Qui descendis des cieux et règnes sur les mondes;
Toi, qu'après la bonté l'homme chérit le mieux,
Toi, qui naquis un jour du sourire des dieux,
Beauté, je te salue (1)! Hélas! d'épais nuages
A mes yeux presque éteints dérobent tes ouvrages!
Voilà que le printemps reverdit les coteaux,
Des chaînes de l'hiver dégage les ruisseaux,
Rend leur feuillage aux bois, ses rayons à l'aurore;
Tout renaît : pour moi seul rien ne renaît encore;
Et mes yeux, à travers de confuses vapeurs,
A peine ont entrevu tes tableaux enchanteurs.
Plus aveugle que moi, Milton fut moins à plaindre;
Ne pouvant plus te voir, il sut encor te peindre;
Et lorsque par leurs chants préparant ses transports,
Ses filles avaient fait entendre leurs accords (2),

Aussitôt des objets les images pressées
En foule s'éveillaient dans ses vastes pensées ;
Il chantait ; et tes dons, tes chefs-d'œuvre divers,
Éclipsés à ses yeux, revivaient dans ses vers.
Hélas ! je ne saurais égaler son hommage ;
Mais dans mes souvenirs j'aime encor ton image.
Source de volupté, de délices, d'attraits,
Sur trois règnes divers tu répands tes bienfaits !
Tantôt, loin de nos yeux, dans les flancs de la terre,
En rubis enflammés tu transformes la pierre ;
Tu donnes en secret leurs couleurs aux métaux,
Au diamant ses feux, et leur lustre aux cristaux ;
Au sein d'Antiparos tu filtres goutte à goutte
Tous ces glaçons d'albâtre, ornement de sa voûte (3) ;
Édifice inconnu qui, dans ce noir séjour,
Attend que son éclat brille à l'éclat du jour.
Tantôt nous déployant ta pompe éblouissante,
Pour colorer l'arbuste, et la fleur, et la plante,
D'or, de pourpre et d'azur tu trempes tes pinceaux ;
C'est toi qui dessinas ces jeunes arbrisseaux,
Ces élégants tilleuls et ces platanes sombres
Qu'habitent la fraîcheur, le silence et les ombres.
Dans le monde animé qui ne sent tes faveurs ?
L'insecte dans la fange est fier de ses couleurs ;
Ta main du paon superbe étoila le plumage ;
D'un souffle tu créas le papillon volage ;
Toi-même au tigre horrible, au lion indompté,
Donnas leur menaçante et sombre majesté ;

CHANT V.

Tu départis au cerf la souplesse et la grâce;
Tu te plus à former le coursier plein d'audace,
Qui, relevant sa tête et cadençant ses pas,
Vole et cherche les prés, l'amour ou les combats;
A l'aigle, au moucheron tu donnas leur parure;
Mais tu traitas en roi le roi de la nature;
L'homme seul eut de toi ce front majestueux,
Ce regard noble et doux, fier et voluptueux,
Du sourire et des pleurs l'intéressant langage;
Et sa compagne enfin fut ton plus bel ouvrage.
L'homme en naissant voyait les globes radieux;
Sa compagne naquit, elle éclipsa les cieux;
Toi-même t'applaudis en la voyant éclore;
Dans le reste on t'admire, et dans elle on t'adore.
Que dis-je? cet éclat des formes, des couleurs,
O beauté! ne sont pas tes plus nobles faveurs :
Non; ton chef-d'œuvre auguste est une âme sublime:
C'est l'Hôpital, si pur sous le règne du crime (4);
C'est Molé, du coup d'œil de l'homme vertueux
Calmant d'un peuple ému les flots tumultueux (5);
C'est Bayard, dans les bras d'une mère plaintive
Sans tache et sans rançon remettant sa captive;
C'est Crillon, c'est Sully (6), c'est l'austère Caton,
Tenant entre ses mains un poignard et Platon (7),
Parlant, et combattant, et mourant en grand homme,
Et seul resté debout sur les débris de Rome.
    Soit donc que vous teniez la plume ou le pinceau,
La lyre harmonieuse ou l'habile ciseau;

Soit que du cœur humain vous traciez la peinture,
Soit que dans ses travaux vous peigniez la nature,
C'est le choix du vrai beau qu'il faut étudier.
N'allez pas imiter cet artiste grossier,
Qui va choisir sans goût ce qu'il peint sans adresse.
Veut-il représenter les traits de la vieillesse,
Son crayon fera choix d'un pauvre à cheveux blancs,
Qu'a flétri le besoin, bien plutôt que les ans.
S'il peint les champs, ses fleurs, ses arbres sont vulgaires.
Dans l'asile honteux des amours mercenaires
Il cherche une Vénus qu'il copie au hasard,
L'opprobre de son sexe et la honte de l'art.
Oh! combien chez les Grecs, où l'art a pris naissance,
Des modèles plus purs assuraient sa puissance!
Là, dans les jours brillants de leurs solennités,
De superbes rivaux, l'élite des beautés,
Dans la première fleur de leur fraîche jeunesse,
Disputaient de vigueur, de grâce et de souplesse.
Toujours le ris moqueur ou l'applaudissement
Jugeait chaque attitude et chaque mouvement.
Qui tombait avec art, ne tombait point sans gloire,
Et souvent le vaincu remportait la victoire.
Ainsi de la beauté le modèle certain
Instruisait le regard et dirigeait la main.
Mais, pour en retracer la peinture fidèle,
Ne croyez pas que l'art fût content d'un modèle ;
La nature se plaît à diviser ses dons.
Dans le pompeux concours de trente nations,

CHANT V.

Parmi l'essaim charmant des filles de Crotone,
Des vierges de Lesbos ou bien de Sicyone,
Tout ce qui, dans l'éclat des fêtes et des jeux,
Dans le cirque, au théâtre, avait frappé les yeux,
Composait la beauté du choix de mille belles :
Ainsi Vénus naquit sous le pinceau d'Apelles.

C'est peu : l'art plus hardi, plus noble en son essor,
Dans ce monde borné se sent captif encor :
Dérobé dans les cieux, le beau feu qui l'anime
Se ressouvient toujours de sa source sublime.
Il est entre la terre et la voûte des cieux
Un sanctuaire auguste où le maître des dieux
A déposé les plans de ses vastes ouvrages,
Des mondes qu'il médite immortelles images :
L'Imagination, avec une clef d'or,
Seule a le droit d'ouvrir ce céleste trésor.
C'est là que, sur un trône éclatant de lumière,
Réside la beauté dans sa source première ;
Non point avec ces traits faibles, décolorés,
Que lui prêtent ici nos sens dégénérés,
Que le temps affaiblit, que l'ignorance altère,
Ou qu'enfin dénature un mélange adultère ;
Mais vierge, mais gardant toute sa pureté,
Et tout empreinte encor de la divinité :
C'est là qu'il faut la voir, c'est là qu'est son empire,
Sous les traits d'Apollon l'affreux Pithon expire :
Qui nous retracera ce dieu triomphateur ?
Celui qu'il embrasa de son feu créateur,

Celui qui, pour atteindre à sa forme épurée,
Dédaigneux de la terre, habita l'empyrée;
Sans doute, en le formant, il avait sous les yeux
Non les plus beaux mortels, mais les plus beaux des dieux.

O prodige! long-temps dans sa masse grossière
Un vil bloc enferma le dieu de la lumière.
L'art commande, et d'un marbre Apollon est sorti !
Son œil a vu le monstre, et le trait est parti (8);
Son arc frémit encore entre ses mains divines;
Un courroux dédaigneux a gonflé ses narines;
Avec ces yeux perçants devant qui l'avenir,
Le passé, le présent, viennent se réunir,
Du haut de sa victoire il regarde sa proie,
Et rayonne d'orgueil, de jeunesse et de joie.
Chez lui rien n'est mortel : avec la majesté
Son air aérien joint la légèreté;
A peine sur la terre il imprime sa trace;
Ses cheveux sur son front sont noués avec grâce.
D'un tout harmonieux j'admire les accords;
L'œil avec volupté glisse sur ce beau corps.
A son premier aspect, je m'arrête, je rêve :
Sans m'en apercevoir, ma tête se relève,
Mon maintien s'ennoblit. Sans temple, sans autels,
Son air commande encor l'hommage des mortels;
Et, modèle des arts et leur première idole,
Seul il semble survivre au dieu du Capitole

A ces brillants contours que dessina sa sœur,
La peinture plus riche ajouta la couleur.

Son empire est plus vaste, et sa noble magie
Parle aux yeux, parle au cœur avec plus d'énergie,
Mais leur but est le même : ainsi que du ciseau,
Le choix d'un beau modèle est l'objet du pinceau ;
Tant que l'art plus borné ne montre à notre vue
Que le monde visible et la beauté connue,
Le choix est plus facile, et l'art judicieux
Des traits qu'il faut choisir avertira les yeux.
Mais du monde réel franchissant la barrière,
Dans le monde idéal s'il étend sa carrière,
Comment montrer à l'homme un objet plus qu'humain ?
Peindre un être immortel d'une mortelle main,
Lui composer des sens, une forme, un visage ;
Et créer à la fois le modèle et l'image ?
C'est là que du génie épuisant les secrets,
L'Imagination épure tous ses traits ;
Là, triomphe son art. C'est toi que j'en atteste,
O divin Raphaël, dont le pinceau céleste
Osa représenter, par un sublime essor,
Le Christ transfiguré sur le mont de Thabor (9).
Ah ! pour ce grand moment où, reprenant son être,
Le dieu va se montrer et l'homme disparaître,
Où prendre ton modèle, artiste audacieux ?
Il n'est point sur la terre, il n'est point dans les cieux ;
Il est dans sa pensée. Il dessine, il colore,
Il dit : « Que le dieu naisse », et le dieu vient d'éclore !...
Ses vêtements, ses traits, ses yeux éblouissants,
Des célestes clartés semblent resplendissants :

Tout l'Olympe attentif contemple sa victoire :
Ses disciples tremblants se courbent sous sa gloire ;
L'ouvrage était parfait, si la cruelle mort....
Ah ! jeune infortuné, digne d'un meilleur sort,
Hâte-toi : le temps fuit, achève ton ouvrage !
Si le destin sévère épargne ton jeune âge,
Tu seras Raphaël (10)! Vain espoir ! il n'est plus,
Et ses nobles travaux restent interrompus :
En vain se soulevant, à son heure dernière,
Il tourne encor vers eux sa mourante paupière ;
En vain, pour achever son ouvrage naissant,
Il reprend en ses mains son pinceau languissant ;
Il meurt..... Courez, portez à son ombre chérie
Ces fleurs, ces frêles dons, emblèmes de sa vie.
Mais non...... son ombre attend un hommage plus beau;
Muses, talents, beaux-arts, placez sur son tombeau
Ce chef-d'œuvre échappé de sa main défaillante;
Joignez-y ses pinceaux, sa palette brillante;
Et, changeant en triomphe une pompe de deuil,
Conduisez un trophée et non pas un cercueil :
Rome n'aura jamais vu de fête plus belle.
Et moi, moi, qui jadis, d'une voix solennelle,
Jurai de visiter ces beaux champs, ce beau ciel,
Où Virgile chantait, comme a peint Raphaël ;
J'irai, j'en jure encor, j'irai voir cet asile
Où Raphaël peignait, comme a chanté Virgile (11).
Virgile ! Raphaël ! ô douleur ! ô destin !
Tous deux sitôt ravis par le sort inhumain :

CHANT V.

Tous deux ils ont pleuré sur leur gloire imparfaite;
Mais le temps ne peut rien sur les vers du poëte,
Et dans le Vatican, par le temps outragés,
Les traits de Raphaël périssent négligés (12)!
Rome, au nom de ta gloire, arrête ce ravage;
Chaque trait effacé te dérobe un hommage;
Et, quand ton culte saint renaît de toutes parts,
Garde encor dans tes murs le culte des beaux-arts.

Ah! quand mon œil à peine entrevoit la nature,
Malheureux! de quel droit vanté-je la Peinture?
O divine Harmonie! au moins tes doux accents
Pour mon oreille encore ont des charmes puissants.
Eh! qui ne connaît pas ton pouvoir ineffable?
L'histoire, en te louant, le dispute à la fable.
Combien ma déité fut prodigue pour toi!
Elle ordonne : et tu peins l'allégresse et l'effroi,
Animes les festins, échauffes les batailles,
Mêles des pleurs touchants au deuil des funérailles;
Et du pied des autels, en sons mélodieux,
Vas porter la prière aux oreilles des dieux.
Ainsi Mars s'enflammait aux accords de Tyrthée;
Ainsi sur mille tons le fameux Timothée (13)
Touchait son luth divin, parcourait tour à tour
Le mode de la gloire et celui de l'amour;
D'un regard de Thaïs enivrait Alexandre;
Roulait son char vainqueur sur Babylone en cendre;
Ou peignant Darius et sa famille en deuil,
Des pleurs de l'infortune attendrissait l'orgueil.

Dans ses noirs ateliers, sous son toit solitaire,
Tu charmes le travail, tu distrais la misère.
Que fait le laboureur conduisant ses taureaux?
Que fait le vigneron sur ses brûlants coteaux,
Le mineur enfoncé sous ses voûtes profondes,
Le berger dans les champs, le nocher sur les ondes,
Le forgeron domptant les métaux enflammés?
Ils chantent: l'heure vole, et leurs maux sont charmés.
Mais si je veux trouver tes plus brillants prodiges,
Je cours à ce théâtre ou règnent les prestiges :
Là, tu peins les amours, la haine, la fureur,
Les tempêtes de l'air, les orages du cœur;
Ici gémit Atys, là frémit Hermione.
Honneur de la nature, adorable Antigone,
D'un père infortuné viens dissiper l'effroi!
Dans l'univers entier OEdipe n'a que toi.
Qui ne s'attendrirait aux sons touchants d'Alceste?
Courez, affreux remords, courez saisir Oreste;
Il a tué sa mère! Ah! quels cris de douleur
En accents étouffés s'échappent de son cœur!
Clytemnestre, est-ce toi? Mère désespérée!
Entendez-vous les cris de sa fille éplorée?
Agamemnon superbe, Achille furieux;
Les prêtres, les soldats, et la foudre, et les dieux?
Dans ces bosquets fleuris, près de cette eau limpide,
N'entends-je pas Renaud soupirer pour Armide?
Jamais des sons si doux, des accents si flatteurs,
N'amollirent les sens et n'émurent les cœurs.

CHANT V.

Toutefois, de cet art quelle que soit la gloire,
Où sont ces grands effets que nous vante l'histoire,
Quand de cet art divin les sons, toujours vainqueurs
Gouvernaient les esprits et commandaient aux cœurs?
Quand d'une seule corde ajoutée à la lyre
Le grand événement troublait tout un empire?
Ah! sur l'âme des grands, des peuples et des rois,
Si l'honneur conservait encor ses premiers droits,
Je lui dirais : Hélas! vois ma triste patrie,
De revers accablée et d'opprobres flétrie;
D'affreux spoliateurs se faisant avec art
Du malheur une proie, et des lois un poignard;
Les rois chargés d'outrage, et les dieux de blasphèmes;
Un monde d'intrigants, un chaos de systèmes;
Le droit des assassins, le devoir des forfaits......
Déesse, prends ta lyre et ramène la paix!

Tandis que les amours, les plaisirs, la tendresse,
Accourent à ta voix, quelle autre enchanteresse
Marche au son de la lyre, et, mesurant ses pas,
Aux lois de la cadence asservit ses appas?
C'est ta sœur, c'est l'aimable et jeune Terpsichore;
C'est ma divinité qui la conduit encore :
C'est elle dont la douce et vive émotion
A tous ses mouvements donne l'expression.
Sans elle, à nos regards vainement elle étale
De ses pas sans dessin l'insipide dédale :
Tel jadis l'acrostiche, admiré par les sots,
Tourmentait le langage et se jouait des mots.

Que la danse toujours, ou gaie ou sérieuse,
Soit de nos sentiments l'image ingénieuse;
Que tous ses mouvements du cœur soient les échos;
Ses gestes un langage, et ses pas des tableaux!
Tantôt échevelée, impétueuse, ardente,
Le thyrse dans sa main, s'élance une bacchante;
Ses longs cheveux aux vents flottent abandonnés;
Son regard est brûlant, ses pas désordonnés;
De l'amour et du vin sentant la double ivresse,
Elle tourne en fureur sous le dieu qui la presse;
L'œil qui la suit la perd dans ses sauts vagabonds.
Tandis qu'elle s'élance et s'échappe par bonds,
Voyez-vous s'avancer cette nymphe timide :
La décence en secret à tous ses pas préside;
Ses regards sont baissés; ses deux bras demi-nus
Semblent nager dans l'air, moîlement soutenus;
A peine de ses pas elle laisse la trace;
L'innocence est son charme, et la pudeur sa grâce.
Les yeux avec respect semblent suivre ses pas,
Et le faune qui l'aime en palpite tout bas.

  Pourrai-je t'oublier, auguste Architecture,
Qui domptes des rochers la rebelle nature?
Le marbre sous tes mains se découpe en festons,
Se taille en chapiteaux, se déploie en frontons,
S'arrondit en volute, en frise se façonne,
S'allonge en architrave ou s'élance en colonne;
Et des proportions la savante beauté
A joint la symétrie à la variété.

CHANT V.

Cependant, qui l'eût cru ? pour des formes si belles
La nature à notre art n'offrait point de modèles ;
L'Imagination seule en fit tous les frais.
Je sais que nos aïeux, au sortir des forêts,
Des arbres imitant les voûtes végétales,
Courbèrent en arceaux leurs vastes cathédrales :
Mais ces formes sans goût, le goût les rejeta ;
Image de leurs troncs, la colonne resta.
Alors des temples grecs et des palais antiques
L'art plus majestueux releva les portiques,
Et le ciseau qui fit les dieux et les héros
Tailla pour leur séjour les marbres de Paros.
Enfin vient Michel-Ange, et son audace extrême
Prétend surpasser Rome et la Grèce elle-même.
Il n'imitera point ces masses de rochers,
Ces aiguilles, ces tours, ces énormes clochers,
Qui, menaçant les cieux de leur cime tudesque,
Allaient perdre dans l'air leur hauteur gigantesque.
Il commande ; à sa voix accourent tous les arts ;
Il veut que son chef-d'œuvre, attachant les regards,
Avec l'immensité joigne encor l'élégance ;
Soit simple, mais hardi, grand sans extravagance.
Il s'élève, et jamais les arts audacieux
D'aspects plus imposants n'étonnèrent les yeux.
L'œil admire en tremblant ces voûtes colossales,
Des voûtes de l'Olympe orgueilleuses rivales,
Dont la proportion trompant le spectateur,
Même en la déguisant, ajoute à la grandeur.

Le ciel semble appuyé sur sa vaste rotonde,
De sa hauteur sacrée elle commande au monde (14).
Que dis-je? l'Éternel, en descendant des cieux,
Habite avec plaisir ce dôme spacieux;
Sublime effort de l'art, miracle d'un grand homme!
Digne séjour d'un dieu, digne ornement de Rome!
Rome, Athènes, les rois, les Césars sont vaincus,
Et l'univers admire un prodige de plus.

Eh! pourrai-je oublier tes talents et ton zèle (15),
O toi de l'amitié le plus parfait modèle,
Respectable Ledoux! artiste citoyen,
Partout le nom français s'enorgueillit du tien.
C'était peu d'élever ces portes magnifiques,
De la ville des rois majestueux portiques:
A l'honneur des Français que n'eût point ajouté
Le généreux projet de ta vaste cité!
Là, serait le bonheur; là, de la race humaine
Le monde eût admiré le plus beau phénomène;
Les modestes réduits, les superbes palais,
Les fontaines coulant en limpides filets,
Les comptoirs de Plutus, père de la fortune,
Les forges de Vulcains, les chantiers de Neptune,
Les temples de Thémis, les arsenaux de Mars,
Les dépôts du savoir, les ateliers des arts,
Le cirque des combats, les pompes de la scène,
Où vient rire Thalie et pleurer Melpomène;
Tout ce que dans le sein d'une vaste cité
Commande le plaisir ou la nécessité;

CHANT V.

Tout ce qui, des humains fécondant l'industrie,
Pare, enrichit, éclaire et défend la patrie.
Qu'Amphion, aux accords d'un luth miraculeux,
Bâtisse des Thébains les remparts fabuleux ;
Sur de plus grands bienfaits notre hommage se fonde :
Il fit naître une ville, et tu bâtis un monde ;
Puisses-tu l'habiter, et voir en cheveux blancs
Ta jeune colonie honorer tes vieux ans !

La Poésie, enfin, plus féconde en merveilles,
Charme à la fois l'esprit, le cœur et les oreilles.
Tout est de son empire : elle plane à la fois
Sur le chaume du pâtre et les palais des rois.
Tel, du haut de son char, le dieu de la lumière
S'empare, en se montrant, de la nature entière ;
Et, sur tous les objets répandant ses couleurs,
Peint les monts et les champs, et l'insecte et les fleurs.
Art sublime ! art divin, que j'aimai dès l'enfance,
Accepte le tribut de ma reconnaissance !.....
Par toi tout est sacré, par toi l'homme ennobli
Brave la nuit des temps et le fleuve d'oubli.
Tu protéges son nom, son tombeau, sa retraite ;
Le rameau d'or le cède au laurier du poëte ;
Le mûrier de Milton, debout jusque aujourd'hui,
Vieux comme son poëte, est sacré comme lui (16).
Du feu des passions tu sauves la jeunesse ;
Tes doux accents encore amusent la vieillesse.
Dans nos jours orageux, que ne te dois-je pas ?
Retiré, tu le sais, loin des fougueux débats,

Seul je touchais ma lyre, et, plus heureux qu'Orphée,
Quand ses chants attiraient les monstres du Riphée,
L'ambition, l'orgueil, et la haine et l'effroi,
Tous ces monstres affreux s'enfuyaient loin de moi.

 Qu'en vers pleins de bon sens, et quelquefois de grâce (17),
Boileau dicte en détail les règles du Parnasse;
Le sublime idéal seul m'occupe aujourd'hui.
Deux genres avant tout semblent formés pour lui :
L'un fait naître les ris, l'autre couler les larmes.
Qui d'eux veut le plus d'art, lequel a plus de charmes?
A d'oisifs discoureurs je laisse ce débat.
Je sais que parcourant les mœurs de chaque état,
Le comique ne peint que la vie ordinaire;
Le sujet est commun, mais l'art n'est pas vulgaire :
Il a sa vérité, ses modèles à part;
Il ne prend point des sots, des méchants au hasard;
Le cœur n'est pas toujours plaisant dans sa bêtise,
Il faut des passions bien choisir la sottise;
Il faut, dans le tissu d'un plan ingénieux,
La faire vivre, agir, et mouvoir à nos yeux;
Il faut nous attacher, nous égayer, nous plaire,
Il faut suivre, en un mot, la nature ou Molière.....

 Molière! à ce nom seul se rassemblent les ris;
Les fronts sont déridés, les cœurs épanouis.
Qui dans les plis du cœur surprend mieux la nature?
Qui sait mieux lui donner cette adroite torture,
Qui rend le ridicule ou le vice indiscret,
Et fait, avec le rire, éclater leur secret?

CHANT V.

Quel naïf, et souvent quel sublime langage !
O Molière, ô grand homme ! ô véritable sage (18) !
Avec un vain amas de sots admirateurs,
Je ne te loûrai pas, dans mes portraits flatteurs,
D'avoir du cœur humain corrigé le caprice,
Détruit le ridicule et réformé le vice :
Tous deux sont immortels, et ne font que changer ;
Tu peux charmer le monde, et non le corriger.
Comme par une vague une vague est poussée,
La sottise du jour est bientôt remplacée.
Sans cesse variant nos volages humeurs,
Le temps conduit la mode, et la mode les mœurs ;
Ainsi pour un travers il s'en reproduit mille.
Mais, puisqu'il nous distrait, ton art nous est utile :
Tous ces fous, tous ces sots, par toi si bien décrits,
Incommodes ailleurs, charment dans tes écrits.
Que dis-je ? chacun d'eux, grâce à ton art suprême,
Chez toi, sans le savoir, vient rire de lui-même :
Ainsi l'oiseau léger, crédule et curieux,
Vient se prendre au miroir qui le montre à ses yeux.

Bien plus puissante encor sur la scène tragique,
L'Imagination, de son sceptre magique,
Maîtrise en souveraine et l'esprit et le cœur.
C'est là que le poëte, ou plutôt l'enchanteur,
De mille illusions peuple à son gré la scène,
Me transporte, à son choix, à Rome, dans Athène,
Dans le palais des rois, au sérail des sultans,
Rapproche les climats, les peuples et les temps ;

Réalise la fable, et reproduit l'histoire ;
Peint les crimes d'amour, les forfaits de la gloire ;
Verse la peur, l'espoir, la joie et les erreurs,
Et des feux de son âme embrase tous les cœurs.
Tel, au fond d'un volcan, dont les fournaises grondent,
Brûle un vaste foyer, où cent foyers répondent.
C'est dans cet art profond que, d'un adroit pinceau,
Il faut savoir chercher et saisir le vrai beau.
Voyez l'adorateur de la belle nature,
Racine, des forfaits adoucir la peinture :
Dans cette grande lutte où d'un jeune empereur
Le vice et la vertu se disputent le cœur,
Néron, monstre naissant, s'essaie encore au crime ;
Narcisse, à force d'art, est devenu sublime ;
Mais le cœur déchiré ne les soutiendrait plus,
Si Burrhus n'y versait le baume des vertus.

Avec plus d'art encore, aux tragiques alarmes,
Les Grecs religieux ont su prêter des charmes.
Là, la fatalité sur ses sanglants autels,
Tyran même des dieux, enchaînait les mortels,
Et souillait un cœur pur d'un crime involontaire.
Tels Sophocle, Euripide, ont peint Phèdre adultère ;
Œdipe malgré lui cruel, incestueux ;
Oreste parricide, et pourtant vertueux.
Par ces forfaits du sort la scène ensanglantée,
Emeut profondément mon âme épouvantée :
J'admire, en frémissant, le pouvoir souverain
Qui fait fléchir les cœurs sous son sceptre d'airain ;

CHANT V.

Et dans le même instant, dans la même victime,
Je pleure la vertu, le malheur et le crime.

 Dignes du même hommage et des mêmes autels,
Deux modernes rivaux, deux chantres immortels,
L'orgueil de notre scène, et Voltaire et Racine,
Ont tenté d'égaler cette hauteur divine.
Joas peut me toucher : cependant je n'y voi
Qu'un enfant malheureux, menacé d'être roi ;
Mais qu'un pontife saint, plein du Dieu qui l'inspire,
Attache à cet enfant les destins de l'empire,
De l'antique Sion déplore la grandeur,
De la Sion nouvelle annonce la splendeur,
Ce n'est plus une fable, une action humaine.
C'est un Dieu qui me parle, un Dieu remplit la scène;
Et cet enfant divin s'agrandit à mes yeux,
A la voix du pontife, interprète des cieux.
Voyez-vous Ninias, que le destin sévère
Appelle pour venger le meurtre de son père ?
La tombe s'ouvre ! il entre, et le sang a coulé ;
Le voyez-vous sortir, farouche, échevelé ?
Il demande quel sang rougit sa main fumante,
Et sa mère à ses pieds s'en vient tomber mourante !
Ce temple, ce tombeau, ces mânes gémissants,
Tout d'un sublime horrible épouvante mes sens.

 L'homme seul, sans prodige, attache dans Corneille ;
Son génie est divin, c'est sa seule merveille.
Ainsi que ses héros, ses vers sont plus qu'humains.
Il peint presque des dieux, en peignant des Romains ;

Màis à leur renommée il manquait ce grand homme;
Le ciel devait Corneille aux grands destins de Rome.
    Quels que soient les excès de leurs divisions,
Le talent réunit toutes les nations;
En vain Londre et Paris, orgueilleuses rivales,
Prolongent sur les mers leurs discordes fatales :
Je ne t'oublirai point, toi, dont le noir pinceau (19)
Traça des grands malheurs le terrible tableau,
Qui de sombres couleurs rembrunissant la scène,
D'une robe sanglante habillas Melpomène.
Poëte des enfers, de la terre et des cieux,
Dès que la nuit reprend son cours silencieux,
A la pâle lueur des lampes sépulcrales,
Aux gémissements sourds des ombres infernales,
A travers des débris, des urnes, des tombeaux,
De la pourpre des rois promenant les lambeaux,
De spectres, d'assassins, ta muse s'environne :
Ton sceptre est un poignard, un cyprès ta couronne;
La nature pour toi n'est qu'un vaste cercueil,
Que parcourent l'effroi, la douleur et le deuil.
Non, dans ses plus beaux jours, jamais la scène antique
N'imprima plus avant la tristesse tragique :
Soit que le grand César, entouré d'ennemis,
Parmi ses meurtriers reconnaisse son fils;
Soit qu'Hamlet éperdu, dans sa coupable mère
Retrouve avec horreur le bourreau de son père;
Soit qu'un Maure jaloux, d'un bras désespéré,
Immole, en le pleurant, un objet adoré;

Soit que d'un conjuré la femme criminelle
Dans le sang de son roi trempe sa main cruelle,
Et, du bras qui trancha ses vénérables jours,
Efface en vain ce sang qui reparaît toujours;
Soit que, de ses états chassé par sa famille,
Le vieux Léar s'exile, appuyé sur sa fille,
Et mêle dans la nuit ses lugubres accents
Au fracas de la foudre, au murmure des vents.

 L'Anglais, de son Eschyle amateur idolâtre,
Sé presse, en sanglotant, autour de son théâtre;
De Sophocle lui-même égalant la terreur,
Il tend plus fortement tous les ressorts du cœur;
A la mort étonnée arrache ses victimes,
Aux tombeaux leurs secrets, et leurs voiles aux crimes;
Fait rugir la fureur, fait pleurer les remords,
Et marche dans le sang sur la cendre des morts.
Les spectateurs troublés frissonnent ou gémissent;
L'épouvante l'écoute, et les pleurs l'applaudissent.
Et les héros qu'il chante en sont encor plus fiers.

 Après ces grands travaux de l'art brillant des vers,
Des genres plus bornés savent encor nous plaire.
Du Parnasse français législateur sévère,
Boileau les peignit tous; épigramme, sonnet,
Madrigal, vaudeville, et jusqu'au triolet.
Sa muse cependant, je l'avoue avec peine,
Oublia l'apologue, oublia La Fontaine [20] !
La mienne, en le blâmant, contrainte à l'admirer,
Peut venger son oubli, mais non le réparer.

L'Imagination, dans cet auteur qu'elle aime,
Du modeste apologue a fait un vrai poëme :
Il a son action, son nœud, son dénoûment.
Chez lui, l'utilité s'unit à l'agrément ;
Le vrai nous blesse moins en passant par sa bouche :
Il ménage l'orgueil qu'un reproche effarouche ;
Sous l'attrait du plaisir il cache la leçon,
Et par d'heureux détours nous mène à la raison.
Cet art ingénieux, que la crainte a fait naître,
Qu'inventa le sujet pour conseiller son maître,
Par Ésope l'esclave, et Phèdre l'affranchi,
A Rome et chez les Grecs fut sans faste enrichi.
Il reçut le bon sens, l'élégante justesse,
Mais né dans l'esclavage, il en eut la tristesse.
La Fontaine y jeta sa naïve gaîté.
Quel instinct enchanteur ! quelle simplicité !
Il ignore son art, et c'est son art suprême ;
Il séduit d'autant plus, qu'il est séduit lui-même.
Le chien, le bœuf, le cerf, sont vraiment ses amis,
A leur grave conseil par lui je suis admis.
Louis, qui n'écoutait, du sein de la victoire,
Que des chants de triomphe et des hymnes de gloire,
Dont peut-être l'orgueil goûtait peu la leçon
Que reçoit dans ses vers l'orgueil du roi lion,
Dédaigna La Fontaine, et crut son art frivole.
Chantre aimable ! ta muse aisément s'en console.
Louis ne te fit point un luxe de sa cour ;
Mais le sage t'accueille en son humble séjour ;

CHANT V.

Mais il te fait son maître, en tous lieux, à tout âge :
Son compagnon des champs, de ville, de voyage ;
Mais le cœur te choisit, mais tu reçus de nous,
Au lieu du nom de grand, un nom cent fois plus doux ;
Et qui voit ton portrait, le quittant avec peine,
Se dit avec plaisir, « c'est le bon La Fontaine ».
Et dans sa bonhomie et sa simplicité,
Que de grâce ! et souvent combien de majesté !
S'il peint les animaux, leurs mœurs, leur république,
Pline est moins éloquent, Buffon moins magnifique ;
L'épopée elle-même a des accents moins fiers.

De la divinité que célèbrent mes vers
La sublime épopée est le plus beau domaine.
C'est là qu'elle commande et qu'elle habite en reine.
Salut! toi, le plus cher de tous ses favoris (21),
Vieil Homère, salut! De tes divins écrits
Tous les talents divers empruntent leur puissance.
C'est toi que l'on peignait ainsi qu'un fleuve immense,
Où, la coupe à la main, venaient puiser les arts.
Virgile sur toi seul attachait ses regards ;
Bouchardon des héros t'empruntait les modèles ;
Ta muse à Bossuet prêta souvent ses ailes (22) ;
Phidias sur le tien tailla son Jupiter,
Tel que tu peins ce dieu sur le trône de l'air,
Bien loin des autres dieux qui devant lui s'abaissent ;
Ainsi tous tes rivaux devant toi disparaissent :
Ou, tel que tu peignais ce souverain des cieux
De sa puissante main enlevant tous les dieux;

Les maîtres du pinceau, les rois de l'harmonie,
Tu les suspendis tous à ton puissant génie.
Partout cher à la Grèce, et partout citoyen,
Sept langages divers enrichissent le tien.
Que n'as-tu point tracé dans ta vaste peinture ?
Les champs et les cités, les arts et la nature,
Ton ouvrage peint tout ; tel brille dans tes vers
Le bouclier céleste où se meut l'univers (23).
Que tu m'offres du cœur des peintures savantes !
Les mains du sang d'Hector encor toutes fumantes,
Achille au nom de père adoucit sa fierté ;
Par la voix des vieillards tu louas la beauté.
Qui peint mieux les héros que ta muse guerrière ?
Alexandre pleura de n'avoir point d'Homère.
Ton berceau fut caché ? qu'importe aux nations :
Le Nil nous tait sa source et nous verse ses dons ;
Le monde est ta patrie : enseigne tous les âges,
Plais à tous les esprits, vis dans tous les langages ;
Tes vers, que la nature a marqués de son sceau,
Comme elle en vieillissant ont un charme nouveau.
L'antiquité crédule a perdu ses miracles ;
Tous ces dieux que tu fis, leur culte, leurs oracles,
Tout est anéanti ; tes autels sont debout ;
Tu n'eus point de tombeau, mais ton temple est partout :
Accepte donc mon hymne, ô dieu de l'harmonie !

Mais quel mortel guidé par un plus doux génie,
Avec un air si simple et de si nobles traits,
S'avance d'un front calme ? Ah ! je le reconnais,

CHANT V.

C'est Virgile accordant sa lyre harmonieuse;
La flûte qui soupire est moins mélodieuse.
Le génie, il est vrai, moins prodigue pour lui,
Le laisse quelquefois sur les traces d'autrui;
Pour former son nectar il imite l'abeille,
Peuple heureux, dont sa muse a chanté la merveille,
Qui compose son miel de mille sucs divers;
Et quel miel, ô Virgile! est plus doux que tes vers?
Si d'un accent moins fier ta voix chanta les armes,
Ah! combien ta Didon m'a fait verser de larmes!
Son charme le plus doux, son art le plus flatteur,
L'Imagination le puisa dans ton cœur.
Homère, déployant sa force poétique,
Dans sa mâle beauté m'offre l'Hercule antique;
Ta muse me rappelle, en ses traits moins hardis,
De la belle Vénus les charmes arrondis.
Ta vigueur sans effort, c'est la grâce elle-même;
Avant de t'admirer, le lecteur sent qu'il t'aime.
Des trésors du génie économe prudent,
Brillant mais naturel, et pur quoique abondant,
Chez toi toujours le goût employa la richesse:
Le goût fut ton génie, et ma fière déesse,
Dont les coursiers fougueux erraient encor sans frein,
A mis, pour les guider, les rênes dans ta main:
Règle, sans l'arrêter, sa marche impétueuse.

Cette divinité vive et tumultueuse
Se plaît aux temps de trouble; ils animent ses jeux;
Et, comme un feu brûlant part d'un ciel orageux,

C'est du choc des partis qu'elle sort plus ardente :
Ainsi naquit Milton, ainsi parut le Dante ;
Le Dante, qui mêla dans sa vie et ses vers
Les beautés, les défauts, les succès, les revers ;
Qui monte, qui descend, inégal, mais sublime,
Du noir abîme aux cieux, des cieux au noir abîme.
D'une affreuse beauté son style étincelant
Est, comme son enfer, profond, sombre et brûlant :
Soit qu'aux portes du gouffre où règne la vengeance,
Il écrive ces mots : ICI, PLUS D'ESPÉRANCE (24) ;
Soit que du noir cachot où rugit Ugolin,
Au milieu de ses fils qui demandent du pain,
Et dont un feu cruel dévore les entrailles,
Il ferme sans retour les fatales murailles
Où l'affreux désespoir se renferme avec eux ;
Ah ! de quels traits il peint ce père malheureux,
Ses soupirs étouffés, son horrible constance,
Cette douleur sans larme et ce morne silence,
Tandis que l'un sur l'autre il voit tomber ses fils !
O murs ! écroulez-vous à ces affreux récits !
Non, Oreste fuyant les déesses sévères,
Ces scènes qui hâtaient l'enfantement des mères (25),
N'effrayaient point autant l'oreille ni les yeux.

   Comme lui parcourant et l'enfer et les cieux,
Milton a pris son vol : zéphyrs, faites silence !
Il va chanter Éden, va chanter l'innocence,
Et le jeune univers commençant ses beaux jours,
Et le premier hymen, et les premiers amours.

CHANT V

Loin d'ici le poëte et le peintre profane,
Loin la lyre d'Homère et les pinceaux d'Albane !
Cet amour innocent, pur et délicieux,
Veut des pinceaux trempés dans les couleurs des cieux :
Milton prend sa palette ; et la fleur près d'éclore,
L'eau pure, qu'un berger n'a point troublée encore,
Les doux rayons du jour sont moins purs, sont moins doux
Que les chastes couleurs dont il peint ces époux.
Est-ce donc là celui qui, du séjour du crime,
Creusait au fier Satan l'épouvantable abîme ;
Qui l'ensevelissait dans des gouffres de feu,
Sous la masse du monde et sous le poids d'un Dieu ?
C'est lui : ce Dieu qu'il chante échauffe son délire ;
Sa main des séraphins semble toucher la lyre ;
Il semble qu'introduit dans les chœurs éternels,
Il répète aux humains les chants des immortels.
Allumez donc vos feux au feu de son génie.

De tableaux sérieux quelquefois rembrunie,
L'Imagination, pour égayer sa cour,
Permet aux Ris légers d'y paraître à leur tour.
Un jour que de l'ennui les vapeurs léthargiques
S'exhalaient d'un amas d'écrits soporifiques,
D'insipides sonnets, d'odes sans majesté,
De poëmes sans art, de chansons sans gaîté,
Pour chasser les vapeurs de la mélancolie,
Ma déesse appela le Goût et Folie,
Et leur dit d'enfanter un prodige nouveau.
L'Arioste naquit : autour de son berceau

L'IMAGINATION.

Tous ces légers esprits, sujets brillants des fées,
Sur un char de saphirs, des plumes pour trophées,
Leurs cercles, leur anneaux et leur baguette en main,
Au son de la guitare, au bruit du tambourin,
Accoururent en foule; et, fêtant sa naissance,
De combats et d'amour bercèrent son enfance :
Un prisme pour hochet, sous mille aspects divers,
Et sous mille couleurs lui montra l'univers.
Raison, gaîté, folie, en lui tout est extrême;
Il se rit de son art, du lecteur, de lui-même;
Fait naître un sentiment qu'il étouffe soudain;
D'un récit commencé rompt le fil dans sa main,
Le renoue aussitôt; part, s'élève, s'abaisse :
Ainsi, d'un vol agile essayant la souplesse,
Cent fois l'oiseau volage interrompt son essor;
S'élève, redescend, et se relève encor,
S'abat sur une fleur, se pose sur un chêne.
L'heureux lecteur se livre au charme qui l'entraîne :
Ce n'est plus qu'un enfant qui se plaît aux récits
De géants, de combats, de fantômes, d'esprits;
Qui, dans le même instant, désire, espère, tremble,
S'irrite ou s'attendrit, pleure et rit tout ensemble;
Trop heureux, si sa muse ornait la vérité!

Non qu'ici je prétende avec sévérité
Proscrire la féerie, aimable enchanteresse,
Héritière aujourd'hui des fables de la Grèce;
Mais, fille de l'aimable et sage fiction,
Que sa mère l'instruise à suivre la raison;

CHANT V.

L'art en a plus de force, et n'a pas moins de grâce.
Voyez cet arbre aux cieux monter avec audace :
Son feuillage est peuplé d'harmonieux oiseaux,
Ses fleurs parfument l'air; ses ondoyants rameaux
Amusent les zéphyrs; mais sa base profonde
Attache sa racine aux fondements du monde.
Telle est la Poésie; ainsi cet art flatteur
Fonde sur la raison son prestige enchanteur.
Voyez, dans ses récits, le fabuleux Ovide,
Qui d'erreurs en erreurs conduit l'esprit avide,
De prodiges sans nombre embellir l'univers !
La raison en secret présidait à ses vers :
C'étaient des fictions, mais non pas des chimères;
Chaque être, en dépouillant ses traits imaginaires,
Reste dans la nature et dans la vérité.
Les bois offrent encore à l'œil désenchanté
L'arbre de Philémon, celui de sa compagne :
Narcisse est une fleur, Atlas une montagne;
Hyacinthe expirant ne meurt pas tout entier;
Que Daphné disparaisse, il nous reste un laurier;
Du palais du Soleil les brillantes demeures,
Ses coursiers enflammés, attelés par les Heures,
En s'évanouissant, laisseront sous nos yeux
Et l'ordre des saisons, et la marche des cieux.
Dans Ixion enfin, dans la vapeur qu'il aime,
L'Imagination se peignit elle-même :
Ainsi la vérité sort de la fiction;
Ainsi la vigilante et sévère raison

Ne se laisse bercer que par d'heureux mensonges,
Et veut à son réveil aimer encor'ses songes.
L'Arioste lui seul l'oublie impunément.
Quelques sages, fâchés de leur amusement,
S'efforcent de blâmer sa fiction frivole,
Sa morale un peu libre, et sa muse un peu folle ;
Mais qui peut gravement censurer ses écrits ?
La plainte commencée expire dans les ris.

Avec plus de grandeur, avec non moins de charmes,
Le Tasse sur l'autel va consacrer les armes
Qui du tombeau d'un Dieu doivent venger l'affront.
Des palmes dans les mains, le casque sur le front,
Sous les drapeaux du ciel et l'œil sacré des anges,
Du Christ aux fiers combats il conduit les phalanges ;
Et la religion, et la gloire et l'amour,
De lauriers et de fleurs le parent tour à tour.
Que ses pinceaux sont vrais ! qu'il trace avec génie
Et la fière Clorinde, et la tendre Herminie,
Ami de la féerie, ou ses vers séducteurs,
Lui même est le premier de tous les enchanteurs·
Et, noble, intéressante, et brillante, et rapide,
Sa muse a, pour charmer, la baguette d'Armide.

O Voltaire ! combien ton sort fut moins heureux (26) !
Ton sujet, un peu triste, est trop près de nos yeux,
Trop voisin de nos temps. L'histoire rigoureuse
Sans doute effaroucha la fable ingénieuse,
Qui, de loin nous montrant la riche fiction,
Se plaît dans les vieux temps et vit d'illusion :

CHANT V.

Aussi tu préféras, dans ton style sévère,
La plume de Tacite à la lyre d'Homère.
Mais quel Français peut voir, sans en être attendri,
Les douleurs de d'Estrée et l'âme de Henri ?
Je ne citerai pas ta trop fameuse Jeanne ;
Si l'esprit lui sourit, la vertu la condamne ;
Et la chaste Pudeur, alarmée en secret,
Du coin de l'œil à peine en effleure un feuillet.
Mais combien de lauriers réunis sur ta tête !
Conteur, historien, philosophe, poëte,
Comment, fier, gracieux, fort et doux à la fois,
De tant de sentiments peux-tu porter le poids ?
Si l'on peut au géant comparer le grand homme,
Je crois voir cet Atlas que la fable renomme,
Qui, seul, réunissant les diverses saisons,
Embelli de vergers, hérissé de glaçons,
Entendait tour à tour les zéphyrs, les orages,
La chute des torrents, les combats des nuages,
Les hymnes des mortels, les doux concerts des dieux,
S'appuyait sur la terre et supportait les cieux.

L'éloquence elle-même, ou sublime, ou touchante,
Que ne doit-elle pas à ce don que je chante !
L'Imagination redouble son pouvoir :
C'est trop peu d'éclairer, elle sait émouvoir ;
Sans elle la raison glisserait sur notre âme.
Avant qu'un Génevois gravât en traits de flamme
Ce que Locke autrefois avait dit avant lui,
La clarté sans chaleur vainement avait lui.

Heureux si quelquefois sa voix enchanteresse
N'eût dans de faux sentiers égaré la jeunesse !
Par lui du faux honneur tomba le préjugé ;
Des liens du maillot l'enfant fut dégagé ;
La baleine cessa d'emprisonner les belles,
On vit, au cri du sang, les mères moins rebelles ;
Et, la nature enfin reprenant tous ses droits,
Leur fils leur dut la vie une seconde fois.

Mais ces beaux-arts si doux, si brillants, si sublimes
Ont-ils seuls notre amour ? Non, le Pinde a deux cimes :
Sur l'une, les neuf sœurs animent le ciseau,
La lyre harmonieuse et le savant pinceau,
Inspirent le poëte et conduisent la danse ;
Les trois Grâces en chœur y sautent en cadence.
Sur l'autre, est dans leurs mains le tube observateur,
Le prisme des rayons heureux distributeur,
Le cercle, le cadran, le compas et l'équerre,
Qui divisent le ciel et mesurent la terre.
Croyez-vous qu'à ces arts, moins gais, plus sérieux,
L'Imagination ne prête point ses yeux ?
Non : elle a fait Newton comme elle a fait Voltaire.
Pénétrez de Newton le secret sanctuaire :
Loin d'un monde frivole et de son vain fracas,
Et de ces vils pensers qui rampent ici-bas,
Dans cette vaste mer de feux étincelante,
Devant qui notre esprit recule d'épouvante,
Newton plonge ; il poursuit, il atteint ces grands corps
Qui jusqu'à lui sans lois, sans règles, sans accords,

Roulaient désordonnés sous ces voûtes profondes :
De ces brillants chaos Newton a fait des mondes.
Atlas de tous ces cieux qui reposent sur lui,
Il les fait l'un de l'autre et la règle et l'appui ;
Il calcule leur cours, leur grandeur, leurs distances.
C'est en vain qu'égarée en ces déserts immenses
La comète espérait échapper à ses yeux ;
Fixes ou vagabonds, il saisit tous ses feux,
Qui suivant de leurs cours l'incroyable vitesse,
Sans cesse s'attirant, se repoussent sans cesse ;
Et par deux mouvements, mais par la même loi,
Roulent tous l'un sur l'autre, et chacun d'eux sur soi.
O pouvoir d'un grand homme et d'une âme divine !
Ce que Dieu seul a fait, Newton seul l'imagine ;
Et chaque astre répète en proclamant leur nom :
« Gloire au Dieu qui créa les mondes et Newton ! »

Quelle science enfin à cette enchanteresse
Ne doit point son éclat, sa force et sa richesse ?
Ce géomètre même, armé de son compas,
Qui semble mesurer et compter tous ses pas,
Que ma divinité lui prête son audace,
De la vieille routine il va quitter la trace ;
Et tandis qu'à pas lents quelque chiffreur obscur
Suit le chemin tracé, lui, d'un vol prompt et sûr,
Laissant loin le troupeau des têtes calculantes,
Par ses signes fictifs, ses formules savantes,
Des hauteurs où la foule à peine arrive encor,
Vers des mondes nouveaux a déjà pris l'essor ;

Des termes inconnus perce les routes sombres ;
Parcourt tous les degrés de l'échelle des nombres ;
Des vitesses, des chocs, de l'espace et du temps,
Révèle la mesure ; et, comme ces Titans
Sur leurs monts entassés menaçant les cieux même,
Met calcul sur calcul, problème sur problème :
Tels à pas de géants, au sein des infinis,
S'avançaient les Newton, les Euler, les Leibnitz ;
Tel Lagrange sous lui voit ramper le vulgaire (27) ;
Ainsi, semblable aux dieux que fait marcher Homère,
Dans son sublime essor, des règles affranchi,
Il part, forme trois pas, et le monde est franchi.

De la philosophie et des hautes sciences
Descendrai-je à ces arts que tant d'expériences
Ont polis lentement, et qui, par tant de soins,
Nourrissent notre luxe ou servent nos besoins ?
D'abord, avec ses mains l'homme creusait la terre,
Aux monstres des forêts ses mains livraient la guerre,
Au lieu des vins pourprés, de la jaune moisson,
Les glands étaient ses mets, un torrent sa boisson ;
Le carnage ses jeux, sa couche le feuillage,
Les forêts son séjour, son abri leur ombrage ;
Mais l'esprit inventeur enfin fut excité
Par l'aiguillon pressant de la nécessité ;
Les arts prirent naissance, et l'heureuse industrie
Vint cultiver la terre et défricher la vie.
Le blé sort du sillon ; et, de son jus brillant,
La vigne fait jaillir le nectar pétillant.

CHANT V.

Au sortir de la chasse ou des travaux rustiques,
Sa maison le rappelle à ses dieux domestiques;
Sa maison, doux séjour de la paternité,
Est le premier berceau de la société.
Mais avant de semer, de planter, de construire,
Combien de jours perdus! En vain dans son empire,
Le ciel avait pour lui jeté de toutes parts,
Avec profusion, la matière des arts;
En vain, dans son esprit, la nature, en silence,
Avait de leurs secrets déposé la semence;
Leurs germes inféconds reposaient dans son sein;
Nul instrument n'aidait son ignorante main,
Et ses bras désarmés languissaient sans adresse.
Mais enfin le fer vint seconder leur faiblesse;
Il abat les forêts; il dompte les torrents;
De l'outre mugissante il déchaîne les vents;
Par leur souffle irrité l'ardent fourneau s'allume;
J'entends le lourd marteau retentir sur l'enclume;
L'urne aux flancs arrondis se durcit dans le feu;
Il fait crier la lime, il fait siffler l'essieu;
Ou sur le frêle esquif hasarde un pied timide.
Tournez, fuseaux légers; cours, navette rapide,
Et venant, revenant, par le même chemin,
Dans le lin, en glissant, entrelace le lin.
Les jours sont loin encore où la riche peinture
Sur des tissus plus beaux tracera la nature;
Où figurant le ciel, l'homme et les animaux,
Le peintre, sans les voir, formera ses tableaux.

Il viendront, ces beaux jours ! Cependant l'insdustrie
Allége à chaque instant le fardeau de la vie :
L'équilibre puissant nous révèle ses lois,
Et par des poids rivaux en balance les poids.
A l'aide d'un levier l'homme ébranle la pierre;
Par la grue enlevée elle a quitté la terre.
L'art s'avance à grands pas; mais c'est peu que ses soins
Satisfassent au cri de nos premiers besoins ;
Bientôt accourt le luxe et sa pompe élégante;
Du lion terrassé la dépouille sanglante
Dès long-temps a fait place aux toisons des brebis ;
Un jour un noble ver filera ses habits.
La beauté se mirait au cristal d'une eau pure;
La glace avec orgueil réfléchit sa figure.
L'ombre, le sable et l'eau lui mesuraient les jours ;
Un balancier mobile en divise le cours ;
Des rouages savants ont animé l'horloge ;
Et la montre répond au doigt qui l'interroge.
Quel Dieu sut mettre une âme en ces fragiles corps ?
Comment, sur le cadran qui cache leurs ressorts,
Autour des douze sœurs qui forment sa famille,
Le temps d'un pas égal fait-il marcher l'aiguille ?
Art sublime! par lui la durée a ses lois :
Les heures ont un corps, et le temps une voix.
A tous ces grands secrets un seul manquait encore ;
Ma divinité parle, et cet art vient d'éclore.
Avant lui, d'un seul lieu, d'un seul âge entendus,
Pour le monde et les temps les arts étaient perdus ;

CHANT V.

Cet art conservateur en prévient la ruine.
Quand le bienfait est pur, qu'importe l'origine?
Des vils débris du lin que le temps a détruit,
Empâtés avec art, et foulés à grand bruit,
Vont sortir ces feuillets où le métal imprime
Ce que l'esprit humain conçut de plus sublime.
Un amas de lambeaux et de sales chiffons (28)
Éternise l'esprit des Plines, des Buffons;
Par eux le goût circule, et, plus prompte qu'Éole,
L'instruction voyage et le sentiment vole.
Trop heureux, si l'abus n'en corrompt pas le fruit!

    Mais veux-tu voir en grand ce que l'art a produit?
Regarde ce vaisseau, destiné pour Neptune,
Favori de la gloire, ou cher à la fortune,
Qui doit braver un jour, navigateur hardi,
Ou les glaces du nord, ou les feux du midi.
Quelle majestueuse et fière architecture!
Le calcul prévoyant dessina sa structure:
Dans sa coupe légère, avec solidité,
Il réunit la force à la rapidité.
Emporté par la voile, et dédaignant la rame,
Le chêne en est le corps, et le vent en est l'âme.
L'aimant, fidèle au pôle, et le timon prudent,
Dirigent ses sillons sur l'abîme grondant.
L'équilibre des poids le balance sur l'onde;
Son vaste sein reçoit tous les trésors du monde;
La foudre arme ses flancs; géant audacieux,
Sa carène est dans l'onde, et ses mâts dans les cieux.

Long-temps de son berceau l'enceinte l'emprisonne ;
Signal de son départ, tout à coup l'airain tonne :
Soudain, lassé du port, de l'ancre et du repos,
Aux éclats du tonnerre, aux cris des matelots,
Au bruit des longs adieux mourants sur les rivages,
Superbe, avec ses mâts, ses voiles, ses cordages,
Il part, et devant lui chassant les flots amers,
S'empare fièrement de l'empire des mers.

NOTES
DU CHANT CINQUIÈME.

Le poëte consacre ce cinquième chant à célébrer les arts. Ils sont le culte de la nature : son auteur, source unique et constante de toutes les impressions qui animent et embellissent notre existence, nous a donné des organes propres à les recevoir, à nous les transmettre, et il a voulu que nos sens fussent susceptibles de se perfectionner, accordant ainsi au travail un prix assuré, à l'homme une prérogative qui le distingue de tous les êtres, et en fait la merveille de la création.

Les arts ne font pas le bonheur, parce qu'ils ne sont pas des vertus; mais à eux seuls il est accordé d'assoupir les douleurs : amis toujours fidèles, consolateurs assidus, ils ne délaissent point celui que tout abandonne; ils suivent le proscrit, ils le protégent : au milieu des troubles et des cris de l'affreuse discorde, ils lui ménagent des moments de calme, et parent son solitaire asile de leurs brillantes illusions; c'est la terre sacrée de Délos, dont l'accès était interdit aux fureurs de la guerre, et où l'on célébrait avec une paisible solennité les fêtes d'Apollon, tandis que tous les autres états de la Grèce étaient agités par les plus funestes dissensions, ou asservis par d'odieux tyrans.

Combien il est à plaindre celui qui, aux jours du malheur, ne sait pas invoquer l'utile et noble appui des arts ; dont l'imagination isolée, découragée, ne peut se réfugier, pour quelques instants du moins, dans un monde meilleur, et combat seule à seule contre l'infortune !

C'était au premier, au plus ancien de ces arts, à la divine poésie, qu'il appartenait de les célébrer tous ; c'était au plus sincère, au meilleur des hommes, à chanter les plaisirs les plus vrais, les consolations les plus douces qu'il nous soit accordé de saisir dans le cours de notre rapide, et souvent si triste existence.

Les arts, après la religion, les plus assurés consolateurs de la disgrâce, sont encore nécessaires au bonheur lui-même ; ils semblent arrêter le temps, ou plutôt ils le réalisent, en le forçant de laisser des traces de son passage. Il a vaincu ce grand ennemi de l'homme, il a triomphé du temps destructeur, celui qui, par ses travaux, posa sur chaque instant prêt à fuir un signal qui l'en fera jouir encore, lorsqu'au déclin de ses jours il jettera derrière lui ce long et dernier regard, si pénible pour ceux qui laissèrent écouler la vie dans un continuel sommeil, dont leur faible mémoire conserve à peine les insipides rêves. Heureux l'homme à qui ses talents donnent le droit de dire

Exegi monumentum ære perennius !

il ne mourra pas tout entier, il laisse une noble postérité, dont il n'a point à craindre l'abaissement ou la dégénération ; et de flatteurs souvenirs, de douces espérances, le bercent à sa dernière heure.

Mais plus heureux mille fois l'homme de génie, s'il fut encore plus chéri qu'admiré, si l'envie elle-même fut séduite par le charme de son caractère, ou intimidée par le concert d'applaudissements qui eût étouffé ses vains murmures! depuis long-temps mon illustre ami avait su la désarmer; méconnaître la souveraineté de son talent, c'eût été, dans l'empire des lettres, une odieuse et ridicule rébellion; et nous avons vu le crime luimême hésiter, et reculer devant sa renommée.

Sous les formes naïves d'un aimable enfant, Delille déploya une force héroïque; il grandit dans le malheur, étonna de son courage jusqu'à l'amitié; brava la tyrannie toute-puissante, et ne répondit à la fureur de ses menaces, comme à l'insulte de ses perfides insinuations, que par des accents de fidélité, de respect et de reconnaissance.

Milton trahit son maître, et j'ai chanté le mien,

s'écriait-il : ah! le poëte de la *Pitié*, des saintes et augustes infortunes, avait mérité du ciel quelques jours de plus; et sa voix, toujours fidèle, toujours si pure, a manqué aux transports de la félicité publique. Celui qui a fait entendre de si éloquents soupirs et tant de vers immortels sur les débris du trône et sur les tombes royales, nous l'eussions porté au-devant du souverain chéri et des généreux princes rendus à nos vœux : ornement de leur triomphe, et digne organe de tous les cœurs français, il eût consacré ses derniers chants à célébrer leur fortuné retour et la fin de nos malheurs.

(¹) Toi, qu'après la bonté l'homme chérit le mieux,
Toi, qui naquis un jour du sourire des dieux,
Beauté! je te salue.

C'est à la beauté que devait s'adresser le premier hommage du poëte; les arts n'ont d'autre but, d'autre ambition que de la célébrer et d'en reproduire les victorieux effets : ils lui doivent tous leurs hommages; elle seule les a créés, elle seule les inspire. Le philosophe, le poëte, l'orateur, le statuaire, le peintre, le musicien, s'efforcent à l'envi de proclamer son empire, d'emprunter sa puissance, et de nous faire jouir de ses mystérieux accords : tous la chantent dans leurs divers idiomes; tous desservent avec le même zèle ses autels : et l'univers est son temple.

Produit de ces harmonies sans nombre que le Créateur a prodiguées dans toutes les œuvres de sa volonté, le sentiment du BEAU, pris dans sa plus noble et plus vaste acception, peut être regardé comme le langage de la Divinité même : c'est la voix suprême qui se fait entendre au fond de nos cœurs, et affecte notre miraculeuse organisation.

Le beau n'est donc point une convention volontaire des hommes réunis en société, et ne varie point avec les lieux, les temps et les mœurs; c'est une loi fondamentale de la nature, c'est une sorte de conscience, inspiration de tous les instants; et dont l'action constante, infinie, s'exerce sur la chaîne entière de nos sensations et de nos pensées.

Mais ne nous hasardons pas dans les hautes régions où Platon, s'élevant sur les ailes de son génie, sans s'inquiéter si nous avons pu le suivre, se dérobe parfois à nos regards. Lui seul sait charmer, lors même qu'on n'est pas bien sûr de le comprendre ; et de pareilles théories exigent d'ailleurs des développements qu'interdirait encore le peu d'étendue de ces notes à celui qui, mieux partagé et plus hardi que moi, pourroit se croire initié à ces sublimes mystères. Adorons-les sans avoir la prétention de les expliquer ; et, sujets fidèles et soumis, rendons hommage à la beauté souveraine, sans discuter l'origine de ses droits : elle les tient de la source la plus pure, de ses bienfaits.

La civilisation ne commença-t-elle pas le jour où l'homme, qui jusque-là n'avait obéi qu'à un pouvoir toujours odieux, à la force, reconnut un empire plus doux, se découvrit accessible à des impressions qui n'avaient jamais pénétré jusqu'à son cœur, et rendit enfin hommage à la beauté ; époque mémorable, où pour la première fois il y eut sur la terre un pouvoir autre que celui du plus fort, et dont l'influence rapide changea bientôt les mœurs et les habitudes de ses sauvages habitants.

Ce n'est qu'après cette heureuse révolution que les hommes ont pu exercer leurs sens, les former à des perceptions plus délicates et plus variées, apprendre à connaître pour apprendre à sentir, et exercer des facultés qui, une fois développées, s'accroissent chaque jour, et multiplient les jouissances en subdivisant les sensations.

A mesure que ces sensations devenaient plus fines et plus nombreusss, elles faisoient naître les expressions destinées à les peindre : la langue s'enrichissait des mêmes nuances que l'intelligence apprenait à discerner ; et des sons d'abord peu nombreux et restreints à indiquer vaguement les émotions les plus grossières, devenaient la plus belle langue qu'il ait été accordé aux hommes de parler ; car c'est à la Grèce qu'il faut toujours se reporter, lorsqu'on s'occupe de l'origine des arts ou de leurs brillants triomphes. Sous un ciel inspirateur, et chez le peuple de l'univers le plus heureusement doué, les hommages obtenus par la beauté devinrent la religion épurée de toutes les âmes ardentes, comme de ces esprits subtils qui cherchent des sensations dignes d'eux, s'enorgueillissent de les communiquer, et acquièrent ainsi l'empire le plus flatteur. Toutes les langues du sentiment, car n'est-ce pas ainsi qu'on peut désigner les arts, s'occupèrent de célébrer et de reproduire la beauté ; et elle devint le plus précieux attribut des divinités dont une brillante imagination peupla l'univers.

La raison encore imparfaite et grossière des peuples n'avait pu atteindre à l'idée d'un seul Dieu sans bornes dans sa puissance et dans ses perfections : pour concevoir les merveilles visibles de la nature, il avait fallu admettre une foule de divinités particulières, qui, ministres du destin, se partageaient le soin de régir le monde, qu'elles avaient jadis habité. C'étaient des êtres d'une nature supérieure, mais non pas étrangère à l'humanité, dont ils avaient conservé toutes les passions. On ne pouvait rendre leur existence apparente qu'en les revêtant de formes accessibles à nos sens.

Tout ce que l'imagination put faire en faveur des immortels habitants de l'Olympe, ce fut de réunir en eux, au plus haut degré, les perfections dont notre nature paraît susceptible, la puissance, la majesté, l'agilité, la beauté, la grâce, une éternelle jeunesse. Partout ailleurs l'homme avait bien créé des dieux à son image; mais les Grecs seuls ont su les montrer plus beaux que la nature même; et leurs chefs-d'œuvre semblent lui reprocher l'insuffisance de ses moyens. D'autres peuples ont pu se distinguer par des talents, de l'adresse ou de l'industrie; les Grecs seuls furent admis à deviner quelques-unes des lois qui régissent nos perceptions; seuls ils obtinrent une heureuse révélation des célestes harmonies qui proclament la source divine de toute perfection, et offrent une jouissance anticipée de l'éternel séjour.

L'erreur qui donnait aux dieux des formes humaines fut la source des plus grands succès chez une nation passionnée pour le BEAU, et dont l'admirable organisation métamorphosait en juges éclairés ceux mêmes qui n'étaient guidés que par leurs sensations : ils étaient formés pour tous les arts, comme ces musiciens de la simple nature, dont l'oreille délicate exige des accords, et ressent le besoin d'une parfaite harmonie, sans pouvoir rendre raison d'aucun de ses mystères.

Sans le genre d'idolâtrie qui leur fut particulier, Athènes et Rome eussent adoré les figures monstrueuses, les informes et choquants symboles inventés et révérés par des peuples dont les abstraites conceptions ne produisaient que les objets les plus bizarres, en voulant offrir au vulgaire des images allégoriques de toutes les qualités attribuées à leurs divinités.

Chez les Grecs, il n'eût pas suffi à un dieu d'être puissant pour voir à ses pieds des mortels si sensibles; il lui fallait encore le don de plaire, sans lequel la riante imagination de ces peuples, constamment effrayée, n'eût cru voir dans les divinités que des êtres malfaisants et redoutables.

Ceux à qui il était accordé d'apprécier le Jupiter d'Olympie, la Vénus de Gnide, ou les chefs-d'œuvre de Zeuxis et d'Apelle, n'eussent jamais pu concevoir le moindre respect pour les difformes divinités qui régnaient sur les bords du Gange ou du Nil : non, jamais l'heureux citoyen de Milet ou d'Athènes n'eût fléchi le genou devant ces fantômes d'une imagination déréglée, qui ne peuvent manquer d'égarer le talent en des routes stériles. Les idées toutes métaphysiques que prétendent indiquer les ridicules images de Vichnou ou de Brama n'ont aucune prise sur les sens, et éloignent, par leur fausse subtilité, du véritable but des arts que les Grecs n'ont jamais perdu de vue.

Le culte de la beauté détrôna donc pour toujours chez ses adorateurs les abstraites et monstruent les divinités des Scythes et des Indiens, dont la Diane d'Éphèse, avec ses nombreux attributs de fécondité, et le géant aux cent mains, et la triple tête du chien des enfers, ont à peu près seuls survécu à une antique mythologie régénérée par les lois du sentiment. Au lieu d'un monstre armé de vingt bras, qui, dans les montagnes du Thibet et dans l'Inde entière, figure la toute-puissance d'un dieu souverain, la noble et poétique imagination des Grecs montre le père des dieux et des hommes tenant les foudres dont il effraie et punit le crime, et d'un mouvement de son auguste visage, ébranlant l'univers. Au lieu des grossiers symboles qui désignaient le soleil, c'est le dieu du jour, resplendissant de lumière et de beauté, par qui tout vit et tout respire : vous le voyez descendant de l'Olympe son arc d'or à la main; vous entendez son brillant carquois résonner sur ses épaules divines ; c'est le dieu des vers, de l'harmonie, le dieu de tous les arts : les muses forment sa cour; on ne l'honore que par des fêtes et des plaisirs : eh! qui refuserait de rendre hommage à un dieu dont le culte se compose de tout ce qui fait le charme de la vie?

C'est toujours sous ces formes magiques que les Grecs ont déguisé les idées les plus abstraites; c'est dans ce style enchanteur qu'ils se plaisaient à traduire les dogmes que leur transmettaient des nations très-anciennement civilisées, mais établies sous un ciel moins favorable, et qui, les portant à l'exagération, leur faisait méconnaître cette juste mesure d'expression sans laquelle, dans aucun des arts, il n'est rien de vraiment beau, parce que dépasser le but, ce n'est pas l'atteindre.

Sous un ciel trop brûlant, les nations auxquelles on ne saurait contester une très-haute antiquité ont toujours conservé les défauts et les mœurs des peuples nouveaux, qui n'ont pas encore eu le loisir d'analyser leurs sensations, de s'interroger eux-mêmes. Dominés par une imagination ardente et sans frein, sans cesse séduits par une nature qui enivre à la fois tous les sens, les habitants du centre de l'Asie sont constamment entraînés au-delà des limites qu'un goût plus délicat est venu prescrire dans la Grèce à des êtres bien organisés, et sous un ciel qui modère et dirige l'enthousiasme sans le refroidir.

Le goût est un sens de plus pour les esprits cultivés; c'est le dernier et le plus précieux produit de la civilisation : il suit ses progrès, et rétrograde avec elle, lorsque des catastrophes imprévues bouleversent tout à coup la société, en déplacent les éléments, et n'inspirant plus que des passions violentes, troublent pour long-temps cet état de confiance et de sécurité où chacun n'a que la sage et douce ambition de perfectionner ce qui existe, et d'accroître ainsi, en les épurant, ses jouissances accoutumées.

Jamais les Grecs ne connurent des écarts si fréquents chez d'autres nations : un défaut de goût, la moindre discordance eût produit un effet trop pénible sur leur subtile organisation; des tons faux en éloquence, en poésie, en peinture, dans quelque art que ce fût, eussent été pour eux un genre de supplice auquel ils se gardaient bien de s'exposer. L'amour du BEAU, de ce BEAU universel, moral et physique, τὸ Καλον, expression qui n'a point d'équivalent dans notre langue, fut sous tous les rapports le motif et le but constant de leurs travaux. Une si noble ambition anima toutes les âmes élevées qui se sentaient appelées à instruire et à plaire, qui aspiraient à la gloire de célébrer la nature et d'accroître les domaines de l'intelligence.

La beauté physique, dont il faudrait un courage plus qu'humain pour réprimer les douces usurpations, conquit, il faut l'avouer, une part un peu exagérée des hommages dus au BEAU, pris dans son acception générale, et synonyme de *bon*, suivant Socrate et Platon. Les philosophes, même les plus austères, virent dans la parfaite harmonie des formes un pronostic assuré des qualités de l'âme, une preuve manifeste de la prédilection des dieux.

Placée dans les temples, honorée dans les cérémonies, dans les jeux, sur les théâtres, la beauté, à laquelle on ne peut contester d'être toujours une puissance, devint chez eux une puissance religieuse et politique; ses droits furent reconnus, consacrés; et le code des arts fut proclamé à l'aide d'un culte qui s'adressait, il est vrai, aux sens pour enchanter la raison, mais auquel on peut dire que présidait toujours la déesse de la sagesse, puisque ces Grecs si sensibles, si irritables, chez lesquels tout sentiment devient aussitôt une passion, ne s'écartèrent cependant jamais du goût le plus sévère, en furent et en seront à jamais les seuls législateurs.

(²) Plus aveugle que moi, Milton fut moins à plaindre ;
Ne pouvant plus te voir, il sut encor te peindre.

On assure que les trois filles de Milton avaient coutume de chanter et de jouer de plusieurs instruments, pour exciter en lui cette inspiration presque divine dont il paraît souvent animé. Elles lui lisaient aussi des ouvrages en plusieurs langues mortes et vivantes, quoiqu'elles ne sussent que l'anglais.

Milton fut un des hommes les plus extraordinaires de son siècle par la réunion rare de ses talents littéraires. Il se distingua de bonne heure par d'excellents vers anglais et latins, et par une vaste érudition ; il possédait presque toutes les langues mortes et les principales langues vivantes de l'Europe ; ce fut lui qui composa la plupart des pièces et mémoires diplomatiques adressés aux cours étrangères depuis la mort de Charles Ier jusqu'à la restauration, et dans lesquels il a montré une grande facilité et flexibilité de talent. Mais, c'est le *Paradis perdu* qui mit le comble à sa gloire, et le plaça à côté de Shakespeare, au haut du Parnasse anglais.

Sa conduite privée ne mérite aucun reproche. Il paraît avoir été ce qu'on appelle communément un homme honnête. Il avait même des sentiments religieux très-exaltés : mais les plus grandes vertus privées et la plus grande gloire littéraire ne doivent pas faire oublier de grand crimes politiques. Milton ne participa point directement à l'assassinat de Charles Ier; mais cet assassinat doit lui être imputé comme à ses auteurs, puisqu'il employa tous ses talents à le justifier. On connaît ses deux défenses de ce qu'il a osé appeler le peuple anglais, dont la première, servant de réfutation à la *defensio regis*, du célèbre Saumaise, est un monument de talent, de mauvaise foi et de mauvais goût. Mais on n'a pas assez parlé d'un écrit précédent, dans lequel il pose en principe, comme le titre même l'annonce, que quiconque est investi du pouvoir est juge des rois et des magistrats, et a le droit de les déposer et même de les faire mettre à mort; théorie je ne dis pas seulement si épouvantable, mais tellement absurde, que ses plus chauds partisans n'ont pas osé la défendre.

Milton fut mis en jugement lors de la restauration; mais ses amis réussirent à le faire comprendre dans l'amnistie, et il fut seulement exclus des charges publiques.

Tout ce qu'on a dit de l'obscurité dans laquelle le *Paradis perdu* resta plongé pendant très-longtemps, et sur l'indigence de l'auteur pendant sa vieillesse, ne mérite aucune confiance. Ce poëme fit en effet peu de sensation lorsqu'il parut. Le nombre des lecteurs était alors très-peu considérable; les sciences étoient encore reléguées dans les universités; et ce n'était guère qu'à la cour que la littérature était cultivée. Or on conçoit que le nom de Milton fut une mauvaise recommandation pour le nouveau poëme. Malgré les obstacles, il en fut vendu treize cents exemplaires

5.

pendant les deux premières années ; mais ce ne fut qu'après la révolution de 1688, quatorze ans après la mort de Milton, et surtout d'après les éloges qui en furent faits dans le *Spectator*, qu'il acquit toute la célébrité qu'il méritait.—Milton avait essuyé des pertes considérables lors de la restauration; « Néanmoins, il n'y a, dit Johnson, aucune raison de croire qu'il ait été réduit à l'indigence. »

Le même Johnson, grand admirateur du génie de Milton, mais écrivain vertueux, juge la conduite politique de Milton avec une juste sévérité. « Le républicanisme de Milton, dit-il, était, je le crains, fondé sur une haine envieuse de la grandeur, et sur un désir d'indépendance, et une pétulance qui ne supportaient aucune autorité, enfin sur un orgueil qui dédaignait tout ce qui était au-dessus de lui. Il haïssait les monarques dans l'Etat et les prélats dans l'Église, car il haïssait tous ceux auxquels il avait à obéir. On peut croire qu'il cherchait plutôt à détruire qu'à fonder, et qu'il avait moins d'amour pour la liberté que de répugnance pour l'autorité. »

Si Milton fut supérieur à Delille en génie, combien celui-ci lui a été supérieur comme citoyen! Les qualités sociales de Delille sont trop connues, pour qu'il soit nécessaire d'en parler; mais qu'il me soit permis de rappeler ici, par opposition, son constant attachement aux plus pures doctrines, aux plus nobles sentiments, à la plus belle des causes. Mais hélas! pourquoi le chantre de la *Pitié*, qui avait plusieurs fois bravé la tyrannie, a-t-il été enlevé au moment où la Providence allait récompenser sa longue fidélité? Sans doute, il avait mérité du ciel quelques jours de plus, celui qui a fait entendre de si éloquents soupirs sur les débris du trône et sur les tombes royales. Avec quel empressement ses amis l'eussent porté au-devant du souverain chéri et des généreux princes rendus à nos vœux! ornement de leur triomphe, et digne organe de tous les cœurs français, il eût consacré ses derniers chants à célébrer leur fortuné retour et la fin de nos malheurs.

(3) Au sein d'Antiparos tu filtres goutte à goutte
Tous ces glaçons d'albâtre, ornement de ta voûte.

C'est dans le *Voyage pittoresque de la Grèce* de M. de Choiseul-Gouffier, et dans le *Voyage* de milady Craven, qu'il faut lire la description de cette grotte magnifique.

(4) C'est l'Hôpital, si pur sous le règne du crime.

L'exemple de l'Hôpital, né dans l'obscurité, devenu chancelier de France, et, durant quinze années des plus affreuses discordes, servant une cour corrompue, la défendant malgré elle de ses funestes erreurs, et sauvant la France à force de vertus, de vrai patriotisme et de fermeté, est une énergique justification de cet antique gouvernement tant calomnié, et qui repoussait, dit-on, tous les genres de mérite. Dans quel pays, au contraire, toutes les avenues des places, des dignités, des honneurs, furent-elles plus libéralement ouvertes au génie, au talent, à la gloire, à la supériorité en tous genres? Combien de grands hommes n'a-t-on pas vus, comme l'Hôpital, enfants de pères inconnus, parvenir aux premières charges du royaume, s'asseoir sur les marches du trône, et fonder à la fois la noblesse et l'immortalité de leurs noms! Il n'est pas un seul peuple dont les annales puissent offrir autant d'exemples encourageants à ceux dont la Providence a voulu exiger quelques efforts et quelques talents de plus, avant de les tirer de la foule.

Dans quel temps, sous quelle législation, les descendants de ceux qui avaient servi glorieusement la patrie se sont-ils moins prévalus des souvenirs accordés à leurs ancêtres? Chez quelle nation a-t-on vu les membres de la classe privilégiée n'avoir d'autres priviléges que d'être toujours les premiers à prodiguer leur sang et leur fortune pour la défense de l'État, laissant à leurs paisibles concitoyens les saintes fonctions de la magistrature, les avantages de l'administration, presque toujours les honneurs du ministère, toutes les places utiles, toutes celles où l'on peut légitimement acquérir ces mêmes biens dont eux-mêmes étaient si prodigues, dès que la trompette avait sonné; dont ils consentent même à dépouiller leur postérité, lorsqu'un monarque chéri en demande le sacrifice?

Ils sont jugés par leurs œuvres, les détracteurs de nos rois et de nos antiques institutions; ils ont attaqué l'édifice pour s'emparer de ses décombres: ils ont prêché l'humanité pour usurper les ressources du pauvre; l'égalité pour envahir les distinctions, et insulter à la misère publique, en étalant un luxe tout nouveau sur les débris des asiles que la bienfaisance et la religion avaient, depuis douze siècles, ouverts à toutes les infortunes, à toutes les douleurs. Mais oublions, s'il est possible, pardonnons du moins ces déplorables orgies de l'orgueil et de la rapacité; entendons la voix du saint roi montant au ciel; que la volonté de ses derniers soupirs soit sacrée pour nous; ne pensons plus qu'à remercier le ciel du bienfait rendu à la France dans la personne de ses princes légitimes, et de ce roi-chevalier, auquel il a suffi de se montrer et de parler, pour rallier toutes les gloires, réunir toutes les opinions, et confondre tous les sentiments dans un seul et même cri d'amour et de reconnaissance; dans un seul et même vœu, la longue prospérité d'un règne si heureusement commencé!

(5) C'est Molé, du coup d'œil de l'homme vertueux,
Calmant d'un peuple ému les flots tumultueux.

« Si ce n'était pas un blasphème d'avancer que quelqu'un ait été plus brave que le grand Condé, je dirais que c'est Matthieu Molé. » Cette seule phrase du cardinal de Retz, l'un des premiers acteurs des troubles de la fronde, doué lui-même d'une grande intrépidité, est devenue le titre le plus utile à la réputation de Matthieu Molé; elle l'a servi peut-être mieux qu'il ne l'eût désiré lui-même : son respect filial aurait exigé que l'on rendît avant tout hommage à son père, dont la mémoire a plus de droits encore que la sienne à la reconnaissance de tous les bons Français.

En opposant une inflexible résistance aux frivoles factieux qu'agitaient quelques intrigants, en conservant une énergique fidélité aux vrais principes de la monarchie et à l'auguste race de nos souverains, Matthieu Molé suivait les grands exemples donnés par son père en des circonstances bien plus difficiles, et qui eussent intimidé une âme ordinaire.

On avait vu Édouard Molé, procureur général du parlement de Paris, déployer, au milieu des fureurs de la ligue, un courage au-dessus des plus terribles dangers, bien différents des excès, souvent si ridicules, de la fronde.

C'était une famille bien heureuse que celle où l'on ne pouvait opposer au mérite du fils que le mérite plus grand du père : tous deux se réunissaient ainsi pour léguer à leurs descendants de glorieux devoirs qui devenaient bien doux et bien faciles à remplir. La bienveillance publique, fondée sur des souvenirs de vertu, est une fortune acquise dont on peut jouir sans peine; il ne faut plus que savoir la conserver; et, pour cela, il suffit de se demander ce qu'eussent fait en pareil cas les ancêtres dont on se glorifie.

Après avoir payé un juste tribut de respect à la mémoire de Matthieu Molé, marchant avec intrépidité sur les traces de son père, serait-il permis d'observer que ce brave magistrat, comme les Spartiates, dont il avait le courage, *faisait beaucoup mieux qu'il ne disait?*

Nous admirerons le magistrat faisant ouvrir ses portes à une populace furieuse, et lui imposant par son courageux aspect; mais ce sera sans trop nous arrêter sur les adages qu'on lui attribue, et dont on charge en son honneur des articles de dictionnaires; il nous échapperait peut-être d'avouer qu'on est trop souvent réduit à lui savoir gré de ses intentions, et à regretter qu'elles n'aient pas été secondées par le talent, sans doute fort inférieur, mais cependant assez utile, d'une expression moins énigmatique.

Ce même cardinal de Retz, qui nous donne une si haute idée du courage de Matthieu Molé, dit qu'il n'avait pas l'expression *congrue*; et en effet, tout ce que l'on nous a transmis de ses *dires* remarquables confirme le jugement d'un écrivain aussi en droit que personne de prononcer sur le mérite de l'expression.

« Six pieds de terre feront toujours raison au plus grand homme du monde »; ce qui probablement veut dire que lorsqu'on est mort, on n'a plus rien à craindre. Et cette autre sentence, dont la fausseté n'est malheureusement que trop démontrée, « Il y a bien loin du poignard d'un scélérat au cœur d'un homme de bien. » Étoit-ce si peu d'années après la mort de Henri IV que l'on pouvait se faire une telle illusion? et de quelle utilité est une assertion qui ne peut persuader personne?

Ce n'est pas ainsi que s'exprimait cet autre magistrat, le plus grand de tous ceux qui ont, en des temps orageux, défendu avec un égal courage les droits du trône et les droits du peuple, toujours inséparables, cet Achille de Harlay, proférant ces immortelles paroles : « C'est une honte, monsieur, que le valet mette le maître hors de la maison : au reste, mon âme est à Dieu ; mon cœur au roi ; et quant à mon corps, je l'abandonne, s'il le faut, aux méchants qui désolent ce royaume. » Voilà qui est clair, ce sont là des expressions *congrues* : et à qui s'adressait cette noble et énergique profession de foi ? au redoutable duc de Guise, arbitre menaçant de la vie du magistrat, maître de Paris, de la France presque entière, et déjà parvenu, à l'aide d'une faction toute-puissante, sur les marches du trône, où il semblait près de s'asseoir.

(6) *C'est Crillon....*

Henri IV fit peu de chose pour la fortune de Crillon ; mais il s'en justifia par ces paroles qui suffisent à la gloire de ce guerrier célèbre : « J'étais assuré du brave Crillon, et j'avais à gagner ceux qui me persécutaient. »

(7) *. . . . . C'est l'austère Caton,*
Tenant entre ses mains un poignard et Platon.

Allusion au fameux monologue de Caton, dans la tragédie d'Addison, acte V, sc. 1. Il est seul, pensif, les yeux fixés sur un passage du Phédon : une épée nue est placée sur la table à côté de lui. Il rompt enfin le silence :

It must be so, Plato — thou reason'st well !
Else whence this pleasing hope, this fond desire,

This longing after immortality?
Or whence this secret dread, and inward horror,
Of falling into nought? why shrinks the soul
Back on herself, and startles at destruction?
Tis the divinity that stirs within us, etc., etc.

Oui, Platon, tu dis vrai ! notre âme est immortelle :
C'est un dieu qui lui parle, un dieu qui vit en elle.
Et d'où viendrait, sans lui, ce grand pressentiment,
Ce dégoût des faux biens, cette horreur du néant?
Vers des siècles sans fin je sens que tu m'entraînes ;
Du monde et de mes sens je vais briser les chaînes,
Et m'ouvrir, loin d'un corps dans la fange arrêté,
Les portes de la vie et de l'éternité !
L'éternité ! quel mot consolant et terrible !
. . . .
Allons, s'il est un dieu, Caton doit être heureux.
Il en est un sans doute, et je suis son ouvrage :
Lui-même au cœur du juste il empreint son image ;
Il doit venger sa cause et punir les pervers.
Mais comment? dans quel temps, et dans quel univers?
Ici la vertu pleure et l'audace l'opprime ;
L'innocence à genoux y tend la gorge au crime ;
La fortune y domine, et tout y suit son char.
Ce globe infortuné fut formé pour César !
Hâtons-nous de sortir d'une prison funeste, etc.

VOLTAIRE.

Deux vers plus bas, le poëte nous représente Caton *resté seul debout sur les débris de Rome!* c'est la belle pensée d'Horace, rendue par une belle image :

Et cuncta terrarum subacta,
Præter atrocem animum Catonis.
Lib. II, od. I

(8) O prodige ! long-temps dans sa masse grossière
Un vil bloc enferma le dieu de la lumière.
L'art commande, et d'un marbre Apollon est sorti ;
Son œil a vu le monstre, et le trait est parti....

« De toutes les statues antiques, dit Winkelmann, qui ont échappé à la fureur des barbares et à la puissance du temps, la statue d'Apollon est sans contredit la plus sublime. L'artiste à composé cet ouvrage sur l'idéal, et n'a employé de matière que ce qu'il lui en fallait pour exécuter et représenter son idée. Autant la description qu'Homère a donnée d'Apollon surpasse les descriptions qu'en ont faites après lui les poëtes, autant cette figure l'emporte sur toutes les figures de ce même dieu. Sa taille est au-dessus de celle de l'homme, et son attitude respire la majesté. Un éternel printemps, tel que celui qui règne dans les champs fortunés de l'Elysée, revêt son beau corps d'une aimable jeunesse, et brille avec douceur sur la fière structure de ses membres. Pour sentir tout le mérite de ce chef-d'œuvre de l'art, tâchez de pénétrer dans l'empire des beautés incorporelles, et devenez, s'il se peut, créateur d'une nature céleste ; car il n'y a ici rien de mortel, rien qui soit sujet aux besoins de l'humanité. Ce corps n'est ni échauffé par des veines, ni agité par des nerfs : un esprit céleste circule comme une douce vapeur dans tous les contours de cette figure aimable. Ce dieu a poursuivi Python, contre lequel il a tendu pour la première fois son arc redoutable : dans sa course rapide il l'a atteint et lui a porté le coup mortel. De la hauteur de sa joie son auguste regard pénètre comme dans l'infini, et s'étend bien au-delà de sa victoire. Le dédain siége sur ses lèvres, l'indignation qu'il respire gonfle ses narines et monte jusqu'à ses sourcils; mais une paix inaltérable est empreinte sur son front, et son œil est plein de douceur, comme s'il était au milieu des muses empressées à le caresser. La grandeur avec laquelle le père des dieux se manifesta à l'intelligence du divin poëte, ne se retrouve dans aucune des figures qui nous restent de lui à un degré aussi éminent que dans les traits que vous offre ici son fils; les beautés individuelles de tous les autres dieux sont réunies dans cette figure comme dans celle de Pandore. Ce front est le front de Jupiter renfermant la déesse de la sagesse; ces sourcils, par leur mouvement, annoncent sa volonté; ce sont les grands yeux de la reine des déesses; et sa bouche, la bouche même qui inspirait la volupté au beau Branchus. Semblable aux tendres rejetons du pampre, sa belle chevelure flotte autour de sa tête comme si elle était légèrement agitée par l'haleine du zéphir. Elle semble parfumée de l'essence des dieux et attachée négligemment au haut de sa tête par la main des Grâces. A l'aspect de ce chef-d'œuvre j'oublie tout l'univers : je prends moi-même une attitude noble pour le contempler avec dignité. De l'admiration je passe à l'extase; je sens ma poitrine qui se dilate et s'élève, comme l'éprouvent ceux qui sont remplis de l'esprit des prophéties; je suis transporté à Délos et dans les bois sacrés de la Lycie, lieux qu'Apollon honorait de sa présence : car la figure que j'ai sous les yeux paraît recevoir le mouvement, comme le reçut jadis la beauté qu'enfanta le ciseau de Pygmalion. Mais comment te décrire, chef-d'œuvre inimitable ? il faudrait pour cela que l'art même daignât m'inspirer et conduire ma plume. Les traits que je viens de crayonner, je les dépose à tes pieds : ainsi ceux qui ne pouvaient atteindre jusqu'à la tête de la divinité qu'ils adoraient, mettaient à ses pieds les guirlandes dont ils voulaient la couronner. » (WINKELMANN, *Histoire de l'art chez les anciens*, tom. III, liv. VI, ch. VI.)

(9) . . . . C'est toi que j'en atteste,
O divin Raphaël, dont le pinceau céleste
Osa représenter, par un sublime essor,
Le Christ transfiguré sur le mont de Thabor !

Le tableau de la *Transfiguration* passe pour le chef-d'œuvre d'un peintre qui n'a fait que des chefs-d'œuvre, et qu'une mort prématurée a seule empêché, peut-être, d'atteindre à cette perfection qui semble interdite à la main des hommes. On sait que Raphaël destinait son ouvrage à François Ier, dont les bienfaits allaient dans toute l'Europe chercher la reconnaissance des talents. La cour de Rome ne voulut point accomplir la dernière volonté de Raphaël; mais elle ordonna que le tableau de la *Transfiguration* serait porté en pompe à ses funérailles. Nous avons vu au salon un tableau représentant la mort de Raphaël : le peintre a marqué avec beaucoup d'expression et de vérité le deuil que ce triste événement répandit dans les arts, dans les lettres, et parmi les personnages les plus illustres de la cour de Léon X. Le tableau de la *Transfiguration*, placé dans le lointain, rappelle les honneurs funèbres qui furent rendus à son auteur. Cette composition ingénieuse est de M. *Monsiau*, qui a fait pour les éditeurs de ce poëme un dessin représentant aussi les derniers moments de Raphael, tels que les a exprimés Delille, et dans une situation peut-être plus intéressante et plus pittoresque que le tableau dont je viens de parler.

(10) Ah ! jeune infortuné, digne d'un meilleur sort,
  Hâte-toi, le temps fuit, achève ton ouvrage !
  Si le destin sévère épargne ton jeune âge,
  Tu seras Raphaël !

On aime à reconnaître ici ces vers admirables de Virgile, qui arrachèrent des larmes au maître du monde, et firent évanouir Octavie de saisissement et de douleur. Elle témoigna sa reconnaissance et son admiration au poëte, en lui faisant compter dix grands sesterces pour chaque vers (environ 32,500 fr.) Au reste, il n'y a de ressemblance entre le jeune Marcellus et Raphaël, que celle d'une fin prématurée, et j'ose croire que l'imitation de ce morceau célèbre pourrait être placée plus heureusement. *Tu Marcellus eris* rappelait un des plus illustres aïeux du jeune prince, Marcus Claudius Marcellus, surnommé l'*Épée de Rome*, qui fut cinq fois consul, et qui périt en combattant contre Annibal, après avoir gagné deux batailles. C'est à ce grand homme que Virgile fait allusion, ce sont les mêmes triomphes qu'il promet aux fils d'Octavie, s'il peut vaincre sa destinée. *Tu seras Raphaël* n'a ni le même intérêt, ni le même sens. Ici les regrets du poëte portent sur le tableau qui reste imparfait ; mais Raphaël n'avait pas besoin de vivre davantage pour être lui-même, encore moins pour égaler les artistes qui l'avaient précédé : il a même vécu assez pour servir à jamais de modèle à ceux qui sont venus et qui viendront après lui.

Au reste, nous croyons pouvoir adopter ici la conjecture d'un des amis les plus distingués de Delille, M. de Choiseul-Gouffier, qui pense que ces vers furent destinés d'abord à un artiste trop tôt enlevé aux arts, au jeune Drouais, mort à Rome en 1790 ; et qu'ils seront rentrés dans ce beau morceau, en quelque sorte à l'insu de l'auteur, qui, privé de la vue, ne pouvait pas toujours revoir l'ensemble de ses productions, et en lier les diverses parties autant qu'il aurait été à désirer.

(11) Où Raphaël peignait, comme a chanté Virgile.

On se rappelle les beaux vers du poëme des *Jardins* (ch. II), où Delille s'écrie, dans l'enthousiasme de son admiration pour Virgile :

J'irai : de l'Apennin je franchirai les cimes !
J'irai, plein de son nom, plein de ses vers sacrés,
Les lire aux mêmes lieux qui les ont inspirés.

Il renouvelle ici le même vœu, fait le même serment : mais les événements de la révolution, et l'état presque complet de cécité qui affligea le poëte pendant les dernières années de sa vie, mirent un invincible obstacle à l'exécution de son projet.

(12) Mais le temps ne peut rien sur les vers du poëte,
  Et dans le Vatican, par le temps outragés,
  Les traits de Raphaël périssent négligés !

Il est ici question de ces fameuses salles (*Stanze*) du Vatican, où Raphaël a peint *la bataille de Constantin, Héliodore chassé du Temple, l'école d'Athènes, saint Pierre sortant de prison*, et autres fresques, qui ont le plus contribué à lui assurer la réputation colossale dont il jouit. Ces chefs-d'œuvre ont déjà beaucoup souffert des injures du temps, et n'ont pas été conservés avec les soins religieux qu'ils méritaient.

(13) Ainsi sur mille tons le fameux Timothée, etc.

Delille nous rappelle ici l'ode fameuse de Dryden, *on S*^{t} *Cecilia's day*, dans laquelle le poëte a si heureusement réalisé les prodiges attribués à la lyre, ou plutôt à la cithare de onze cordes du musicien Timothée. L'estimable auteur de la *Poétique anglaise*, M. Hennet, a donné une imitation en vers de la pièce de Dryden. (*Tom.* III, p. 69.)

(14) Le ciel semble appuyé sur sa vaste rotonde,
  De sa hauteur sacrée elle commande au monde.

Il n'y a plus rien à dire sur cet édifice, qui est peut-être le prodige de l'architecture ancienne et moderne, et qui à l'extérieur, et surtout à l'intérieur, produit au premier coup d'œil un effet extraordinaire, quelle que soit l'idée qu'on s'en est formée d'avance. On ne sait ce qu'on doit admirer le plus, ou de la hardiesse de ce Panthéon élevé dans les airs, ou des belles proportions qui règnent dans tous les détails. Si quelque Grec ou Romain reparaissait en Europe, parmi les ouvrages sortis des mains des hommes, l'église de Saint-Pierre serait probablement un de ceux qui lui causeraient le plus grand étonnement.

Toutefois, la magnificence de ce monument n'est peut-être pas égalée par sa solidité, et il est fâcheux que Bramante et Michel-Ange aient ignoré ou aient négligé d'appliquer à leur ouvrage le procédé employé, dix siècles auparavant, pour la coupole de l'église de Sainte-Sophie. Cet édifice, par son ingénieuse construction, a constamment résisté aux nombreux et terribles tremblements de terre qui, à diverses époques, renversèrent la ville de Constantinople. Tandis que le dôme de Saint-Pierre écrase ses énormes fondements, et s'entr'ouvre vaincu par sa propre solidité, celui de Sainte-Sophie résiste par la légèreté même des matériaux dont il est formé; les historiens du temps nous apprennent que cette vaste coupole est construite de pierres ponces réunies par un ciment versé avec abondance, et qui, pénétrant ces pierres poreuses, forme, par leur adhérence et sa ténacité, un voûte entière d'une seule pierre. Conservant une légèreté que par tout autre moyen il serait impossible d'obtenir, cette voûte ne fait aucun effort latéral, et ne pèse même que bien faiblement sur les piliers qui la soutiennent :

elle est inébranlable, précisément parce qu'elle est légère.

Guidés par ce principe, les anciens ont quelquefois suppléé les pierres ponces par le plus ingénieux moyen, en leur substituant des pots ou caisses de terre cuite, successivement engrenés, et que joint et recouvre une couche de mortier.

Ce procédé a été récemment essayé avec succès à Paris : appliqué au dôme de Sainte-Geneviève, il eût épargné tout à la fois plusieurs millions, de longues disputes, des craintes très-fondées, et enfin les nouvelles constructions exigées pour la sûreté de l'édifice.

(15) Et pourrai-je oublier tes talents et ton zèle,
   O toi de l'amitié le plus parfait modèle,
   Respectable Ledoux! artiste citoyen...
   C'était peu d'élever ces portes magnifiques,
   De la ville des rois majestueux portiques,
   A l'honneur des Français que n'eût point ajouté
   Le généreux projet de ta vaste cité!

Ledoux, célèbre architecte, était un homme de parfaite probité, qui ruina ceux dont il obtint la confiance, et un artiste distingué, que son imagination trop ardente jeta dans de perpétuels écarts. Il avait été chargé de construire autour de Paris une longue muraille destinée à diminuer les abus de la contrebande, qui se faisait par trop facilement sous une indulgente administration. Cette enceinte assurait une augmentation de revenus au gouvernement. Les fermiers-généraux en firent les frais, et consentirent généreusement à supporter aussi ceux des monuments dont Ledoux ambitionnait d'enrichir les nombreuses portes de la capitale. Ces petits édifices sont presque tous sans aucune utilité; mais il en est plusieurs qui font grand honneur au goût de l'artiste.

Ce succès l'encouragea à suivre avec plus d'ardeur que jamais le projet qui, depuis sa jeunesse, absorbait toute la chaleur de sa tête; et il ne cessa de perfectionner les plans d'une ville imaginaire, dans laquelle se seraient trouvés réunis et placés dans les rapports les plus convenables tous les monuments destinés à l'utilité ou aux plaisirs des habitants, temples, palais, académies, théâtres, manufactures, bains publics, etc. : c'était une véritable utopie d'architecture, et ce travail aurait dû être dédié à la république de Platon. Il n'eût fallu pour l'exécuter que plusieurs milliards et quelques siècles de paix, avec un zèle toujours soutenu de génération en génération; rien de tout cela n'embarrassait Ledoux; et dans son enthousiasme, il ne se permettait même pas de perdre son temps à écouter de si puériles objections.

Il avait autrefois présenté ses premiers dessins à Turgot, qui avait poliment loué son talent. L'artiste s'était aussitôt persuadé que le ministre, sans vouloir s'expliquer plus clairement, adoptait son projet, et qu'on ne tarderait pas à jeter les fondements de sa ville. Il n'a jamais attribué la prompte disgrâce de Turgot qu'à la noire envie des artistes ses propres rivaux, trop irrités de la gloire dont ce ministre éclairé allait lui frayer le chemin. Rousseau n'est-il pas mort persuadé que le roi de France n'avait conquis la Corse que pour l'empêcher, lui, philosophe, de devenir le Lycurgue de cette nouvelle Sparte, qui demandait des lois à sa sagesse ?

La vie entière de l'honnête Ledoux fut consacrée à ce rêve brillant, qui lui a procuré sans doute quelques instants bonheur, et qui du moins n'a nui au repos de personne. Il fut digne, par les qualités de son cœur, de l'estime que lui témoigne ici Delille; on pouvait l'avoir pour ami; il fallait seulement, quelle que fût sa probité, quel que fût son talent, ne l'avoir pas pour architecte.

(16) Le mûrier de Milton, debout jusque aujourd'hui,
    Vieux comme son poëte, et sacré comme lui.

Je n'avais point encore entendu parler du mûrier de Milton, mais je connaissais depuis long-temps celui de Shakespeare, qui a donné lieu au fameux *Jubilé*, célébré avec tant de pompe pour la première fois à Stratford, le 6 septembre 1769, et renouvelé depuis tous les sept ans. Voici à quelle occasion. On sait que l'Eschyle anglais s'était retiré à quarante-six ans de Londres et du théâtre, pour se fixer à Stratford, lieu de sa naissance. Il planta un mûrier qu'il destinait à ombrager sa maison et sa vieillesse. Le mûrier grandit, étendit ses rameaux sur l'asile du poëte, et fut comme le présage et l'emblème de la renommée de Shakespeare dans les générations suivantes. Objet de la vénération publique et d'une espèce de culte, l'arbre de Shakespeare attirait annuellement à Stratford un prodigieux concours de curieux ; mais un nouvel acquéreur du domaine et de la maison du poëte jugea à propos d'user de ses droits de propriétaire, et fit abattre pendant la nuit le mûrier qui bornait la vue et rendait la maison humide et sombre. « Le bruit de sa chute, disent les biographes anglais, se répandit avec le jour dans tous les quartiers de la ville : hommes, femmes, enfants sont consternés à la nouvelle de cette espèce de sacrilége ; et l'auteur du forfait n'échappa que par une prompte fuite au ressentiment général. » Le mûrier fût aussitôt acheté, et son bois converti en une multitude de petits ustensiles, devenus autant de reliques précieuses, avidement disputées, et achetées de toutes parts au poids de l'or. Mais ce n'était point assez : il fallait qu'une expiation solennelle réparât publiquement l'outrage fait à la divinité de Shakespeare ; et le célèbre acteur Garrick conçut le projet, ordonna le plan et dirigea l'exécution du *Jubilé* dont nous avons parlé au commencement de cette note. Il y a là du fanatisme, sans doute : mais il est bon qu'il en entre un peu dans notre admiration pour les hommes et les choses extraordinaires. Avec quel respect religieux ne montre-t-on pas encore le pommier sous lequel Newton était assis, lorsqu'un fruit détaché de l'arbre tomba à ses côtés, et lui donna, dit-on, la première idée du système de la gravitation ! (*Biogr. Univ.*, t. XXXI, p. 134.)

(17) Qu'en vers pleins de bon sens, et quelquefois de grâce,
    Boileau dicte en détail les règles du Parnasse ;
    Le sublime idéal seul m'occupe aujourd'hui.

Il ne s'agit ici que de l'*Art poétique*, ouvrage écrit sous la dictée du bon sens par le goût le plus sévère et le plus pur. Sous ce rapport, il n'appartient point à l'imagination, ce qui ne prouve rien contre celle du poëte qui a fait le *Lutrin*, ou plutôt ce qui prouve que les grands écrivains ne s'écartent jamais du caractère et des convenances de leur sujet. Cette observation serait inutile, si, pour faire une injure égale à Boileau et à Delille, on n'avait accusé le traducteur de Virgile de ne pas *admirer* le législateur du Parnasse, et s'il ne fallait pas ôter à la malveillance l'inépuisable ressource des fausses interprétations. Tous ceux qui sont en état d'apprécier les vers de Delille n'ont pas besoin d'apprendre qu'il n'y a point d'auteur français qu'il eût étudié plus que Boileau, ni dont il estimât davantage la versification. Ils en trouvent la preuve dans ses ouvrages, où d'ailleurs il a déposé cent fois le tribut de son admiration éclairée pour le poëte de la raison, et entre autres dans ce même chant.

(18) O Molière ! ô grand homme ! ô véritable sage !

Voyez son article dans la *Biographie universelle*, t. XXIX, page 01. L'auteur, M. Auger, y peint et juge Molière comme il l'a interprété dans son excellent commentaire : avec goût, esprit et impartialité.

(19) Je ne t'oublirai point, toi dont le noir pinceau
    Traça des grands malheurs le terrible tableau.

Ce beau morceau sur Shakespeare est entièrement nouveau. L'auteur semble se reprocher d'avoir oublié dans la première édition le fondateur de la scène anglaise, objet d'un culte général dans sa patrie, dont les grandes beautés ne doivent pas permettre de relever avec trop d'amertume les défauts qui sont en grande partie ceux de son siècle, et qui trouvent encore aujourd'hui grâce devant un peuple avide avant tout de fortes émotions, et par cela même peu difficile sur les moyens de les produire.

Delille, dont le goût était si pur, ne tempère ici ses justes éloges par aucune des observations critiques que les muses françaises pouvaient exiger de leur favori, de celui à qui elles avaient prodigué le sentiment le plus exquis des convenances : c'est qu'en ce moment son cœur le guidait encore plus que son esprit : l'heureux traducteur de Milton saisissait l'occasion de rendre un nouvel hommage à la généreuse nation qui avait honoré son talent et son caractère par l'accueil le plus flatteur ; qui avait encore mieux mérité de cette âme aussi noble que sensible, en secourant l'infortune de ses compagnons d'exil et de fidélité. Delille, qui ne s'était point vu dans la nécessité de recevoir sa part des bienfaits, a voulu se rendre l'interprète de la reconnaissance. Heureux le mortel chéri des cieux auquel il est accordé de célébrer l'hospitalité, et d'immortaliser la bienfaisance avec de si harmonieux accents ! il paie bien glorieusement une dette publique et sacrée : c'est la seule occasion où un mouvement d'envie doive être permis à tous ceux qui éprouvent le même sentiment, sans avoir les mêmes moyens d'en faire retentir l'expression.

(20) Oublia l'apologue, oublia La Fontaine.

Sans justifier positivement Boileau, sans trop chercher même à expliquer cet inexplicable oubli, le spirituel auteur de l'article LA FONTAINE (*Biograph. univers.*, t. XXIII, page 129) s'efforce du moins d'en atténuer l'inconvenance et l'injustice. « S'il est difficile, dit M. de Féletz, d'excuser entièrement cet oubli, diminuons-en du moins la faute, en observant que La Fontaine n'avait publié que la moitié de ses fables en 1674, lorsque l'*Art poétique* parut. Mais il existe des témoignages de la justice que Boileau rendait à l'auteur des Contes et des Fables, dans la *Dissertation sur Joconde*, dans la VIIe réflexion sur Longin, et dans des mots conservés par la tradition, tel que celui-ci recueilli par le compilateur du *Bolœana* : « La belle nature et tous ses agréments ne se font sentir que depuis que La Fontaine et Molière ont existé. »

(21) Salut ! toi, le plus cher de tous ses favoris,
    Vieil Homère, salut !

Le règne des arts de la Grèce, ainsi que l'histoire un peu certaine de ses habitants, commence pour nous à Homère ; mais d'autres avaient, avant lui, chanté les exploits d'un peuple guerrier sorti des forêts de la Thrace pour s'établir sous un ciel qui lui promettait des jouissances inconnues ; et plus récemment encore, les exploits des Grecs devant Ilion avaient inspiré quelques anciens poëtes, dont les accents charmaient des instants de loisir, ou excitaient à de nouveaux combats.

Nous ne pouvons même douter que ces enfants d'Apollon, dont les noms seuls nous ont été conservés, n'eussent déjà porté l'art à un assez haut degré de perfection, puisqu'ils avaient formé des auditeurs capables de sentir les grandes beautés de l'*Iliade*; c'est le talent d'Homère qui dépose en faveur de ceux qui lui avaient frayé la route; on ne fait point de beaux vers là où ils ne pourraient être appréciés. Toutefois, il est probable que les productions d'Orphée, de Linus, de Musée, n'étaient que des hymnes de peu d'étendue, ou des relations versifiées, assez semblables peut-être aux romances et aux complaintes de nos troubadours revenant de leurs expéditions d'outre-mer. Quoi qu'il en soit, Homère surpassa sans doute tous ses prédécesseurs, en enfantant l'idée d'un grand ouvrage, dont toutes les parties concourraient à un but unique, et sembleraient naître du fond du sujet; où tous les personnages en action offriraient des caractères opposés, constamment soutenus, et qui, par la richesse des contrastes, et la variété des incidents, formeraient un drame complet avec son exposition, son nœud et son dénoûment : principe générateur avec lequel nous sommes aujourd'hui familiarisés, comme avec les merveilles de la création, mais qui n'a pu naître que dans la tête la plus fortement organisée.

Maximus Iliacæ gentis certamina vates,
Et quinquaginta regum regemque patremque,

Hectoreamque facem : tutamque sub Hectore Trojam;
Erroremque ducis totidem, quot vicerat, annis
Instantis pelago, geminataque Pergama ponto
Ore sacro cecinit; patriam cui Graecia septem
Dum dabat, eripuit; cujusque ex ore profusos
Omnis posteritas latices in carmina duxit,
Amnemque in tenues ausa est deducere rivos
Unius fecunda bonis.

Manil., II, v. 1.

(22) *Ta muse à Bossuet prêta souvent ses ailes.*

Il y a de l'Homère dans tout ce qui est grand, majestueux, sublime : ses poëmes sont la source première et intarissable qui, depuis trente siècles, aide si puissamment à la fortune des poëtes et des orateurs. Quand même Bossuet n'eût pas éprouvé l'influence directe du génie de ce grand poëte, et n'aurait pas rendu, comme on le prétend, à l'auteur de l'Iliade un culte assidu, il n'en serait pas moins vrai que l'orateur chrétien a eu part au riche héritage du poëte grec. La magnificence des idées, l'ingénieuse justesse des comparaisons, la vérité des images de tous genres, et jusqu'au talent d'ennoblir des formes qu'admet difficilement la haute éloquence, tous ces trésors dont se compose l'immense succession d'Homère ont été recueillis par quelques héritiers dignes de se parer de ses dons, d'en enrichir leurs langues, et d'en devenir ainsi les généreux dispensateurs.

On n'est plus étranger à Homère, lorsqu'on est nourri des beautés de Virgile, son plus brillant élève, son admirable imitateur : lorsqu'on est initié aux mystères de l'art d'écrire par ces Latins, devenus eux-mêmes de grands modèles, et les illustres rivaux de leur premiers maîtres.

Les Pères de l'Église, parmi lesquels Bossuet eut, de son vivant, l'honneur de s'entendre nommer, et dont il sut si bien s'approprier la forte dialectique et l'imposante éloquence, avaient d'ailleurs souvent emprunté du chantre des fabuleuses divinités les moyens de faire triompher la cause de l'Éternel.

Il est vrai que les chefs de l'Église naissante, dirigeant de nouveaux chrétiens encore mal affermis contre les séduisants mensonges du paganisme, se sont vus quelquefois forcés d'interdire à leurs néophytes la dangereuse lecture des poëmes qui prêtaient de si grands charmes à l'erreur; mais ces savants pontifes étaient trop grands pour être superstitieux : ils rendaient personnellement au génie un hommage qui ne pouvait être périlleux pour leur propre foi; ils ne craignaient pas de s'instruire à l'école de leurs plus redoutables adversaires, et apprenaient d'eux à manier les armes qui devaient, entre leurs mains, assurer l'empire de la vérité.

La teinte homérique que l'on a cru remarquer dans le style de Bossuet pourrait bien lui être parvenue de la seconde main, par les Pères de l'Église, dont les beautés lui étaient si familières : mais il a dû bien plus encore à la majesté des saintes Écritures, dont les rapports avec le style d'Homère sont bien frappants sans doute, puisque des savants très-éclairés ont cru que le poëte grec en avait eu connaissance.

(23) . . . . Tel brille dans tes vers
Le bouclier céleste où se meut l'univers.

Voyez dans le XVIIIe livre de l'Iliade la description de ce merveilleux bouclier, où l'imagination du poëte a renfermé en effet un abrégé de l'univers. Lorsque la guerre des anciens et des modernes mettait tout en feu sur le Parnasse, Boivin fit graver ce bouclier, afin de confondre ceux qui prétendaient que pour placer toutes les figures dont Homère l'a chargé, il aurait fallu un espace aussi étendu que la place Royale à Paris. Quelques années après un savant anglais, M. W. Whitehead, employa le même moyen pour expliquer le bouclier d'Énée ; nous avons traduit et publié sa dissertation à la suite des notes sur le livre VIII de l'Énéide.

(24) Soit qu'aux portes du gouffre où règne la vengeance,
Il écrive ces mots : ICI, PLUS D'ESPÉRANCE....

C'est la fameuse inscription de la porte d'enfer :

«Per me si va nella città dolente :
Per me si va nell' eterno dolore :
Per me si va tra la perduta gente.

Giustizia mosse 'l mio alto fattore :
Fecemi la divina potestate,
La somma sapienza, e 'l primo amore.

Dinanzi a me non fur cose create,
Se non eterne ; ed io eterno duro ;
Lassat' ogni speranza, voi che' ntrate.»
Inferno, cant. III.

« C'est moi qui vis tomber les légions rebelles ;
C'est moi qui vois passer les races criminelles,
C'est par moi qu'on arrive aux douleurs éternelles.
La main qui fit les cieux posa mes fondements ;
J'ai de l'homme et du jour précédé la naissance,
 Et je dure au-delà des temps.
Entre, qui que tu sois, et laisse l'espérance. »
      Trad. de Rivarol.

Cette imitation rend très-faiblement l'harmonie sourde, et ne conserve nullement les formes pittoresques de l'original : elle est bien loin de satisfaire l'oreille et le goût de ceux qui connaissent la poésie italienne, ce qui est beaucoup plus rare que d'entendre et de parler la langue vulgaire de l'Italie ; mais elle suffit pour donner une idée de ce passage du Dante, regardé partout comme le modèle d'une précision effrayante et d'un sublime profond et ténébreux, comme le sujet de son poëme.

(25) *Ces scènes qui hâtaient l'enfantement des mères.*

Eschyle avait fait paraître dans une de ses pièces les divinités infernales avec des masques où la pâleur était peinte, des torches à la main et des serpents entrelacés dans leurs cheveux. On dit qu'à leur aspect, à leurs rugissements, l'effroi s'empara de toute l'assemblée ; que les femmes accouchèrent avant terme ; que des enfants moururent, et que les magistrats, pour prévenir de pareils accidents, ordonnèrent que le chœur ne serait plus composé que de quinze acteurs au lieu de cinquante.

(26) / O Voltaire! combien ton sort fut moins heureux!
Ton sujet, un peu triste, est trop près de nos yeux,
Trop voisin de nos temps.

Le sujet de la *Henriade* n'est pas *triste* : c'est Henri IV conquérant son royaume sur des sujets révoltés. Il y a dans ce sujet de la variété, de la grandeur, un intérêt vraiment national, et ce n'est pas un choix malheureux que celui d'un héros dont le nom seul consacre un ouvrage. On a reproché plus justement à ce poëme l'imperfection du plan, la sécheresse des détails, l'absence du merveilleux; peut-être en effet, comme l'observe Delille, la cause principale de ces défauts reconnus, c'est que le sujet *est trop près de nos yeux*. Les fictions épiques tiennent certainement trop peu de place dans la *Henriade*. Des hommes d'un goût sévère ont pensé qu'elles s'accorderaient mal avec la gravité d'un sujet historique et récent. La distance des temps et des lieux, l'esprit de son siècle et le caractère de sa religion, permettent au poëte plus ou moins dans ce genre; et sans doute on n'aurait souffert dans la *Henriade* ni les prodiges de la fable ni les enchantements de la féerie. Mais quoique Boileau paraisse d'un avis contraire, des critiques célèbres ont jugé le christianisme très-susceptible d'une espèce de merveilleux, que Voltaire a mis en œuvre avec un grand succès dans la belle fiction du Fanatisme sortant des enfers sous les traits de Guise, pour exciter Jacques Clément au parricide, et lui remettre le poignard qui doit frapper Henri III. La Harpe croit que ce merveilleux pouvait figurer plus souvent dans la *Henriade*, et qu'il n'aurait blessé ni la raison ni les convenances du sujet. Cet écrivain a discuté, dans son *Lycée*, avec tout le talent qu'il avait pour la critique littéraire, les beautés et les défauts de ce poëme : il n'en a jamais condamné le sujet. Ses observations, qui m'ont paru frappantes de vérité, sont restées sans réplique, et j'y renvoie les lecteurs qui auraient encore besoin d'être convaincus.

(27) Tel Lagrange sous lui voit ramper le vulgaire.

Ce grand géomètre qui a fait faire des pas de géant aux sciences mathématiques, et que la France eut le mérite d'envier et le bonheur de ravir à la Prusse, est parfaitement caractérisé ici dans les vers de Delille. Mais le poëte n'a peint que l'homme de génie, et l'historien doit ajouter que les facultés si transcendantes de son esprit n'ôtaient rien aux agréments de son commerce, qui était doux et facile. Loin de se plaire uniquement dans ces entretiens profonds qu'il accordait volontiers aux hommes instruits et aux jeunes géomètres, il aimait aussi la société de la jeunesse et des femmes. Il observait chez celles-ci, à tout âge, quelque chose de naïf et de délicat, qui se trouvait en rapport avec la simplicité de son génie et l'aménité de son caractère.

(28) Un amas de lambeaux et de sales chiffons,
    Eternise l'esprit des Plines, des Buffons;
    Par eux le goût circule, et, plus prompte qu'Éole,
    L'instruction voyage et le sentiment vole.

Dans l'un de ces nombreux ouvrages échappés

à la vieillesse de Voltaire, et qui accusent aujourd'hui sa mémoire, sans avoir augmenté sa renommée, on trouve aussi des vers sur le papier, qui méritent d'être remarqués. Ce sont les seuls qu'on ait retenus de la *Guerre de Genève*. Peut-être sera-t-on bien aise de les comparer à ceux de Delille sur le même sujet.

>Tout ce fatras fut du chanvre en son temps;
>Linge il devint par l'art des tisserands,
>Puis en lambeaux des pilons le pressèrent;
>Il fut papier. Vingt têtes à l'envers
>De visions à l'envi le chargèrent.
>Puis on le brûle, il vole dans les airs;
>Il est fumée, aussi-bien que la gloire:
>De nos travaux voilà quelle est l'histoire:
>Tout est fumée, et tout nous fait sentir
>Ce grand néant qui va nous engloutir.

Ces vers sont excellents, dit La Harpe; la rapidité de cette transition inattendue, *il est fumée, aussi-bien que la gloire*, est admirable. Delille, bien digne de soutenir la comparaison, a mis dans ses vers des images et des pensées différentes, mais également vraies, telles que la nature de son ouvrage les lui devait inspirer. C'est ainsi que deux grands écrivains se rencontrent, traitent le même sujet, et conservent le caractère particulier de leur talent.

CHANT SIXIÈME.

L'IMAGINATION,

POËME.

CHANT SIXIÈME.

LE BONHEUR ET LA MORALE.

Voyez cet élément, âme de l'univers,
Source de mille maux, de mille biens divers;
Il ramène le jour au sein de l'ombre obscure;
De nos foyers brûlants écarte la froidure,
Forme le diamant, mûrit les végétaux,
Dans la forge embrasée amollit les métaux :
Célèbre avec éclat l'hymen et les conquêtes,
Et, comme de nos arts, est l'âme de nos fêtes.
Mais ce même élément, utile bienfaiteur,
Se change quelquefois en fléau destructeur;
S'échappe des volcans, éclate avec la foudre,
Met les palais en cendre et les temples en poudre :
Imagination, ce sont là tes effets.
Source de mille maux et de mille bienfaits,
Suivant qu'on abandonne ou règle ton empire,
Tu peux nuire ou servir, ou créer ou détruire.

C'est donc à la sagesse à diriger ton cours ;
Et comme Raphaël nous a peint les amours,
Caressant tour à tour ou battant leur chimère (1),
Ce que font ces enfants, la raison doit le faire.

Mais je veux, avant tout, de chaque illusion,
Dans les âges divers, suivre l'impression.

Sans soins du lendemain, sans regrets de la veille (2),
L'enfant joue et s'endort, pour jouer se réveille ;
Trop faible encor, son cœur ne saurait soutenir
Le passé, le présent, et l'immense avenir.
A peine au présent seul son âme peut suffire ;
Le présent seul est tout : un coin est son empire,
Un hochet son trésor, un point l'immensité,
Le soir son avenir, un jour l'éternité.
Mais l'homme tout entier est caché dans l'enfance ;
Ainsi le faible gland renferme un chêne immense.

Par l'ardeur de ses sens le jeune homme emporté,
Dévore le présent avec avidité,
Mais il ne peut fixer sa fougue vagabonde :
Plein des brûlants transports dont son cœur surabonde,
Il déborde, pareil à l'élément fumeux
Qui croît, monte, et répand ses bouillons écumeux :
Devance l'avenir, entend de loin la gloire,
Appelle à lui les arts, les plaisirs, la victoire,
Rêve de longs succès, rêve de longs amours,
Et d'une trame d'or file en riant ses jours.
Age aimable ! âge heureux ! ton plus bel apanage
Ce n'est donc point l'amour, la beauté, le courage,

CHANT VI.

Et la gloire si belle, et les plaisirs si doux :
Non, tu sais espérer ; ce trésor les vaut tous.

L'âge mûr, à son tour, solstice de la vie,
S'arrête, et sur lui-même un instant se replie,
Et tantôt en arrière, et tantôt devant soi,
Se tourne sans regret, ou marche sans effroi.
Ce n'est plus l'homme en fleurs, nous faisant des promesses ;
C'est l'homme en plein rapport, déployant ses richesses ;
Ses esprits ont calmé leurs bouillons trop ardents ;
Sa prudence est active, et ses transports prudents ;
Ses conseils sont nos biens, sa sagesse est la nôtre ;
La moitié de sa vie est la leçon de l'autre ;
Et sur le temps passé mesurant l'avenir,
Prévoir, pour sa raison, n'est que se souvenir.

Hélas ! telle n'est point la vieillesse cruelle ;
Elle n'attend plus rien, on n'attend plus rien d'elle.
Si la raison encor lui permet de prévoir,
C'est des yeux de la crainte, et non plus de l'espoir.
Voyez ce chêne antique ! en son âge encor tendre,
Dans les champs paternels il aimait à s'étendre ;
Chaque jour, plus robuste et plus audacieux,
Il plongeait dans la terre, il s'élançait aux cieux ;
Mais quand l'âge a durci sa racine débile,
Dans la terre marâtre il languit immobile ;
Et voilà la vieillesse ! adieu les grands desseins,
Adieu l'amour, les vœux, l'hommage des humains !
Pour le soleil couchant il n'est point d'idolâtre :
Déplacé sur la scène, il descend du théâtre ;

Alors, n'attendant rien ni du temps ni d'autrui,
Il revient au présent, se ramène sur lui.
Que dis-je ? le présent est un tourment lui-même.
Il se rejette donc vers le passé qu'il aime ;
Il cherche à consoler, par un doux souvenir,
Et la douleur présente, et les maux à venir ;
Et même, lorsqu'il touche à l'extrême vieillesse,
Quelque ombre de bonheur charme encor sa faiblesse.
Du festin de la vie, où l'admirent les dieux,
Ayant goûté long-temps les mets délicieux,
Convive satisfait, sans regret, sans envie (3),
S'il ne vit pas, du moins il assiste à la vie.
Ce qu'il fit autrefois, il le voit aujourd'hui,
Et le présent lui-même est le passé pour lui.

 Ne vîtes-vous jamais, au bord de la Tamise,
Cette noble retraite aux vieux guerriers promise ?
La jeunesse, à ses yeux, part, navigue et revient ;
Que fait le vieux nocher ? il voit, il se souvient,
Se rappelle les mers, les nations lointaines,
Ses dangers, ses combats, ses plaisirs et ses peines.
Il recommande aux vents les jeunes matelots ;
Se rembarque en idée, et les suit sur les flots.
Ainsi l'homme repose, assis sur le rivage,
Et de la vie encore embrasse au moins l'image.
Tant le ciel entretient la douce illusion !

 Tout âge a ses faveurs ; mais c'est à la Raison
A diriger son cours. Elle dit à l'enfance :
« Je ne viens point troubler ta douce insouciance ;

CHANT VI.

Vis, jouis, sois heureux, quand tu le peux encor,
Mais laisse mes conseils diriger ton essor;
La vie, en commençant, t'a fait d'heureux mensonges;
Je ne veux point t'ôter, mais te choisir tes songes. »
Au jeune homme, emporté par ses désirs fougueux,
Elle dit : « Sois plus sage, et modère tes vœux.
Veux-tu, dans ta fureur, d'un vain regret suivie,
De ses plaisirs futurs déshériter la vie ?
User fait le bonheur, abuser le détruit. »
Lorsque dans ses forêts il veut cueillir un fruit,
Du sauvage, dit-on, l'avide imprévoyance (4)
Quelquefois coupe l'arbre, avec lui l'espérance.
« Voilà le despotisme », a dit un grand auteur.
Je dis : « Voilà le vice; il use le bonheur,
Il tarit l'avenir. » La vie est un passage;
Ménageons prudemment les vivres du voyage.
Le fou vers les plaisirs s'élance avec ardeur :
Le sage en prend le miel, mais sans blesser la fleur.
Cueille encor, si tu veux, cette fleur fraîche éclose;
Mais laisse le bouton à côté de la rose.
L'âge viril, plus calme, a pourtant son écueil.
Alors le doux plaisir fait place au noble orgueil;
Il vient, montrant des croix, des cordons et des mitres.
« Reçois, dit la Raison, mais ennoblis ces titres;
Souvent au plus haut rang est le cœur le plus bas;
Tout honneur avilit qui ne l'honore pas. »
Mais quand l'homme vieillit, « Hâte-toi, lui dit-elle,
Qui sait si tu verras la vendange nouvelle ?

Le doux présent échappe ; avant qu'il soit détruit,
Goûte bien son bonheur, savoure bien son fruit. »
Lorsqu'aux hôtes des bois le chasseur fait la guerre,
De moment en moment l'enceinte se resserre:
Ainsi l'âge nous presse ; et, chassant les désirs,
Resserre chaque jour le cercle des plaisirs.
Ne sens-je point déjà la vieillesse ennemie
Déchirer mes liens et dénouer ma vie ?
Raffermi sous ces nœuds, au défaut des plaisirs,
N'a-t-on pas l'amitié pour charmer ses loisirs ?
N'a-t-on pas des enfants ? Dirigeons leur jeune âge,
Laissons-leur nos vertus, nos projets en partage ;
Les travaux que pour eux commença notre amour,
Nos enfants, dirons-nous, les finiront un jour.
Ainsi, prêt à mourir, l'homme apprend à renaître,
Et dans l'être qu'il aime il prolonge son être.
Tant le monde est lié ! tant Dieu voulut unir
Au père les enfants, au présent l'avenir !

De la saine raison tel est le doux langage.
Suivons ses lois : la vie est un terrain sauvage ;
Le germe du bonheur n'y croît point au hasard ;
Enfant de la nature, il demande un peu d'art.
La liberté d'abord nourrit sa jeune plante (5) :
Non cette liberté farouche, menaçante,
Qui d'un peuple superbe, ardent, impétueux,
Soulève tout à coup les flots tumultueux,
Se plaît dans la tempête, et s'ennuie au rivage ;
Mais cette liberté douce, discrète et sage,

CHANT VI.

Qui, cheminant sans bruit, d'un pas tranquille et sûr,
Va jouir à l'écart de son bonheur obscur.
Les potentats du Nord, du Midi, de l'Aurore,
L'écharpe aux trois couleurs, les noirs drapeaux du Maure,
Ne l'épouvantent pas. Sous le casque, en turban,
Sous les lois du sénat, sous les lois d'un divan,
Elle ne reçoit point, ne donne point d'entraves.
Il n'est que les tyrans qui soient vraiment esclaves.
Qui craint de commander, risque peu de servir.
Voilà la liberté qu'on ne peut asservir.
Qui ne vient point des lois, d'un code, d'un système,
Qu'on doit à sa raison, qu'on se fait à soi-même.
Je la chéris pour moi; je la conseille à tous.
Heureux! cent fois heureux, qui, maitre de ses goûts,
Règle en paix de ses jours la course volontaire!
Le plaisir le plus doux est celui qu'on préfère.
L'imagination à son gré veut choisir
Ses études, ses plans, ses travaux, son loisir;
La raison et l'instinct ont le même langage.
Observez cet oiseau dont vous dorez la cage!
Seul, captif, à l'aspect de l'immense horizon,
De son bec, de son aile, il heurte sa prison;
Il regrette les champs, l'air, le ruisseau limpide :
Que sa cage s'entr'ouvre! il part d'un vol rapide;
Et les monts, et la plaine, et les prés, et les bois,
Il veut tout, choisit tout, est partout à la fois.
Ma muse n'en a point l'harmonieux ramage;
Mais elle en a gardé l'humeur libre et sauvage.

Eh! quel pouvoir eût pu ravir ma liberté?
Des champs américains le coursier indompté,
Le cerf qui, dans ses bois, dans ses libres campagnes,
Choisit ses eaux, ses prés, son gîte, ses compagnes,
Redoutent moins le frein, craignent moins les tyrans.
Si quelquefois je fus accueilli par les grands,
Je chéris leurs liens, mais sans porter leurs chaînes;
Et, lorsque les partis allumaient tant de haines,
Quand, suivant l'intérêt, le ton, l'ordre du jour,
Courageux, cisconspect, emporté tour à tour,
Plus d'un adroit Protée, avec tant de prudence,
Pliait à tous les tons sa souple indépendance,
Rien ne dut arracher un mot à ma candeur,
Une ligne à ma plume, un détour à mon cœur.
Eh! quel bien, dites-moi, vaut le charme suprême
D'obéir à son âme, et de plaire à soi-même?
C'est trop peu d'être libre, il faut, d'un soin prudent,
Fixer par le travail un cœur indépendant :
Sans lui, la liberté nous tourmente et nous pèse;
Par lui des passions le tumulte s'apaise,
Les chagrins sont calmés, le vice combattu,
Il ajoute au plaisir, il nourrit la vertu.
Si j'entre dans la chambre où la modeste fille
Tient en main le fuseau, la navette ou l'aiguille,
D'un parfum de vertu je crois sentir l'odeur :
Les réduits du travail sont ceux de la pudeur.
De Buffon, de Rousseau l'asile solitaire,
Était du vrai bonheur l'auguste sanctuaire.

CHANT VI.

Mais loin tout effort vague, indécis, sans objet!
On poursuit sans courage un travail sans projet.
Voyez cet amateur, dont la main incertaine
Sur vingt arts différents au hasard se promène :
Moins ami du travail qu'amoureux du tracas,
Tour à tour il essaie une lyre, un compas,
Prend, quitte le crayon, quitte et reprend la plume,
Effleure une brochure, affronte un gros volume ;
Et consumant sa force en stériles essais,
Toujours se met en route et n'arrive jamais.
C'est ce fleuve sans lit, qui, couvrant son rivage,
Se déborde sans force et se perd sans usage ;
Redonnez un cours libre à tous ces flots épars,
Ils vont nourrir les champs, vont animer les arts.
Le travail veut un but au bout de la carrière :
On s'anime à sa vue, et surtout on espère ;
Les travaux sans espoir nous sont toujours moins chers.
Enfin, soit qu'on cultive ou les champs ou les vers,
Qu'on habite la cour, la ville ou la campagne,
Quelle est du vrai plaisir la fidèle compagne ?
Tout dit : c'est la vertu ; c'est là qu'est le bonheur.

Qu'il est beau, qu'il est grand, ce mot d'un vieil auteur,
Qui s'écriait : « Grand Dieu, veux-tu punir le vice (6),
Montre-lui la vertu : qu'il la voie, et frémisse ! »
Quoique amante du vrai, fille de la raison,
Qui mieux qu'elle connaît la douce illusion ?
De l'espoir précédée, et du plaisir suivie,
Elle seule embellit tout le cours de la vie.

Vers l'avenir obscur jette-t-elle les yeux,
Au-delà de la vie elle aperçoit les cieux.
Revient-elle au présent : déjà pour récompense
Elle a de ses bienfaits la douce conscience ;
Et, si le souvenir n'en est pas effacé,
Avec quel doux transport elle voit le passé.
Cicéron nous l'a dit : les jours de la vieillesse
Empruntent leur bonheur d'une sage jeunesse.
Malheureux le mortel qui, de ses premiers jours
Interrogeant la trace, et remontant leurs cours,
N'y voit qu'un vide affreux et qu'un désert immense !
Semblable au voyageur conduit par l'espérance,
Qui foulait, en partant, des gazons et des fleurs,
S'ils ont du noir volcan éprouvé les fureurs,
Ne retrouve, au retour, que le deuil, le ravage,
Et d'un lieu désolé l'épouvantable image :
Ainsi, dans ses beaux jours, jadis si pleins d'attraits,
Il ne retrouve plus que douleurs, que regrets ;
Dans ses réduits charmants, dans ses bosquets de rose (7)
Où sur un lit de fleurs la volupté repose,
Tel qu'un affreux serpent, le repentir vengeur
Lève sa tête horrible, et s'attache à son cœur :
Cependant le temps fuit : le temps irréparable
Ajoute, chaque jour, au fardeau qui l'accable.
Sans force pour le mal, sans attrait pour le bien,
N'osant voir dans les cœurs, ni lire dans le sien,
Par les maux à venir, par la honte passée,
Vers un présent affreux son âme est repoussée,

CHANT VI.

Et passe sans retour du plaisir au remords,
Du remords aux douleurs, des douleurs à la mort.

Mais heureux, trop heureux dans sa noble carrière,
Celui qui, rejetant ses regards en arrière,
Y retrouve partout les vices combattus,
La trace du travail et celle des vertus !
Je crois voir dans ses champs cet agricole utile
Dont j'ai peint le bonheur. Dans ce terrain fertile
Partout il reconnaît le fruit de ses travaux :
Il sécha ces marais, il creusa ces canaux ;
Il défricha ces bois et ce côteau sauvage ;
Ou lui doit cette source, il planta ce bocage ;
A chaque pas qu'il fait, un souvenir flatteur
Rafraîchit sa pensée et rajeunit son cœur.
Ainsi jouit le sage ; et si, dans sa carrière,
Il n'a pas fait toujours tout le bien qu'il put faire,
Sa touchante douleur est celle de Titus,
Et ses nobles regrets sont encor des vertus.

Dans mes leçons encor je voudrais vous apprendre
Quels dangers doivent fuir, et quels soins doivent prendre
Les hommes rassemblés dans ce monde trompeur,
Où chacun fait son rêve et poursuit sa vapeur ;
Où tant de faux amis, d'une apparence vaine,
Masquent l'indifférence et quelquefois la haine.
Là, dans un double excès vient tomber la Raison.
D'un côté, sur ses pas conduisant le Soupçon,
Qui, de son inquiète et timide paupière,
Semble fuir à la fois et chercher la lumière ;

Voyant partout un piége, et partout un danger,
Tel qu'un lâche espion sur un sol étranger,
Marche, d'un pas craintif, la triste Défiance :
De l'autre, la crédule et folle Imprévoyance
Erre dans ce dédale et sans guide et sans fil,
S'endort tranquillement à côté du péril ;
Et, d'un sommeil trompeur, indolente victime,
Tombe, et va, mais trop tard ! s'eveiller dans l'abime.

Entre les deux excès quel guide est le plus sûr ?
Ah ! c'est l'heureux instinct d'un sens droit, d'un cœur pur,
Qui, dans ce grand chaos des passions humaines,
Des vices, des vertus, des plaisirs et des peines,
Pour les aimer toujours, choisissant ses liens,
Sait écarter les maux, sait distinguer les biens ;
Qui, sans se faire craindre, et sans craindre lui-même,
Evite ce qu'il hait, s'attache à ce qu'il aime ;
Qui, tendre et réservé, confiant et discret,
Sait donner à propos, et garder son secret.
Ainsi la fleur timide, et lente à se produire,
Se ferme au noir Borée, et s'ouvre au doux Zéphire.
Il ne veut ni fouiller dans le secret des cœurs,
Ni se laisser surprendre à des dehors trompeurs ;
Connait les passions, les plaint, et leur pardonne,
Au doux besoin d'aimer sagement s'abandonne,
Fuit le tourment affreux de haïr ses amis,
Et dans les méchants seuls veut voir ses ennemis.
Ah ! qui ne sait combien, dans ses sombres caprices,
L'extrême défiance est féconde en supplices ;

CHANT VI.

C'est elle qui, régnant dans les cœurs soupçonneux,
Corrompt tous les plaisirs, relâche tous les nœuds ;
Fait de la vie entière une route épineuse,
Rend le bonheur craintif et l'amitié douteuse.
A la cour d'un tyran regardez Damoclès (8) :
En vain de chants flatteurs résonne le palais ;
En vain sur une table, en délices féconde,
Tous les tributs de l'air, de la terre et de l'onde,
Se montrent réunis ; pâle, et tout effrayé
De cette menaçante et sinistre amitié,
Il effleure, en tremblant, de ses lèvres livides,
De ces mets affadis les douceurs insipides ;
Vers les lambris dorés lève un œil éperdu,
Et voit le fer mortel sur son front suspendu.
Telle est la Défiance au banquet de la vie.
Que dis-je ? son poison en corrompt l'ambroisie :
Elle-même contre elle aiguise le poignard ;
Donne aux ombres un corps, un projet au hasard ;
Charge un mot innocent d'un crime imaginaire,
Et s'effraie à plaisir de sa propre chimère :
Ainsi dans leurs forêts les crédules humains
Craignaient ces dieux affreux qu'avaient formés leurs mains.

Quel besoin plus pressant nous donna la nature,
Que de communiquer les chagrins qu'on endure,
De faire partager sa joie et sa douleur,
Et dans un cœur ami de répandre son cœur ?
Toi seul, triste martyr de ta sombre prudence,
Toi seul ne connais pas la douce confidence !

En vain de ton secret tu te sens oppresser,
Au sein de quels amis l'oseras-tu verser ?
Des amis ! Crains d'aimer ; les plus pures délices
Dans ton cœur soupçonneux se changent en supplices !
Des plus mortels poisons l'abeille fait son miel :
Toi, des plus doux objets tu composes ton fiel ;
Ton cœur dans l'amitié prévoit déjà la haine :
De soupçons en soupçons l'amour jaloux se traîne.
Un génie ennemi brise tous tes liens ;
Tu n'as plus de parents ni de concitoyens :
Te voilà seul, va, fuis loin des races vivantes ;
Habite avec les rocs, les arbres et les plantes,
Dans quelque coin désert, dans quelque horrible lieu,
Où tu ne pourras plus calomnier que Dieu.
Mais à voir les humains tu ne dois plus prétendre,
Tu ne dois plus les voir, ne dois plus les entendre.
Ton âme morte à tout ne vit que par l'effroi :
Les morts sont aux vivants moins étrangers que toi :
Le regret les unit ; et toi, tout t'en sépare.

Hélas ! il le connut ce tourment si bizarre,
L'écrivain qui nous fit entendre tour à tour
La voix de la raison et celle de l'amour.
Quel sublime talent ! quelle haute sagesse !
Mais combien d'injustice ! et combien de foiblesse !
La Crainte le reçut au sortir du berceau :
La Crainte le suivra jusqu'aux bords du tombeau.
Vous, qui de ses écrits savez goûter les charmes,
Vous tous, qui lui devez des leçons et des larmes,

CHANT VI.

Pour prix de ces leçons et de ces pleurs si doux,
Cœurs sensibles, venez, je le confie à vous.
Il n'est pas importun : plein de sa défiance,
Rarement des mortels il souffre la présence;
Ami des champs, ami des asiles secrets,
Sa triste indépendance habite les forêts.
Là-haut sur la colline il est assis peut-être (9)
Pour saisir, le premier, le rayon qui va naître :
Peut-être au bord des eaux, par ses rêves conduit,
De leur chute écumante il écoute le bruit;
Ou, fier d'être ignoré, déchapper à sa gloire,
Du pâtre qui raconte il écoute l'histoire :
Il écoute et s'enfuit; et, sans soins, sans désirs,
Cache aux hommes, qu'il craint, ses sauvages plaisirs.
Mais s'il se montre à vous, au nom de la nature,
Dont sa plume éloquente a tracé la peinture,
Ne l'effarouchez pas, respectez son malheur !
Par des soins caressants apprivoisez son cœur :
Hélas ! ce cœur brûlant, fougueux dans ses caprices,
S'il a fait son tourment, il a fait vos délices.
Soignez donc son bonheur, et charmez son ennui :
Consolez-le du sort, des hommes et de lui.
Vains discours ! rien ne peut adoucir sa blessure;
Contre lui ses soupçons ont armé la nature.
L'étranger, dont les yeux ne l'avaient vu jamais,
Qui chérit ses écrits, sans connaître ses traits,
Le vieillard qui s'éteint, l'enfant simple et timide (10)
Qui ne sait pas encor ce que c'est qu'un perfide,

Son hôte, son parent, son ami, lui font peur (11):
Tout son cœur s'épouvante au nom de bienfaiteur.
Est-il quelque mortel, à son heure suprême,
Qui n'expire appuyé sur le mortel qu'il aime?
Qui ne trouve des pleurs dans les yeux attendris
D'un frère ou d'une sœur, d'une épouse ou d'un fils?
L'infortuné qu'il est, à son heure dernière,
Souffre à peine une main qui ferme sa paupière!
Pas un ancien ami qu'il cherche encor des yeux!
Et le soleil lui seul a reçu ses adieux.
Malheureux! le trépas est donc ton seul asile :
Ah! dans la tombe au moins repose enfin tranquille;
Ce beau lac, ces flots purs, ces fleurs, ces gazons frais,
Ces pâles peupliers, tout invite à la paix.
Respire donc enfin de tes tristes chimères :
Vois accourir vers toi les épouses, les mères;
Regarde ces amants qui viennent, chaque jour,
Verser sur ton cercueil les larmes de l'amour;
Vois ces groupes d'enfants se jouant sous l'ombrage,
Qui de leur liberté viennent te rendre hommage;
Et dis, en contemplant ces doux titres d'honneur :
« Je ne fus point heureux, mais j'ai fait leur bonheur (12). »

Moi, cependant, au pied de cette tombe agreste,
D'un nom si glorieux monument si modeste,
Par toi-même inspiré, je reprends mes pinceaux ;
Je peindrai de la vie et les biens et les maux.
L'Imagination, dont je vante les charmes,
Aux tristes préjugés prête souvent des armes;

De ce que nous craignons elle augmente l'effroi ;
Contre elle la raison va combattre avec moi.
La mort, la pauvreté, l'obscurité que j'aime,
Pour les ambitieux pire que la mort même,
Ces maux exagérés par une lâche erreur,
De leur masque effrayant vont perdre la terreur ;
Le sage, qui de loin redoute leur menace,
Apprend à les braver, s'il les regarde en face.

Voyez ce fier coursier qui, farouche, indompté,
Au moindre objet nouveau se cabre épouvanté !
Que son guide prudent doucement l'y ramène,
Il avance avec crainte, il approche avec peine ;
Mais bientôt, mieux instruit, il calme sa terreur,
Et reprend son courage en perdant son erreur.
Ainsi fait la raison, et ce fidèle guide,
Aguerrissant notre âme ombrageuse et timide,
Rend moins affreux les maux observés de plus près.

Mais la sagesse même a souvent ses excès.
Pourquoi veux-tu, dis-moi, sage et profond Montagne,
Que l'aspect de la mort en tout temps m'accompagne ?
Je ne me sens point fait pour un si triste effort :
C'est mourir trop long-temps, que voir toujours la mort !
Je sais qu'au bord du Nil, un solennel usage (13)
De la mort aux festins associait l'image ;
Mais ce récit m'étonne, et ne me séduit pas.
Que le galant Horace, au milieu d'un repas,
En nous montrant de loin les funèbres demeures,
Nous invite à saisir le vol léger des heures,

Je suis son doux conseil; et, quand la mort m'attend,
Par quelques vers encor je lui vole un instant.
Mais pourquoi, m'entourant de fantômes et d'ombres,
Me plonges-tu vivant dans les royaumes sombres?
Quel bien ne corromprait un si sombre avenir?
Quel cœur ne flétrirait un si noir souvenir?
Regardez ce mortel qu'envoya la justice
Du lieu de son arrêt au lieu de son supplice :
Sur sa route offrez-lui des festins, des palais!
Les palais, les festins, sont pour lui sans attraits;
Croyant toucher déjà le terme qu'il redoute,
Il compte les instants, il mesure la route;
Subit déjà sa peine, et, certain de son sort,
Entend dans chaque pas sa sentence de mort.
Tels seraient nos destins; cher Montagne, pardonne :
Ah! quels tristes conseils ta sagesse nous donne!
Que la mort, disais-tu sur un ton moins chagrin,
Me trouve oublieux d'elle et bêchant mon jardin (14)!
Pourquoi donc aujourd'hui, dans ta sombre manie,
Pour apprendre à mourir, veux-tu perdre la vie?
Oh! combien la nature est plus sage que toi!
En nous voilant la mort, elle en bannit l'effroi;
Sa marche est invisible; et notre heure dernière
Ne vient pas tout d'un coup, ne vient pas tout entière.
La nature vers nous l'amène pas à pas :
Elle rend par degrés tes sens moins délicats;
Elle assourdit des sons les routes sinueuses,
Endurcit du palais les houppes chatouilleuses;

CHANT VI.

Chaque jour tu sens moins la beauté des couleurs,
Les charmes du toucher, le doux esprit des fleurs (15).
Ainsi sa lente main, sans choc et sans secousse
Nous roulant mollement par une pente douce,
Dérobe de la mort l'insensible progrès ;
Les dégoûts ont d'avance affaibli les regrets :
La mort ainsi se glisse ; et, quand le ciel l'ordonne,
L'homme, comme un fruit mûr, au trépas s'abandonne.
Eh ! comptes-tu pour rien ce profond sentiment
Qui nous fait espérer jusqu'au dernier moment ?
En vain de ce mourant les membres s'engourdissent,
Le pouls meurt, l'œil s'éteint, les muscles se roidissent :
Son flatteur même en vain dit que le terme est prêt ;
L'espoir opiniâtre appelle de l'arrêt.
Suis donc son doux instinct, et bénis la nature.

Bien plus cruel encor, le chantre d'Épicure,
Qui, fidèle à ses vers et mécontent du sort,
Calomnia la vie en se donnant la mort ;
Quand du monde et du jour nous regrettons les charmes,
Nous promet le néant pour calmer nos alarmes !
En vain l'homme s'écrie : O regrets superflus !
C'en est donc fait ! je meurs : je ne reverrai plus
Mes folâtres enfants, objet de mes tendresses,
Accourus dans mes bras, disputer mes caresses ;
Je ne cueillerai plus, moissonné par le temps,
Ni les fruits de l'été, ni les fleurs du printemps.
Cesse tes pleurs, dit-il, et termine ta plainte ;
Le regret ne vit plus quand la vie est éteinte....

Cruel ! quand le trépas vient tout anéantir,
Le beau soulagement que de ne rien sentir !
Ainsi donc au trépas un long trépas succède :
Ah ! je souffrais mes maux, mais non pas leur remède.
Non, non, si quelque espoir peut calmer mon effroi,
Ce n'est pas de mourir, c'est de vivre après moi,
De vivre dans ces vers épanchés de mon âme,
Dans l'être que j'aimai, qu'un même attrait enflamme.
Ah ! sans doute le cœur, dont le stupide ennui,
Mort aux sentiments doux, n'a vécu que pour lui,
Devrait craindre la mort, qu'un long oubli va suivre :
Au cœur de ses amis il ne peut se survivre ;
Mais celui qui connut, qui sentit l'amitié,
Laisse encore de lui la plus chère moitié.
Aussi de cette mort, dont tout est tributaire,
Je ne me forme pas l'image volontaire ;
Mais, s'offre-t-elle à moi, je ne l'écarte pas ;
De mes illusions j'environne ses pas ;
Je la pare pour moi ; j'éloigne ses ténèbres,
Ses lugubres lambeaux, ses fantômes funèbres ;
Loin de mon lit de mort ces sinistres apprêts,
De crêpes, de flambeaux, d'héritiers, de valets,
De cœurs intéressés, dont l'hypocrite joie,
Se lamentant tout haut, saisit tout bas sa proie ;
Et laisse au cœur flétri ce sentiment affreux
D'être à charge aux humains et d'être oublié d'eux.
Deux déesses viendront m'assister en silence :
L'une, c'est l'Amitié, l'autre, c'est l'Espérance ;

CHANT VI.

Mais ce cortége heureux n'appartient pas à tous.

Oh! que n'ai-je un langage assez tendre, assez doux!
Je conterais comment un véritable sage
De la mort autrefois sut adoucir l'image.
Poëte philosophe, il avait dans ses vers
Célébré la nature et chanté l'univers.
L'épouse qu'il aimait, secondant son délire,
Joignait ses sons touchants aux doux sons de sa lyre.
Mais, pour durer toujours, leur bonheur fut trop grand!
Elle et quelques amis l'entouraient expirant :
Trop heureux que sa main lui fermât la paupière!
Sa voix lui confiait, à son heure dernière,
Non ces vœux des mourants, reçus par des ingrats,
Ces dons trop attendus, ces vains legs du trépas,
Écrits à la lueur des flambeaux funéraires,
De la nécessité tributs involontaires;
Mais les vœux de son cœur. Dieu! par quel doux transport
Il prolongeait la vie et reculait la mort!
Ce n'était point l'effroi de ce moment terrible;
Du départ d'un ami c'était l'adieu paisible;
« Viens là, viens, disait-il, ô toi que j'aimai tant!
Né pauvre, je meurs pauvre, et j'ai vécu content.
Ah! c'en est fait; reçois de ma reconnaissance
Ce peu que notre amour changeait en opulence,
Tout ce luxe indigent qui, sous nos humbles toits,
Egalait à nos yeux l'opulence des rois.
Vois ces vases sans art; leurs formes sont vulgaires;
Mais nos chiffres unis te les rendront plus chères;

Mais ils faisaient l'honneur de ce léger festin
Qui charmait près de toi les heures du matin.
Hélas! le ciel pour moi ne marquera plus d'heures!
Reçois encor de moi, de l'ami que tu pleures,
Cette image du temps dont tu trompais le cours :
Puisse-t-elle, après moi, te marquer d'heureux jours!
Cette boîte, en mon sein si doucement cachée,
Qui par le trépas seul pouvait m'être arrachée,
Et qui, de ton absence adoucissant l'ennui,
Sentait battre ce cœur et reposait sur lui,
Détache-la : je souffre à me séparer d'elle;
Mais j'emporte en mon âme un portrait plus fidèle.
Le mien sera-t-il cher à tes tendres douleurs ?
Sera-t-il en secret mouillé de quelques pleurs ?
Ce fidèle animal, témoin de nos tendresses,
Qui long temps entre nous partagea ses caresses;
Que j'ai vu si souvent, fier de me devancer,
Reconnaître ton seuil, bondir et m'annoncer,
Et qui, dans ce moment, les yeux gonflés de larmes,
Semble prévoir ma fin et sentir tes alarmes,
Je le lègue à tes soins : puisse de nos amours
Le doux ressouvenir protéger ses vieux jours!
Vois-tu cette tablette, où sans faste s'assemble
Ce peu d'auteurs choisis que nous lisions ensemble?
Mon crayon y marqua les traits goûtés par toi;
Tu ne les liras pas sans t'attendrir sur moi.
Tiens, reçois cet écrit; c'est mon plus cher ouvrage;
Tous ces portraits, de moi trop infidèle image,

CHANT VI.

Ne peignaient que mes traits; celui-ci peint mon cœur;
J'y déposai mes vœux, mes plaisirs, ma douleur;
Ma défaillante main le fie à ta tendresse :
Dans cet écrit si cher c'est moi que je te laisse;
C'est moi qui me survis; un sévère destin,
Hélas! avant le temps, l'arrache de ma main;
Mais il devra le jour à des mains que j'adore. »

Ainsi son cœur pensait, sentait, vivait encore (16);
Ainsi, loin de promettre à son cœur isolé
De l'horrible néant l'empire désolé,
Lui laissant son silence et son repos funeste,
Du bonheur social il savourait le reste;
Ainsi, s'environnant de la tendre amitié,
Du fidèle regret, de la douce pitié,
De la reconnaissance à ses pieds éplorée,
D'un choix de vieux amis, d'une épouse adorée,
Les regards attachés sur leurs yeux attendris,
Il recueillait un mot, un soupir, un souris;
Et jusqu'au dernier souffle, heureux de leur présence,
Reculait de la mort l'irréparable absence;
Se rattachant encor à ceux qui l'entouraient,
Rendait encore des pleurs à ceux qui le pleuraient;
Et, dans ce grand festin où le ciel nous convie,
Ramassait en mourant les miettes de la vie;
Tantôt dans le passé cherchait un souvenir,
Tantôt anticipait le bonheur à venir,
Et, plaignant sa compagne, et consolé par elle,
Lui donnait rendez-vous dans la paix éternelle.

Ah! dans la volupté de ces touchants adieux,
Quel homme a le loisir de se plaindre des dieux?
Oui, sûr, en la pleurant, des pleurs de son amie,
Bien avant dans la mort on peut sentir la vie;
Tandis que les cœurs durs, les cœurs qui n'aiment pas,
Long-temps avant la mort ont senti le trépas.

De loin la pauvreté semble encor plus cruelle;
J'ai doublement le droit de réclamer pour elle :
Je fus pauvre long-temps, sans me plaindre des dieux;
Je fus riche un moment, sans être plus heureux.
Un vain accroissement de jouissances vaines
Ne fit que varier mes plaisirs et mes peines.
A mon premier état le destin m'a rendu :
J'avais bien peu gagné, j'ai donc bien peu perdu!
Mais l'homme soutient mal tout ce qu'il exagère,
J'aime la pauvreté qui n'est pas la misère.
Horace la nommait la médiocrité :
Il faut un peu d'aisance à la félicité;
La fortune a son prix; l'imprudent en abuse,
L'hypocrite en médit, et l'honnête homme en use.

Toi qui, dans ton tonneau, mal nourri, mal vêtu,
Y logeas la folie auprès de la vertu,
Tu peux jeter ta coupe, orgueilleux Diogène,
Et boire dans tes mains; moi, je garde la mienne;
Et, si la mode encor voulait que les Houdon (17),
Les Moreau, les Pajou, rivaux d'Alcimédon,
Gravassent sur ses bords le lierre qui serpente,
Ou les bras tortueux de la vigne rampante,

CHANT VI.

Malgré toi je saurais en connaître le prix.
Mais combien tu me plais, lorsque, d'une souris
Les miettes de ton pain t'attirant la visite,
Tu t'écriais gaîment : « J'ai donc un parasite,
J'ai donc le superflu! » Voltaire, avec raison,
Le jugeait nécessaire, et je le crois fort bon.
Mais dès que le travail a vaincu la misère,
Le superflu n'est pas bien loin du nécessaire :
L'heureuse pauvreté le trouve à peu de frais.

Vois donc que de travail, que de soins, que d'apprêts,
Dans ses pompeux besoins exige l'opulence!
A toute la nature elle fait violence ;
Le printemps sur l'hiver usurpe ses jardins,
Les glaces en été rafraîchissent ses vins
Du fougueux aquilon craint-elle la furie,
Des pièges sont dressés aux rats de Sibérie :
Pour elle il faut braver les saisons, les climats ;
Il faut des matelots, du canon, des soldats ;
Il faut, pour ses habits, que le Mexique enfante
La pourpre d'un insecte et l'azur d'une plante ;
Il faut, pour ses festins, tirer d'un sol nouveau,
La fève d'un arbuste, et le miel d'un roseau.
Où courent ces vaisseaux voguant à pleine voile?
Dans le fond de l'Asie ils vont chercher la toile
Qui, gonflée en cravate, ou pliée en turban,
Pare le cou d'un fat ou le front d'un sultan ;
Ou ces cailloux brillants que Golconde nous donne,
Ou ce globe argenté que la nacre emprisonne,

Ou l'émail du Japon, ou le thé des Chinois.
L'or commande : partez, tourmentez à la fois
Les hommes et les vents, et la terre et les ondes :
Le déjeuner du riche occupe les deux mondes.
La pauvreté ne trouble et ne tourmente rien :
Pour son goût, pour ses yeux, tout est beau, tout est bien;
Et, sans chercher au loin la douce Malvoisie,
Le vin de ces coteaux pour elle est l'ambroisie.
Approchez; pénétrez sous ces rustiques toits;
Deux déesses que j'aime y règnent à la fois :
Du pauvre vertueux l'une et l'autre est l'amie;
L'une est la propreté; l'autre, l'économie :
L'une embellit sa table, assaisonne ses mets,
Fait reluire l'étain de ses humbles buffets;
Et, du doux avenir préparant les délices,
L'autre impose au présent de légers sacrifices.

Oh! que l'homme est trompé! combien il connaît peu
Et les secrets du monde et les desseins de Dieu!
La fortune à ses yeux d'abord paraît bizarre :
Libérale pour l'un, pour l'autre elle est avare;
Elle crée au hasard des petits et des grands,
Forme l'ordre inégal et des biens et des rangs;
D'une main dédaigneuse, au hasard elle jette
Le sceptre d'un côté, de l'autre la houlette :
Mais bientôt, compensant ses rigueurs, ses bienfaits,
Elle-même se rit des présents qu'elle a faits.
En peines, en plaisirs, l'illusion féconde
Rétablit en secret l'équilibre du monde;

CHANT VI.

Et la crainte et l'espoir, balançant nos destins,
Ont, bien avant vos lois, nivelé les humains.
Oui, tout paie un tribut à la misère humaine;
Le riche par l'ennui, le pauvre par la peine;
A l'un le travail pèse, à l'autre le loisir.
Combien vont, l'or en main, mendier le plaisir !
Le ciel partage à tous les biens et la misère;
Le riche s'inquiète, et l'indigent espère.
J'entends crier partout : « Où donc est le bonheur ? »
Il est chez l'ouvrier que nourrit son labeur;
Chez le simple bourgeois qui, cher à sa famille,
Du produit de ses soins fait la dot de sa fille;
Chez l'honnête marchand qui chiffre, à son retour,
Les achats de la veille et les produits du jour.
Déserteur des palais, dans son humble retraite,
Il vient à petit bruit visiter un poëte.
Je l'éprouvai moi-même; et sous mes humbles toits
Loge plus de bonheur qu'il n'en tient chez les rois.
Il ne va point chercher les biens d'un autre monde;
Avec l'or du Pérou, les pierres de Golconde,
Les pelisses du Nord, les tissus de Madras,
L'avide commerçant ne le déballe pas.

Hélas ! passant le but, dans l'ardeur qui l'agite,
Nul mortel ici-bas n'est content de son gîte.
Heureux ! si, reposant sur leurs biens entassés,
Les hommes quelquefois se disaient : c'est assez !
Orgon étend, allonge, élargit son domaine;
Mais il a des voisins, et l'horizon le gêne :

Appauvri par ses vœux, ruiné par l'espoir,
Il voit moins ce qu'il a que ce qu'il veut avoir.
Ce poëte, l'honneur de la lyre romaine,
Le favori d'Auguste et l'ami de Mécène,
Horace, dans Tibur, heureux d'un petit bien,
D'un bois, d'un filet d'eau, ne souhaita plus rien.
Qu'on me donne un arpent de son petit empire;
Que l'écho me renvoie un des sons de sa lyre,
Tous mes vœux sont remplis. Pour vivre ici contents,
Il faut si peu de chose, et pour si peu de temps!
Alexandre demande un monde pour domaine;
Une tonne suffit au pauvre Diogène.
Je ris, lorsque je vois son orgueil sans pareil
Au fils de Jupiter disputer le soleil;
Mais du luxe et de l'or sa noble négligence
Nous apprit à chérir l'honorable indigence.
Pourquoi donc formons-nous, mortels ambitieux,
Dans nos jours si bornés, de gigantesques vœux?
A quoi bon tant d'apprêts pour un si court voyage (18)?
Ce qu'il faut au besoin suffit aux vœux du sage.
En vain par l'opulence on se laisse éblouir,
Pour savoir posséder il faut savoir jouir.
Ma déesse elle-même, en prestiges féconde,
Pèse bien plus que l'or sur les destins du monde,
Fait les maux et les biens, un jour sombre, un beau ciel;
Et ses rêves souvent sont le seul bien réel.

 Pauvres riches! ces biens, que vous croyez les vôtres,
Combien l'illusion souvent les donne à d'autres.

A qui sont ce grand parc et ce pompeux jardin ?
Sur la foi d'un vain titre ou d'un vieux parchemin,
Tu les crois bonnement au seigneur de la terre ;
Mais non, ce n'est point là le vrai propriétaire :
Veux-tu le voir ? regarde ; il est dans ce bosquet,
Un Virgile à la main, comparant, en secret,
Le poëte et les champs, l'art avec la nature,
Et, devant le modèle, admirant la peinture :
Pareil à ces oiseaux dont il entend la voix,
Comme eux, sans soin, sans gêne, il jouit de ces bois ;
C'est pour lui qu'on traça ces belles promenades,
Que s'étendent ces lacs, que tombent ces cascades :
Leurs seigneurs rarement en supportent l'ennui ;
Les droits en sont pour eux, les délices pour lui :
Tel, chez son noble ami, dans sa belle vallée (19),
S'emparant d'un bosquet, d'un berceau, d'une allée,
Sans soin, sans gens d'affaire, et partant sans souci,
Jean-Jacques fut souvent le vrai Montmorenci.

La crainte d'être obscur nous touche plus encore ;
L'homme craint d'ignorer, mais surtout qu'on l'ignore.
Écrivain ou guerrier, artiste ou magistrat,
Chacun cherche bien moins le bonheur que l'éclat.
Mais connais-tu, réponds, un plus triste servage
Que le joug de la gloire et son dur esclavage,
Qui condamne un mortel à vivre hors de lui,
Et le fait respirer par le souffle d'autrui ?...
L'amour-propre inquiet souffre de peu de chose :
C'est un voluptueux que blesse un pli de rose.

De nos prétentions le chatouilleux orgueil
S'offense d'un oubli, d'un geste, d'un coup d'œil;
D'un seul mot de Louis le grand Racine pleure [20];
La censure déchire, et la loüange effleure [21].
Sont-ce les grands emplois et les titres d'honneur,
Qui séduisent tes vœux? Leur éclat suborneur
Ne couvre point ta honte : un illustre coupable,
Dans un rang élevé, paraît plus méprisable;
Le ciel en fait justice en le plaçant si haut,
Et le trône du vice en devient l'échafaud.
Voilà quel sort affreux l'ambitieux s'apprête.
    Dis-nous à quel degré l'ambition s'arrête.
Vois ce mortel avide accumuler son or :
Sans accroître ses biens, il accroît son trésor.
Ainsi que l'intérêt, la gloire a ses avares;
Ajoutez les honneurs aux honneurs les plus rares,
Rien ne le satisfait; le désir amorti
Revient au même point dont il était parti.
    Combien durent d'ailleurs leurs grandeurs fugitives?
Météores d'un jour, leurs splendeurs les plus vives,
Nous présagent la fin de leur éclat trompeur;
Telle de l'arc d'Iris la fluide vapeur
S'embellit dans sa chute, et, sur un beau nuage,
Du soleil qui s'éteint nous réfléchit l'image,
De sa pompe empruntée orne un moment les cieux,
Puis se rend à la terre, et disparaît aux yeux.
Mirabeau nous l'a dit, croyons-en sa parole [22] :
La roche Tarpéienne est près du Capitole.

CHANT VI.

Lui-même, secondé par un heureux hasard,
Mourut fort à propos; peut-être, un jour plus tard,
Du haut du tribunat nous l'aurions vu descendre.
Eh! qui sait quel destin le sort garde à sa cendre!
Tout ce peuple, qu'il vit suivre son char en deuil,
Peut-être va demain outrager son cercueil.

Ah! si l'orgueil encor refuse de me croire,
Qu'il contemple Necker, et connaisse la gloire (23)
Jeune, il avait déjà, dans ses emplois obscurs,
Pressenti la grandeur de ses destins futurs :
Élevé par degrés auprès du rang suprême,
Son roi le consultait, il était roi lui-même;
Paris l'idolâtrait! Adoré des hameaux,
On leur nommait Necker, ils oubliaient leurs maux.
Aux Français, rassemblés sous ses fameux auspices,
Son astre promettait des destins plus propices;
Un exil triomphant ajoute à tant d'éclat :
En pleurant un seul homme, on croit pleurer l'État.
Partout le deuil est pris, la douleur ordonnée;
Les tribunaux déserts, la scène abandonnée.
Peuple heureux! calmez-vous; on le rend à vos vœux :
Préparez son triomphe, et rendez grâce aux dieux.
Il revient! près de lui, siégeant en souveraine,
Sa fille, ivre d'honneur, se croit bien plus que reine :
Les hommes, les chevaux, de sa gloire lassés,
Tardent trop de le rendre à nos vœux empressés.
Le rebelle désir de le voir reparaître
A brisé le pouvoir et détrôné son maître.

Parmi les cris, les vœux, les flots d'adorateurs,
Il vient! son char rapide échappe aux orateurs.
Infortuné! jouis quand tu le peux encore;
Le peuple peut demain haïr ce qu'il adore.
Il entre enfin! il entre! ô douleur! ô regret!
L'idole s'est montrée, et le dieu disparaît!
Ainsi le peuple ingrat trahit le grand Pompée;
Tel, plutôt, un enfant rejette sa poupée.
Que dis-je? le dédain fait place à la fureur.
Poursuivi dans les bois, promenant sa terreur,
Des murs, qu'enorgueillit sa triomphale entrée,
Précipitant dans l'ombre une fuite ignorée,
Il part; il va revoir ces lieux pleins de son nom,
Et témoins aujourd'hui de son triste abandon.
Mais un billet fatal a trahi son passage;
Au lieu de cris d'amour, j'entends des cris de rage.
Tout ce peuple qu'il vit, dételant ses coursiers,
S'atteler à son char couronné de lauriers,
Qui l'avait proclamé père de la patrie,
Tout honteux maintenant de son idolâtrie,
L'insulte, l'emprisonne. Aux mains de ses bourreaux
Il échappe avec peine; et, pour comble de maux,
Présentant en spectacle, à la haine vengée,
Sa popularité par le peuple outragée,
A travers les débris du trône des Capet,
Il fuit, il se relègue au donjon de Copet,
Malheureux, et prêtant une oreille alarmée
Aux mourantes rumeurs de tant de renommée!

Ainsi, méconnaissant les biens, les maux réels,
L'Imagination égare les mortels.
Le sage emploi du temps, l'active solitude,
Le doux charme des champs, la consolante étude,
Préviennent ces écarts : joignez-y ces auteurs
Qui forment la raison et dirigent les mœurs.
Tel l'ami du bon sens, l'ingénieux Horace,
Se joue autour du cœur (24), nous instruit avec grâce,
Fait aimer le repos, la médiocrité,
Et donne à la morale un air de volupté.
Rousseau, plus inflexible en sa mâle droiture,
Prend l'homme dans les bois, tout près de la nature;
Chez lui la vérité parle avec passion,
Et c'est avec fureur qu'il prêche la raison.
Fontenelle, craignant toujours quelque surprise (25)
Aux passions sur lui ne donne point de prise,
Soigne attentivement son timide bonheur,
Même dans l'amitié met en garde son cœur;
Ami des vérités, par crainte les enchaîne,
Et s'abstient du plaisir, pour éviter la peine.
Écoutant moins son cœur, et bien plus son esprit,
Voltaire orne avec art la raison qu'il chérit;
Mais sa philosophie, avec plus de souplesse,
Sur les mœurs de son temps compose sa sagesse;
Et l'auteur du *Mondain*, à nous plaire occupé,
Immole la morale au succès d'un soupé (26) :
Abandonne la vie à la fougue des vices,
Néglige ses devoirs, recherche ses délices :

Jamais son cœur n'admit de sentiments profonds.
Riche du fonds d'autrui, mais riche par son fonds,
Montagne les vaut tous : dans ses brillants chapitres,
Fidèle à son caprice, infidèle à ses titres,
Il laisse errer sans art sa plume et son esprit,
Sait peu ce qu'il va dire, et peint tout ce qu'il dit :
Sa raison, un peu libre et souvent négligée,
N'attaque point le vice en bataille rangée ;
Il combat, en courant, sans dissimuler rien ;
Il fait notre portrait en nous faisant le sien :
Aimant et haïssant ce qu'il hait, ce qu'il aime,
Je dis ce que d'un autre il dit si bien lui-même :
« C'est lui, c'est moi. » Naïf, d'un vain faste ennemi,
Il sait parler en sage et causer en ami.
Heureux ou malheureux, à la ville, en campagne,
Que son livre charmant toujours vous accompagne.

Ne peut-on pas aussi, dans le choix des auteurs,
Consulter ses besoins, et son âge, et ses mœurs ?
Graves, ils calmeront le feu de la jeunesse ;
Gais, ils feront encor sourire la vieillesse.
Tel Voltaire naissant étudiait Newton ;
Vieux, lisait Arioste, et composait *Memnon ;*
Et, près du froid Jura, dans l'hiver de sa vie,
A tous nos jeunes fous faisait encore envie.
Telles, filles de l'art, des fleurs parfument l'air,
Font régner le printemps et douter de l'hiver.
Ainsi, de la raison empruntant le langage,
Contre les passions de tout rang, de tout âge,

CHANT VI.

Je dictai des leçons ; mais, contre ses ennuis,
Le malheur à son tour implore des appuis.
Eh ! peux-tu dédaigner, muse compatissante,
Du malheur éploré la voix attendrissante ?
Souvent des cœurs ingrats la noire trahison,
La mort de ce qu'on aime, accable la raison.
Tantôt c'est de l'exil la langueur importune,
Tantôt l'écroulement d'une haute fortune.
Dirai-je les horreurs de la captivité (27) ?
Combien de l'âme alors je crains l'activité !
C'est alors que le cœur, loin de tout ce qu'il aime,
Se repliant sur lui, se dévore lui-même :
Alors tout s'exagère ; alors de la raison
Les songes douloureux sont pour elle un poison ;
Et l'homme, de ses maux instrument et victime,
Du malheur, en rêvant, approfondit l'abîme.
Quels que soient vos chagrins, gardez que la douleur
D'une seule pensée occupe votre cœur !
Par des distractions, dont s'amuse votre âme,
De ses feux dévorants amortissez la flamme :
Les flèches de Diane, ainsi que ses filets,
Souvent de Cythérée affaiblirent les traits.
Des beaux-arts, à leur tour, le doux apprentissage
S'empare de l'esprit, le distrait, le soulage ;
Et d'un joug trop pesant notre esprit échappé,
Par leurs jeux innocents est doucement trompé.
Ainsi, lorsqu'à grands flots un noir torrent bouillonne,
Notre art ouvre une issue à la vague qui tonne,

Alors le fier torrent court moins impétueux,
Et vient baiser son frein d'un flot respectueux.
Ainsi l'âme, élancée en sa vaste carrière,
Veut des amusements plutôt qu'une barrière;
Ainsi trente tyrans, dans Athène autrefois,
Régnaient moins durement en régnant à la fois :
Comme dans la nature, ainsi notre âme libre
Par d'heureux contrepoids conserve l'équilibre.
De la distraction tel est l'effet puissant !
Au pouvoir qui la dompte elle en oppose cent.

Des prisonniers français contemplez l'industrie (28):
Retenus dans les fers, privés de leur patrie,
Leurs épouses, leurs fils, leurs amis sont absents;
Mais d'un travail heureux les soins divertissants
Consolent leurs regrets; là, la paille docile
Prend mille aspects nouveaux sous une main agile,
De mille riens charmants amuse leur ennui,
Se dessine en navette, ou se roule en étui;
Ou, d'un chapeau léger composant la parure,
Va des beautés d'Écosse orner la chevelure.
Leurs ongles pour canifs, leur rasoir pour ciseau,
Ils travaillent le lin, l'écorce, le roseau :
L'un tresse son panier, et l'autre sa corbeille;
A la journée active ils ajoutent leur veille.
Ailleurs, les vils débris de leurs sobres banquets,
Des os taillés, sculptés, et façonnés sans frais,
Chefs-d'œuvre ingénieux de la constance adroite,
Sont changés en coffrets, sont transformés en boîte;

CHANT VI.

Et sous un doigt léger présentent, chaque jour,
Des dons pour l'amitié, des présents pour l'amour;
Et d'un art inventif l'élégante merveille
S'en va rendre plus pure ou la bouche ou l'oreille :
Le chef-d'œuvre imprévu charme les yeux surpris,
Et l'art de la matière a surpassé le prix.
Chaque heure a son emploi; ces simples bagatelles
Vont charmer les amis, les amants et les belles;
Et le bonheur oisif, en dépit des verrous,
De l'adresse captive est lui-même jaloux.
Ainsi souvent les arts de l'ennui sont l'ouvrage,
Et l'esprit inventeur est né de l'esclavage;
Le captif solitaire est soulagé par lui;
Il trompe la douleur, et le temps et l'ennui.
Tant prêt à s'échapper par des routes nouvelles,
Dédale en sa prison se fabriqua des ailes,
En arma son enfant; et, libre de ses fers,
Nocher audacieux, navigua dans les airs;
Mais, avant de quitter ses lugubres demeures,
Combien sur lui du temps pesaient les lentes heures!
Le travail l'abrégeait, et son cœur désolé,
Avant que d'être heureux, fut du moins consolé.

Ah! sous le poids des fers si l'esprit peut s'éteindre,
Combien l'égarement est encor plus à craindre
Pour un ami des arts, de qui l'esprit ardent
Veut dans le monde entier errer indépendant;
Et de qui l'âme fière, ombrageuse et sauvage,
S'effarouche et s'irrite au seul nom d'esclavage!

Tel fut ce Pélisson, dont la constante foi (29)
Brava, pour un ami, le courroux d'un grand roi.
Digne élève des arts, sa généreuse audace
De l'illustre Fouquet embrassa la disgrâce;
Et, tandis que dans Vaux, aux Naïades en pleurs,
La Fontaine faisait répéter ses douleurs (30),
Pélisson dans les fers suivit cette victime :
Aimer un malheureux, ce fut là tout son crime.
Trop souvent du pouvoir les agents détestés
Joignent à ses rigueurs leurs propres cruautés.
Du triste Pélisson pour combler la misère,
On avait retranché de son toit solitaire
Ses livres, ses travaux, et l'art consolateur
Qui confie au papier les sentiments du cœur.
Déjà, dans les langueurs de sa mélancolie,
Il sentait par degrés s'approcher la folie.
Pour tromper ces chagrins il invente un secret,
Frivole en apparence, et puissant en effet :
Des milliers de ces dards, dont les pointes légères
Fixent le lin flottant sur le sein des bergères,
Jetés sur ses lambris, ramassés tour à tour,
Trompaient dans sa prison les longs ennuis du jour;
Mais bientôt ce vain jeu ne fut qu'un soin pénible :
L'être qui sent, lui seul, console un cœur sensible.
Au défaut des humains, souvent les animaux
De l'homme abandonné soulagèrent les maux;
Et l'oiseau qui fredonne, et le chien qui caresse,
Quelquefois ont suffi pour charmer sa tristesse.

NOTES
DU CHANT SIXIÈME.

Le bonheur et la morale, tel est le sujet de ce chant. Delille s'est bien gardé de séparer ce qui est inséparable : cependant, comme il n'y a point d'imagination dans la morale, qu'elle est fixe, immuable, le poëte s'est borné aux tableaux poétiques de son influence sur l'homme. Le bonheur, au contraire, est entièrement du domaine de l'imagination; et ce ne serait pas un paradoxe de dire qu'il n'y a de félicités réelles que celles que donnent les illusions. C'est de cette idée purement philosophique que Delille a su faire sortir les plus ravissants tableaux de cette partie de son poëme. Il prend l'homme à son berceau, le suit dans les divers états de la vie; environne chaque âge des illusions qui lui appartiennent; peint les jeux de l'enfance, les passions de l'adolescent, s'arrête un instant près du vieillard que l'espérance n'abanbonne jamais, l'accompagne au tombeau, et ne le quitte qu'après l'avoir placé dans le ciel. A ces scènes rapides le poëte fait succéder diverses scènes qui servent à développer sa pensée : il montre l'homme se livrant à l'étude des arts et des sciences, enrichissant la nature de ses travaux, se créant chaque jour de nouveaux plaisirs, et s'environnant des merveilles de son génie; il peint les terreurs de la mort, les craintes qui la précèdent, et les fantômes dont l'imagination nous épouvante; il consacre quelques pages au tableau de la faveur populaire, et ce tableau est peut-être un des plus beaux morceaux de poésie qui soient sortis de sa plume; il montre la fortune, il montre l'ambition, grandes illusions qui sont la source des grandes douleurs. Il oppose à ces peintures une esquisse du bonheur des champs, et n'oublie pas les plaisirs de la lecture au milieu des bois, ce qui le conduit à faire le portrait naïf et ressemblant de quelques écrivains choisis. Enfin il termine ce chant par le tableau de la misère des émigrés français loin de leur patrie, misère qui ne trouva long-temps qu'une pitié stérile, mais à laquelle la justice des temps va offrir enfin des consolations plus réelles.

(1) Et comme Raphaël nous a peint les Amours,
Caressant tour à tour ou battant leur chimère,
Ce que font ces enfants, la raison doit le faire.

Allusion à ces jolies arabesques, où l'on voit des Amours montés sur des Chimères; les uns les battent, les autres les caressent et les couronnent de fleurs. On a retrouvé des images semblables dans quelques peintures antiques des Bains de Titus, à Rome, dans celles d'Herculanum, et dans d'autres endroits. Plusieurs savants ont fait de profondes recherches pour expliquer le sens allégorique de ces peintures, qui ne sont peut-être qu'un caprice de l'art et un jeu de l'imagination.

(2) Sans soin du lendemain, sans regret de la veille.

Dans l'*Art poétique* d'Horace et dans celui de

L'infortune n'est pas difficile en amis :
Pélisson l'éprouva. Dans ces lieux ennemis,
Un insecte aux longs bras, de qui les doigts agiles (31)
Tapissaient ces vieux murs de leurs toiles fragiles,
Frappe ses yeux : soudain, que ne peut le malheur !
Voilà son compagnon et son consolateur !
Il l'aime : il suit de l'œil les réseaux qu'il déploie ;
Lui-même il va chercher, va lui porter sa proie.
Il l'appelle, il accourt, et jusque dans sa main
L'animal familier vient chercher son festin.
Pour prix de ces secours, il charme sa souffrance ;
Il ne s'informe pas, dans sa reconnaissance,
Si de ce malheureux, caché dans sa prison,
Le soin intéressé naît de son abandon.
Trop de raisonnement mène à l'ingratitude :
Son instinct fut plus juste ; et, dans leur solitude
Défiant et barreaux, et grilles, et verrous,
Nos deux reclus entre eux rendaient leur sort plus doux ;
Lorsque, de la vengeance implacable ministre,
Un geôlier au cœur dur, au visage sinistre,
Indigné du plaisir que goûte un malheureux,
Foule aux pieds son amie, et l'écrase à ses yeux :
L'insecte était sensible, et l'homme fut barbare !
Ah ! tigre impitoyable et digne du tartare,
Digne de présider au tourment des pervers,
Va, Mégère t'attend au cachot des enfers !
Et toi, de qui Pallas punit la hardiesse,
Et qui par ton bienfait reconquis ta noblesse.

Dont peut-être l'instinct, dans ce mortel chéri,
Devinait des beaux-arts l'illustre favori.
Arachné, si mes vers vivent dans la mémoire,
Ton nom de Pélisson partagera la gloire;
On dira ton bienfait, ses vertus, ses malheurs,
Et ton sort avec lui partagera nos pleurs.

Boileau, les quatre âges de l'homme sont considérés sous le rapport dramatique, et peints avec les modifications que le même caractère éprouve aux différentes époques de la vie. Ici le poëte n'envisage le même sujet que dans ses rapports avec l'imagination, dont il veut diriger l'influence par les conseils de la morale et de la raison. Personne ne soupçonnera Delille d'avoir voulu refaire les tableaux de deux grands maîtres, dont il était lui-même l'admirateur le plus éclairé; mais il entrait dans le plan de son poëme de présenter ces mêmes tableaux sous un point de vue différent, et de prouver que les plaisirs de l'imagination appartiennent à tous les âges comme à toutes les situations de la vie.

(³) Du festin de la vie, où l'admirent les dieux,
Ayant goûté long-temps les mets délicieux,
Convive satisfait, sans regret, sans envie,
S'il ne vit pas, du moins il assiste à la vie.

Ces vers sont une imitation de la pensée de Lucrèce (III, v. 951),

Cur non, ut vitæ plenus conviva, recedis?

Rassasié de tout, sans regret, sans envie,
Va, sors donc satisfait du banquet de la vie.

Horace (liv. I, sat. 1, v. 117-119) reproduit à sa manière la pensée de Lucrèce :

Inde fit, ut raro, qui
.... exacto tempore, vita
Cedat, uti conviva satur, reperire queamus.

(4) Du sauvage, dit-on, l'avide imprévoyance
Quelquefois coupe l'arbre, avec lui l'espérance.
« Voilà le despotisme », a dit un grand auteur.

C'est le mot si souvent cité de Montesquieu : « Quand les sauvages du Canada veulent avoir le fruit, ils coupent l'arbre au pied ; voilà le despotisme. »

(5) La liberté d'abord nourrit sa jeune plante :
Non cette liberté farouche, menaçante, etc.

Il est inutile de faire remarquer la noble hardiesse de ces vers ; mais il ne faut pas oublier que Delille les écrivait au moment où les factions divisaient l'Europe, et où la licence régnait sous le nom de liberté. Voltaire, dans une épître à madame Fontaine-Martel, définit très-agréablement la liberté qu'il aime, et dont il jouit. Au siècle de Voltaire on badinait sur la liberté : nous ne sommes devenus si malheureux que parce que nous avons voulu en parler sérieusement.

(6) . . . . Grand Dieu ! veux-tu punir le vice ?
Montre-lui la vertu ; qu'il la voie, et frémisse.

Perse, sat. III, v. 38.

Magne pater divum, sævos punire tyrannos,
Haud alia ratione velis...
Virtutem videant, intabescantque relicta.

(7) Dans ses réduits charmants, dans ses bosquets de rose...

Cette belle image du remords, qui lève du sein des fleurs une tête de serpent, est littéralement empruntée du magnifique épisode qui termine, dans les *Saisons* de Thompson, le chant du printemps :

> Amid the roses fierce Repentance rears
> Her snaky crest.

(8) A la cour d'un tyran regardez Damoclès.

Perse se contente d'indiquer le supplice de Damoclès (sat. III, v. 40).

> Auratis pendens laquearibus ensis
> Purpureas subter cervices terruit.

Horace en avait fait un tableau achevé (III, carm. 1) :

> Destrictus ensis cui super impia
> Cervice pendet, non siculæ dapes
> Dulcem elaborabunt saporem.
> Non avium citharæque lantus
> Somnum reducent, etc.

L'impie, alors qu'il voit le glaive redoutable
Suspendu par un fil sur sa tête coupable,
 Est déja mort pour les plaisirs.
Peut-il goûter des mets qu'empoisonne la crainte?
Non; dans des sens glacés, et dans une âme éteinte,
 Rien ne rallume les désirs.

De Wailly.

(9) Là-haut sur la colline il est assis, peut-être,
Pour saisir le premier le rayon qui va naître.

Ces vers et les suivants rappellent un passage de l'élégie de Gray sur un cimetière de campagne :

> Haply some hoary-headed swain may say :
> « Oft have we seen him at the peep of dawn,

Brushing with hasty steps the dew away;
To meet the sun upon the upland lawn.
. . . .
His listless length at noon-tide would he stretch,
And pore upon the brook that babbles by. »

(10) *Le vieillard qui s'éteint, l'enfant simple et timide*
Qui ne sait pas encor ce que c'est qu'un perfide...

Voyez, dans les *Confessions de J.-J. Rousseau*, les inquiétudes que lui causèrent un vieil invalide et un jeune enfant, qu'il ne retrouva plus dans la promenade où il avait coutume de les rencontrer, et qu'il croyait conspirer avec *ses ennemis*.

(11) *Son hôte, son parent, son ami lui font peur.*

J.-J. Rousseau fut en effet le modèle et la victime de cette défiance continuelle qui empoisonne les plus douces affections, et dénature les procédés les plus généreux. On connaît sa conduite et ses étranges accusations contre Hume. Presque tous ceux qui avaient eu quelque part à son intimité éprouvèrent plus ou moins les effets de sa misanthropie; et M. du Peyrou lui-même, qu'il se plut long-temps à appeler l'*hôte de son cœur*, finit par devenir l'objet de ses injurieux soupçons.

(12) *Je ne fus point heureux, mais j'ai fait leur bonheur.*

Ce portrait de J.-J. Rousseau rappelle celui que La Harpe a tracé depuis, mais dans des circonstances et avec des couleurs bien différentes. Delille n'a vu, n'a plaint que les faiblesses et les malheurs d'un grand homme : il gémit sur les écarts de son imagination, et fait partager au lecteur la sincérité de ses regrets. La Harpe, au contraire, uniquement frappé des résultats funestes des doctrines morales et politiques si hautement professées par l'auteur d'*Émile* et du *Contrat social*; La Harpe, à peine échappé aux conséquences de ces doctrines désastreuses, ne voit, ne poursuit dans J.-J. Rousseau que le perturbateur de l'ordre social, et le premier auteur de la révolution française; selon lui :

> Il sema, fit germer chez un peuple volage
> L'esprit républicain; le monstre de notre âge,
> Qui couvrira l'Europe et de sang et de deuil.
> ....
> J'admire ses talents, j'en déteste l'usage.
> Sa parole est un feu, mais un feu qui ravage,
> Dont les sombres lueurs brillent sur des débris.
> Tout, jusqu'aux vérités, trompe dans ses écrits;
> Et du faux et du vrai ce mélange adultère
> Est d'un sophiste adroit le premier caractère.
> ....
> Il épuise à lui seul l'inconstance de l'homme :
> Demande une statue, implore une prison;
> Et l'amour-propre enfin, égarant sa raison,
> Frappe ses derniers ans du plus triste délire :
> Il fuit le monde entier, qui contre lui conspire.
> Il se *confesse* au monde; et toujours plein de soi,
> Dit hautement à Dieu : *Qui fut meilleur que moi ?*
>   *Triomphe de la Religion*, ch. II.

(13) Je sais qu'aux bords du Nil un solennel usage
De la mort aux festins associait l'image.

« Ainsi faisaient les Ægyptiens, qui, au milieu

de leurs festins, et parmi leur meilleure chère, faisoient apporter l'anatomie sèche d'un homme.. par un qui leur crioit : Boy en t'esiouy; car, mort tu seras tel. » (MONTAIGNE, *Essais*, I, ch. XIX.)

Notre poëte préfère les strophes anacréontiques dans lesquelles Horace, après avoir chanté Bacchus et Glycère, nous montre la mort, mais comme au milieu d'un nuage, et moins pour nous effrayer ou nous préparer à son approche que pour nous engager à profiter du peu de moments qu'elle nous laisse. Qu'il nous soit permis de rappeler, comme ombre à ces tableaux, le spectacle du sang et de la mort, que les Sybarites de Rome mêlaient souvent aux jouissances de la table.

Quin etian exhilarare viris convivia cæde
Mos olim, et miscere epulis spectacula dira
Certantum ferro, sæpe et super ipsa cadentum
Pocula, respersis non pauco sanguine mensis.
SILIUS ITALIC., XI, v. 51.

Les institutions morales et politiques des Égyptiens ont été l'objet de beaucoup de critiques; mais il est permis de croire qu'avec tous leurs défauts ils valaient encore mieux, et étaient considérés en masse plus heureux que les Romains du siècle d'Auguste. On ne parle que de la paix qu'Auguste donna au monde, des réunions chez Mécène, et des beaux génies qui signalèrent cette époque; mais on oublie les suites de tant de proscriptions et de calamités de tout genre; les haines, les jalousies, les dissensions de famille, si désastreuses pour les contemporains; et nos yeux glissent sur le tableau de cette profonde dépravation, de cette bassesse générale, qui, plus tard, firent supporter patiemment aux Romains Tibère, Caligula et Néron.

(14) . . . . Cher Montagne, pardonne,
Ah! quels tristes conseils ta sagesse nous donne!
Que la mort, disais-tu sur un ton moins chagrin,
Me trouve oublieux d'elle et bêchant mon jardin!

« Je veux qu'on agisse et qu'on allonge les offices de la vie tant qu'on peut, et que la mort me trouve plantant mes choux, mais nonchallant d'elle, et encore plus de mon jardin imparfait. » (*Essais*, liv. I, chap. 19).

(15) Chaque jour tu sens moins la beauté des couleurs,
Les charmes du toucher, le doux esprit des fleurs.

Cette peinture touchante de la vieillesse, que la nature prépare à la mort par l'affaiblissement progressif de tous les organes de la vie, rappelle un mot connu de Fontenelle. On sait que cet homme illustre conserva jusqu'à l'âge de cent ans la finesse d'esprit et la sérénité d'âme qui l'avaient toujours caractérisé. Ses forces physiques diminuèrent aussi très-tard. Il était nonagénaire quand il perdit l'ouïe, et que sa vue s'affaiblit. C'est alors qu'il dit à ses amis : *J'envoie devant moi mes gros équipages.* Dans ses derniers moments, son médecin lui ayant demandé s'il souffrait, il répondit : *Je ne sens qu'une difficulté d'être.* La vieillesse de Fontenelle semble avoir servi de modèle à Delille, pour peindre la fin d'un sage qui termine sa carrière sans douleur et sans regrets.

(16) *Ainsi son cœur pensait, sentait, vivait encore.*

Cette scène, à la fois sublime et douloureuse, que Delille traçait en si beaux vers, est l'image de son dernier jour. Il expira auprès de son épouse adorée, environné de *ses vieux amis*; et ses dernières volontés, comme ses derniers sentiments, furent ceux du sage dont il chantait les vertus. Il ne semblait pas quitter la vie; ses adieux étaient ceux d'un ami qui s'éloigne un moment, et qu'on doit revoir bientôt. C'est au milieu de l'immense assemblée de ses élèves que, quelques mois avant sa mort, il prononça ces vers avec un sentiment profond qui les rendait plus touchants encore. On ignorait qu'il se faisait entendre pour la dernière fois, et cependant des pleurs coulaient de tous les yeux. Sa voix un peu faible, sa vieillesse, sa démarche chancelante, le choix du sujet; tout semblait présager la perte que la France allait faire. Environné d'amour et d'admiration, il put jouir d'avance du jugement et des regrets de la postérité; il put entendre l'éloge de ses talents et de son noble caractère. Ce n'était pas seulement le poëte qu'on aimait, c'était l'homme; et toutes les larmes qu'il fit couler ne furent pas données à ses vers.

(17) *Et si la mode encor voulait que les Houdon,*
Les Moreau, les Pajou, rivaux d'Alcimédon,
Gravassent sur ses bords le lierre qui serpente;

Qu les bras tortueux de la vigne rampante,
Malgré toi je saurais en connaître le prix.

On reconnaît ici une heureuse imitation de ces vers de la troisième églogue de Virgile :

>   Pocula ponam
> Fagina, cælatum divini opus Alcimedontis;
> Lenta quibus torno facili superaddita vitis
> Diffusos hedera vestit pallente corymbos.

Les trois sculpteurs français nommés dans les vers de Delille sont célèbres par de très-beaux ouvrages, et méritaient l'honneur d'être opposés à Alcimédon.

(18) A quoi bon tant d'apprêts pour un si court voyage?
Ce qu'il faut au besoin suffit aux vœux du sage.

Ces vers et les suivants renferment une heureuse imitation d'Horace. Ducis, dans une de ses épîtres, a fait les mêmes vers, en imitant le même passage ; voici comment il s'exprime :

> Amis, vivons contents ;
> Il faut si peu de chose, et pour si peu de temps !
> Regardez ce cyprès : pourquoi sur le rivage
> Tant de vivres, d'apprêts, pour deux jours de voyage ?

Je saisirai cette occasion de faire remarquer que Delille, dans ce chant, a plus souvent imité Horace que Virgile (quoique ce dernier fût son poëte favori), parce que ce chant est consacré à la morale, et que toute la bonne philosophie se retrouve dans Horace : aussi notre poëte est varié comme le poëte latin, et il se rapproche souvent du ton de l'épître. Cette souplesse de talent me semble d'autant plus extraordinaire, que plus on étudie Horace, et plus on trouve son imitation difficile. Horace n'est pas le poëte du cœur, quoiqu'il parle souvent au cœur; mais il parle aussi aux sens, et dans aucun de ses ouvrages on ne remarque ces élans d'une âme brûlante et passionnée qui donnent tant de charmes aux vers divins de Virgile. Tour à tour sublime et tendre, Horace occupe l'esprit et le fait réfléchir, tandis que Virgile l'émeut et le touche sans presque y songer : délicat lorsqu'il peint ses plaisirs, véhément lorsqu'il attaque les vices de son siècle, superbe lorsqu'il s'élève aux grandes idées philosophiques, Horace est toujours admirable, même quand il ne fait que badiner. Combien de finesse et de grâce dans ses expressions! combien de force dans ses pensées! quel enjouement dans ses saillies! quel goût dans ses jugements! Il est le poëte des beaux esprits, comme Tibulle est celui des amants; il est aussi le poëte des vrais philosophes. On aime à le voir prendre tous les tons, essayer tous les genres, sans cesser d'être un modèle; mais ce qu'il offre de plus admirable, c'est cette raison qui n'exclut pas les grâces, cette variété de tableaux, cette richesse d'expressions, cette abondance qui ne fatigue jamais, cette rapidité qui dit tout en peu de mots; enfin ces descriptions de la nature, qui reposent doucement l'esprit, qui l'attachent, et qui sont interrompues soudain par une réflexion sur le néant de la vie. Ce sont ces différents traits que Delille me semble avoir saisis très-heureusement dans la marche générale, la disposition et le ton de ce chant, consacré à la morale et au bonheur.

(19) Tel chez son noble ami, dans sa belle vallée,
S'emparant d'un bosquet, d'un berceau, d'une allée,
Sans soin, sans gens d'affaire, et partant sans souci,
Jean-Jacques fut souvent le vrai Montmorenci.

Si Rousseau, victime de son imagination ardente et sombre, avait pu connaître et conserver le bonheur, il l'eût trouvé dans sa retraite de Montmorenci. S'il faut l'en croire lui-même, l'amour de la solitude lui était inspiré par cet indomptable esprit de liberté que rien n'avait pu vaincre, et devant lequel les honneurs, la fortune et la réputation n'étaient rien pour lui. « Il est certain, dit-il, que cet esprit me vient moins d'orgueil que de paresse; mais cette paresse est incroyable: tout l'effarouche; les moindres devoirs de la vie civile lui sont insupportables. Un mot à dire, une lettre à écrire, une visite à faire, dès qu'il le faut, sont pour moi des supplices. Voilà pourquoi, quoique le commerce ordinaire des hommes me soit odieux, l'intime amitié m'est si chère, parce qu'il n'y a plus de devoir pour elle; on suit son cœur, et tout est fait. Voilà encore pourquoi j'ai toujours tant redouté les bienfaits : car tout bienfait exige reconnaissance; et je me sens le cœur ingrat, par cela seul que la reconnaissance est un devoir. Enfin l'espèce de bonheur qu'il me faut n'est pas tant de faire ce que je veux, que de ne pas faire ce que je ne veux pas. » Il eut ce bonheur dans son séjour à Montmorenci : les soins de l'amitié la plus délicate lui procurèrent, dans cet asile, la douce médiocrité dont le poëte de l'*Imagination* a fait ici la peinture. On observera peut-être que ce n'est point la pauvreté qu'il avait d'abord annoncée; mais quoique l'imagination puisse adoucir tous les maux de l'indigence, ce ne sont pas les rêves d'Irus que Delille veut donner pour consolation aux malheureux; et pour trouver des plaisirs au sein de la pauvreté, je crois qu'il a dû nécessairement la distinguer de la misère. Ce morceau charmant parut dans les feuilles publiques quelques années avant la première édition de l'*Imagination*, et fut recueilli par tous ceux qui ont conservé le goût et le sentiment des beaux vers.

(20) *D'un seul mot de Louis le grand Racine pleure.*

« Parce qu'il est grand poëte, veut-il être ministre? » dit avec humeur Louis XIV à madame de Maintenon : elle avait eu la faiblesse de lui avouer que Racine était l'auteur d'un mémoire où la misère des peuples et les vices de l'administration étaient peints des couleurs les plus vives et les plus touchantes. Ce mémoire fit une impression pénible sur l'esprit du roi. Madame de Maintenon réussit à l'effacer; mais elle ne put dissiper les idées tristes et la mélancolie profonde qu'inspirait à Racine la crainte d'avoir déplu au monarque qui l'avait comblé de ses bienfaits. On a écrit que ce sentiment douloureux avait abrégé sa vie; mais on sait que Racine mourut d'un abcès au foie. Au reste, il est vrai que la plus mauvaise critique lui causait un chagrin violent, et que malgré toutes les faveurs de la cour et les éloges encourageants de Louis XIV, la cabale de l'hôtel de Nevers, et les satires des producteurs de Pradon, éloignèrent de la scène l'auteur de *Phèdre* et d'*Iphigénie*, dans la force de l'âge et du talent. Cette déplorable vengeance du génie est retombée sur la postérité : nous avons perdu tout ce que Racine aurait pu faire dans les quatorze ans qui s'écoulèrent entre les représentations de *Phèdre* et celle d'*Athalie*.

(21) La censure déchire, et la louange effleure.

C'est une vérité d'expérience; mais est-ce bien toujours la faute de la critique? N'est-ce pas plus souvent celle de cette ombrageuse susceptibilité d'auteur et de poëte surtout, avides, insatiables d'éloges, et constamment rétifs à la censure, sous quelque forme et avec quelque ménagement qu'elle se présente. On disait un jour au célèbre Fréron : « Vous avez dû vous faire bien des ennemis dans votre profession? — Oui, répondit-il, de tous ceux que j'ai loués. »

(22) Mirabeau nous l'a dit, croyons-en sa parole :
La roche Tarpéienne est près du Capitole.

La Harpe raconte que Rivarol, ayant aperçu Mirabeau qui se rendait triomphant à l'assemblée, lui cria : *La roche Tarpéienne est près du Capitole*. Mirabeau monte aussitôt à la tribune, et commence un de ses plus éloquents discours par ces mots : *Et moi aussi, je sais que la roche Tarpéienne est près du Capitole*.

(23) *Qu'il contemple Necker et connaisse la gloire!*

L'élévation, la faveur et la chute de ce ministre, malheureusement trop célèbre dans les annales françaises, sont peut-être la plus haute leçon que l'histoire ait jamais donnée à ces hommes qui n'ont que de l'audace pour s'élever, de petits moyens pour se maintenir au pouvoir, et aucune grandeur réelle pour se consoler de sa perte. Mais de pareilles leçons sont perdues pour de tels hommes : l'ambition est sourde ainsi qu'elle est aveugle.

(24) *Tel l'ami du bon sens, l'ingénieux Horace,*
 Se joue autour du cœur, etc.

C'est l'heureuse expression de Perse (sat. I, v. 116), et qui caractérise si bien Horace :

Omne vafer vitium ridenti Flaccus amico
Tangit, et admissus circum præcordia ludit.

Avec quelle finesse, Horace, sans aigreur,
Sans offenser les gens, se joue autour du cœur!

(25) *Fontenelle, toujours craignant quelque surprise,*
 Aux passions sur lui ne donne point de prise,
 Soigne attentivement son timide bonheur,
 Même dans l'amitié met en garde son cœur;
 Ami des vérités, par crainte les enchaîne...

Ce dernier vers fait allusion à ce que disait Fontenelle : *Si j'avais la main pleine de vérités, je me garderais bien de l'ouvrir.* On a voulu quelquefois lui faire un reproche de cette réserve philosophique; elle me paraît aussi conforme à l'honneur qu'à la prudence. Il y a peu de vérités absolues ; et, parmi les maximes qu'on admet pour telles en philosophie, il en est dont l'imprudente publication n'a jamais produit que des malheurs et des crimes. Ainsi le mot de Fontenelle annonce non-seulement un caractère sage et modéré, soigneux de son bonheur (ce qui est très-permis), mais encore un esprit juste et élevé, qui voit de plus loin et de plus haut que le vulgaire des philosophes, et qui ne croit point permis de compromettre le repos de plusieurs générations, pour le plaisir orgueilleux de rajeunir d'anciennes erreurs, et de les présenter comme de nouvelles découvertes en morale et en politique. C'est à cette sage réserve, à cette généreuse circonspection, qu'on doit reconnaitre les vrais philosophes, et les distinguer de ces turbulents sophistes, dont les doctrines pernicieuses préparent et précipitent le bouleversement des états.

(26) Et l'auteur du *Mondain*, à nous plaire occupé,
Immolé la morale au succès d'un soupé.

Ce badinage, fort ingénieux sans doute, mais pas aussi *innocent* que Voltaire feignait de le supposer, attira à son auteur une persécution assez sérieuse pour l'obliger à s'éloigner un moment de la France. Le roi de Prusse lui offrit alors le même asile qu'il lui donna depuis ; mais l'auteur du *Mondain* ne crut pas devoir l'accepter à cette époque : il laissa passer l'orage, et ne tarda pas à venir rejoindre ses amis dans sa patrie.

(27) Dirai-je les horreurs de la captivité ?
Combien de l'âme alors je crains l'activité !

Ce tableau de l'homme en proie aux horreurs de la captivité, qui n'est ici qu'esquissé, a été tracé avec beaucoup plus d'étendue au commencement du second chant de *la Pitié*. Une peinture touchante de tous les sentiments qui concourent alors à accabler le malheur, adroitement contrastée par les images du bonheur passé, dont l'imagination vient accroître les maux présents, forme de ce morceau l'un des plus beaux du poëme.

(28) Des prisonniers français contemplez l'industrie.

Delille a été témoin, pendant son séjour en Angleterre, de ces industrieuses occupations, et il s'est réuni aux Français qui se trouvaient alors à Londres, pour venir au secours de ces infortunés. Tout le monde sait les maux qu'ils éprouvèrent ; mais on ne saurait trop repéter qu'il se fit en leur faveur une quête parmi les émigrés français, et que des familles ruinées par la révolution, des prêtres dignes de leur ministère sacré, partagèrent avec eux le peu de ressources qui leur restaient. C'est ce beau trait que Delille a immortalisé par les vers suivants du poëme de *la Pitié*.

> O vous ! tristes captifs délaissés par la France,
> Contez-nous quelle main nourrit votre indigence !
> Dites-nous maintenant si ces nobles proscrits
> Méritaient vos fureurs, méritaient vos mépris ?
> Dans leurs persécuteurs ils n'ont vu que leurs frères ;
> Leur misère, en pleurant, a servi vos misères.

(29) Tel fut ce Pélisson, dont la constante foi
Brava pour un ami le courroux d'un grand roi.

Pélisson, que le goût des lettres n'avait point éloigné des affaires, et qui fut à la fois l'un des plus beaux esprits et l'un des meilleurs financiers de son temps, partagea et la faveur et la disgrâce du célèbre et malheureux Fouquet. Il resta quatre ans à la Bastille sans qu'on pût jamais altérer son attachement ni corrompre sa fidélité pour celui qu'il regardait comme son bienfaiteur et son ami. On avait cru que, pour découvrir les secrets de Fouquet, le meilleur moyen était de faire parler Pélisson. En conséquence, on aposta un Allemand simple et grossier en apparence, mais fourbe et rusé, qui cachait sous les dehors d'un prisonnier malheureux toute la finesse et la lâcheté d'un espion. Pélisson le pénétra; mais ne laissant point apercevoir qu'il eût reconnu le piége, et redoublant au contraire ses politesses envers l'Allemand, il s'empara tellement de son esprit qu'il en fit son émissaire. Il s'en servit pour établir un commerce de lettres avec mademoiselle de Scudéri. Il employa tout son temps à lui écrire et à défendre Fouquet. Ce fut alors qu'il composa pour cet illustre infortuné trois mémoires qui sont encore regardés comme des chefs-d'œuvre. « Si quelque chose approche de l'éloquence de Cicéron, dit l'auteur du *Siècle de Louis XIV*, ce sont ces trois *factums*. Ils sont dans le même genre que plusieurs discours de l'orateur romain, un mélange d'affaires judiciaires et d'affaires d'état, traitées solidement, avec un art qui paraît peu et une éloquence touchante. » Pélisson, à qui ces généreuses apologies auraient dû procurer la liberté, n'en fut resserré que plus étroitement. On lui retira le papier et l'encre : il se vit réduit à écrire sur des marges de livres, avec le plomb de ses vitres, et conserva pour toute société un Basque stupide et morne, qui ne savait que jouer de la musette. On va voir le parti qu'il en tira.

Louis XIV, qui devait finir par apprécier ce noble dévouement, mit un terme à la captivité de Pélisson, se l'attacha, le fit maître des requêtes, et voulut qu'il écrivît l'histoire de son règne. Madame de Montespan, à qui l'intégrité de Pélisson avait fait perdre un procès considérable, choisit depuis Racine et Boileau pour le même ouvrage : ainsi l'hommage rendu au talent n'était qu'une injustice envers la vertu. Mais Pélisson reçut du roi l'ordre exprès de continuer son travail, et conserva tous les avantages qui y étaient attachés. Peu d'hommes ont eu plus d'amis, ont mieux rempli les devoirs de l'amitié, en ont mieux éprouvé la douceur et la constance. Pendant qu'il était à la Bastille, Tannegui Lefèvre lui dédia son *Lucrèce* et le *Traité de la superstition de Plutarque*. L'Académie française, n'ayant point de place vacante à lui offrir, ordonna que la première serait à lui, et qu'en attendant il aurait droit d'assister aux assemblées et d'y opiner comme académicien. Il y fonda depuis un prix de poésie. La petite vérole avait horriblement défiguré Pélisson, et mademoiselle Scudéri disait assez plaisamment, qu'il abusait de la permission qu'ont les hommes d'être laids; mais la noblesse de son âme, l'énergie et l'élévation d'un caractère ferme et généreux, faisaient promptement oublier ce léger malheur : il jouit toute sa vie de l'estime publique, et sa mort fut honorée des regrets et des larmes de tous ceux qui l'avaient connu.

(30) Et tandis que dans Vaux, aux naïades en pleurs,
La Fontaine faisait répéter ses douleurs...

La Fontaine n'avait pas eu, comme Pélisson, des liaisons intimes avec Fouquet; mais il avait eu part à ses libéralités. Le surintendant lui faisait une pension pour laquelle il donnait tous les trois mois une quittance en vers. C'en fut assez pour que le poète de la nature, cet homme si négligent et si facile, qui a dit de lui-même, *je suis chose légère et vole à tout sujet*, s'attachât courageusement à la disgrâce de son bienfaiteur. On connaît son *Élégie aux nymphes de Vaux* : il porta son attachement pour Fouquet jusqu'à l'injustice contre Colbert, et fit, contre ce grand ministre, les seuls vers satiriques qui soient sortis de sa plume, si l'on excepte ceux que le dépit lui arracha contre Lulli.

(31) Un insecte aux longs bras, de qui les doigts agiles
Tapissaient ces vieux murs de leurs toiles fragiles,
Frappe ses yeux : soudain, que ne peut le malheur?
Voilà son compagnon et son consolateur!

Une araignée tendait sa toile dans un soupirail qui donnait du jour à la prison de Pélisson. Il entreprit de l'apprivoiser. Il mit des mouches sur le bord du soupirail, tandis que son Basque jouait de la musette. Peu à peu l'araignée s'accoutuma au son de cet instrument; elle sortait de son trou pour courir sur la proie qu'on lui exposait : ainsi l'appelant toujours au même son, et rapprochant de lui les mouches qu'il lui offrait, il parvint, après un exercice de plusieurs mois à discipliner si bien cette araignée, qu'elle partait toujours au signal donné par la musette, pour aller saisir une mouche au fond de la chambre et jusque sur les genoux du prisonnier. Il est très-vrai qu'un geôlier imbécile eut la cruauté d'enlever à Pélisson cet amusement qui remplissait une partie de ses heures, et d'écraser l'araignée à ses yeux.

L'auteur de ce poëme racontait, avec cette grâce naïve et piquante qu'il mettait dans tous ses récits, qu'un prisonnier suisse avait imité Pélisson, et qu'au lieu d'une araignée il en avait apprivoisé deux. Elles étaient si bien familiarisées avec lui, qu'il croyait connaitre parfaitement leurs besoins, leur instinct et même leurs maladies. Un de ses amis, qui avait la permission de le visiter quelquefois, avait été témoin de l'empressement de ses araignées à courir vers lui, dès qu'il leur en donnait le signal. Un jour il le trouva plus triste qu'à l'ordinaire, et ne vit plus qu'une araignée. « Et l'autre ? s'écria-t-il.—Elle est morte, répondit le prisonnier. — Et comment ? — *De la poitrine.* » Ceux qui seront curieux d'anecdotes sur les araignées peuvent consulter l'ouvrage de Quatremère Disjonval, intitulé *Aranéologie*, pages 50, 145, 161, etc.

CHANT SEPTIEME.

L'IMAGINATION,

POËME.

CHANT SEPTIÈME.

LA POLITIQUE.

Lorsque de l'univers l'aimable enchanteresse (1),
L'Imagination, me porta dans la Grèce,
Je ne m'attendais pas qu'un jour mes propres yeux
Verraient ces belles mers, ces beaux champs, ces beaux cieux :
Je les ai vus ! mon cœur a tressailli de joie :
Homère m'a guidé dans les champs où fut Troie (2).
Pour moi, ses vers divins peuplaient ces lieux déserts,
Et ces lieux, à leur tour, m'embellissaient ses vers.
Un délire charmant, qu'il m'inspirait sans doute,
D'enchantements sans nombre avait semé ma route ;
Je ne demandais plus, pour traverser les flots,
Ni le secours des vents, ni l'art des matelots ;
Je disais aux tritons, aux jeunes néréides,
De pousser mon vaisseau sur les plaines humides.
Tout à coup sur ces mers, à mes yeux s'est montré (3)
Un stupide pacha, d'esclaves entouré ;

Tout s'est désenchanté ; j'ai vu dans le silence
S'asseoir sur des débris la servile ignorance ;
Et j'ai dit, en pleurant sur ces illustres lieux :
« Séjour de la beauté, des héros et des dieux,
Qu'as-tu fait de ta gloire ? O malheureuse Grèce !
As-tu onc oublié tes titres de noblesse (4) ?
Partout sont des témoins de tes antiques arts ;
Partout de tes palais, de tes temples épars,
Quelque reste imposant, dans sa décrépitude,
Semble encore à lui seul peupler ta solitude.
Vois gravés sur tes murs Platée et Marathon (5) !
Tant qu'il reste une pierre où se lise leur nom,
Elle accuse ta honte et pleure ta mémoire.
Eh ! pourquoi dépouiller tous tes droits à la gloire ?
De ta grandeur antique une ombre reste encor ;
Voilà l'habit, l'écharpe et d'Hélène et d'Hector.
Dans la jeune beauté qui bondit en cadence (6),
Des vierges de tes chœurs j'ai reconnu la danse ;
Sa voix m'a rappelé leurs sons mélodieux,
Cette langue sacrée et d'Homère et des dieux.
Reine de la tribune, au lycée, au théâtre,
Dans les chants du rameur, dans les accents du pâtre,
J'ai reconnu son rhythme et son charme flatteur.
N'as-tu plus ton beau ciel, ton climat enchanteur ?
Derrière les rochers de Sparte et de l'Épire (7),
De tes anciens héros la liberté respire.
De tes pompeux débris sors donc et lève-toi !
Reprends ton noble orgueil, reprends ton sceptre ; et moi,

Sous ton ciel poétique, à l'aspect du Bosphore,
Pour ma divinité je vais chanter encore. »
   Et comment en ces lieux oublier ses bienfaits?
N'est-ce point chez ce peuple, épris de ses attraits,
Qu'elle dictait les lois, inspirait les oracles,
Et marchait au bonheur au milieu des miracles?
Muse, qui l'instruisis au grand art d'émouvoir,
Aux modernes états viens montrer son pouvoir;
Dis-nous comment sa voix, douce législatrice,
Commandait sans licteurs, gouvernait sans supplice;
Viens, parle; et que ces bords, qui te furent connus,
Te rappellent Orphée, Amphion et Linus.
Quand Orphée, Amphion, Linus, prenaient la lyre,
Leurs voix des vains plaisirs ne chantaient pas l'empire;
Ils chantaient les héros, les arts et les autels,
Et les augustes lois consolant les mortels.
Art des vers, souviens-toi de tes premiers miracles (8);
Souviens-toi qu'en ces lieux tu dictais les oracles,
Et fais entendre encor des sons dignes de toi.
   Quand des hommes, unis sous une même loi,
D'une cité commune habitèrent l'enceinte,
En vain, pour inspirer le respect et la crainte,
Leur chef eût déployé l'appareil des faisceaux,
Rassemblé des soldats, dressé des échafauds;
L'Imagination étalant tous ses charmes,
Bien mieux que la coutume, et les lois, et les armes,
Par les solennités, les fêtes et les jeux,
Le costume imposant, les spectacles pompeux,

Nourrit du bien public la noble idolâtrie,
Et fit par les plaisirs adorer la patrie.
Mais avant que des jeux, des fêtes et des arts,
La pompe politique enchantât les regards,
Il fallait sous des chefs, armés de la puissance (9),
Des mortels nés égaux forcer l'obéissance,
Et du respect du sang nourrir l'illusion.
Sans elle, tout est trouble, erreur, confusion ;
Sans elle, tout à coup, plus terrible et plus fière,
S'élève en rugissant l'égalité première,
Qui, fondant l'anarchie, et féconde en tyrans,
Par le commun désastre égale tous les rangs.
Ce respect seul est tout ; et, dans l'Olympe même,
L'ingénieux Ovide en a trouvé l'emblème.

Voyez-le, nous ouvrant les annales des cieux,
Raconter aux mortels l'étiquette des dieux !
« Lorsque les dieux, dit-il, au ciel prirent séance,
Nul ordre n'y régnait, et nulle préséance
Ne distinguait entre eux les états différents,
Les grands et les petits étaient aux mêmes rangs (10).
Souvent des immortels de l'ordre le plus mince,
Des dieux nouveau-venus, et des dieux de province,
Auprès de Jupiter s'asseyaient sans façon :
Neptune prenait place à côté d'un triton ;
Près de Cybèle était la nymphe du bocage ;
On vit près d'Apollon un satyre sauvage,
Un monstre qui n'était homme et dieu qu'à moitié ;
Et, pour tout dire enfin, les cieux faisaient pitié.

CHANT VII.

Pour comble de malheur, vils enfants de la terre,
Des hommes aux cent bras aux dieux firent la guerre.
L'Olympe était perdu, quand le grand Jupiter
Lança ses traits brûlants de l'empire de l'air,
Et contre l'insolence armé par la justice,
Foudroya de leurs monts l'orgueilleux édifice.
Sur son trône vengé le vainqueur vint s'asseoir.
 Alors, pour affermir à jamais son pouvoir,
Une divinité dans le ciel prit naissance :
Son nom est Dignité; les Egards, la Décence,
Baissent à côté d'elle un œil respectueux;
Elle eut, même en naissant, des traits majestueux.
Elle-même des dieux distingua chaque classe;
Elle régla leurs rangs, leur assigna leur place;
Au-dessous des grands dieux mit les dieux plébéiens;
Des cieux mieux ordonnés paisibles citoyens.
Tous de leur souverain respectaient la présence;
A son banquet royal tous siégeaient en silence;
Apollon seul, touchant son luth mélodieux,
Avait droit de troubler l'auguste paix des cieux.
Ainsi chacun, soumis à cet ordre suprême,
En honorant son chef, fut honoré lui-même;
Et le Respect, enfin, fils de la Dignité,
Dispensa le Pouvoir de la Sévérité. »
 Je connais un empire où l'auguste déesse,
D'une brillante cour souveraine maîtresse,
Soutint long-temps le sceptre; elle réglait les rangs,
Subordonnait le peuple, en imposait aux grands.

Louis, qui quarante ans lui confia sa gloire (11),
Louis lui dut peut-être autant qu'à la victoire.
Au bal, à l'audience, aux festins, aux combats,
Toujours en grand costume elle suivait ses pas,
Et plaçait les sujets à leur juste distance.
Long-temps son successeur régna par elle en France.
Un nouveau règne enfin s'ouvrit comme un beau jour;
Un couple auguste en fit l'ornement et l'amour.
Mais, moins fiers en secret de régner que de plaire,
Leur bonté détruisit l'Étiquette sévère,
La foule de plus près put voir son souverain;
La royauté perdit son magique lointain :
Le costume oublia sa noblesse imposante :
Alors tout fut perdu : l'Illusion puissante,
Aux regards composés, à l'air mystérieux,
L'Illusion, qui sert et les rois et les dieux,
Aux Français familiers que le Respect fatigue,
Dans ses libres humeurs n'opposa plus de digue.
De l'antique Respect tout fut désenchanté :
Le Pouvoir disparut avec la Dignité ;
Et, rappelant en vain cette auguste déesse,
La Force, mais trop tard, reconnut sa faiblesse.

Quand des êtres divers subordonnés entre eux
Un utile respect eut affermi les nœuds,
Par des fêtes, des jeux et des cérémonies,
Il fallut captiver leurs tribus réunies :
Ainsi, dans tous les lieux, l'art des législateurs
Sur l'empire des jeux fonda celui des mœurs;

CHANT VII.

Et de l'esprit public entretenant les flammes,
Par l'oreille et les yeux assujettit les âmes.

De ces solennités, par qui sut autrefois
L'Imagination suppléer à nos lois,
Aucune n'est égale à ces pompes funèbres
Qu'elle-même embellit chez cent peuples célèbres ;
Plein de ces grands pensers et de ces grands tableaux,
J'ai médité long-temps, assis sur les tombeaux,
Non pas pour y chercher, dans ma mélancolie,
Le secret de la mort, mais celui de la vie.

Regardez ces débris dispersés par les vents :
Croyez-vous tous ces morts étrangers aux vivants ?
Non : d'un tendre intérêt sources toujours fécondes,
Les tombeaux sont placés aux confins des deux mondes
Rendez-vous triste et cher, où, confondant leurs vœux,
La vie et le trépas correspondent entre eux.
Ceux que vous croyez morts vivent dans vos hommages ;
Vous conservez leurs noms, vous gardez leurs images.
Et qui n'a pas connu ces dogmes révérés ?
Voyez comme, assemblant ces restes adorés,
Le sauvage avec joie en remplit sa cabane,
Et change en lieu sacré sa retraite profane !
L'amour de son pays, c'est l'amour des aïeux.
Allez lui commander d'abandonner ces lieux :
« Dis donc, vous répond-il, dis aux os de nos pères :
Levez-vous, et marchez aux terres étrangères (12). »
Dans ses marques de deuil quel sentiment profond !
Tandis que sur sa main posant son triste front,

L'époux morne et pensif pleure un fils qu'il adore,
La mère en gémissant vient le nourrir encore,
Et sur la tombe, où gît l'objet de ses douleurs,
Elle verse en silence et son lait et ses pleurs.
Dirai-je des Natchés la tristesse touchante ?
Combien de leur douleur l'heureux instinct m'enchante !
Là, d'un fils qui n'est plus la tendre mère en deuil
A des rameaux voisins vient pendre le cercueil.
Eh ! quel soin pouvait mieux consoler sa jeune ombre ?
Au lieu d'être enfermé dans la demeure sombre,
Suspendu sur la terre et regardant les cieux,
Quoique mort, des vivants il attire les yeux.
Là, souvent sous le fils vient reposer le père ;
Là, ses sœurs en pleurant accompagnent leur mère ;
L'oiseau vient y chanter, l'arbre y verse des pleurs,
Lui prête son abri, l'embaume de ses fleurs ;
Des premiers feux du jour sa tombe se colore ;
Les doux zéphyrs du soir, le doux vent de l'aurore (13)
Balancent mollement ce précieux fardeau,
Et sa tombe riante est encore un berceau :
De l'amour maternel illusion touchante !

Des peuples policés la morale savante
Aux plus sauvages mœurs ressemble quelquefois,
Et souvent de l'instinct la raison suit les lois.
Ainsi la vertueuse et tyrannique Rome (14),
Qui fut souvent l'opprobre et la gloire de l'homme,
Pour s'honorer soi-même, honora le cercueil.
Non que j'approuve ici le faste de son deuil,

CHANT VII.

Ses pleureuses à gage et leurs cris mercenaires.
Tous ces pompeux regrets, ces larmes mensongères,
Valent-ils un des pleurs dérobés à demi,
Qui roulent tendrement dans les yeux d'un ami?
Mais qui ne chérirait la tristesse pieuse
Qui, perçant des tombeaux la nuit religieuse,
Par d'innocents tributs répétés tous les ans,
Des flots de vin, de lait, des fruits et de l'encens
Venait charmer les morts dans leur asile sombre,
Et de la vie au moins leur retraçais quelque ombre.
Les morts étaient muets à leurs cris douloureux;
Mais le cœur leur parlait et répondait pour eux.
Si j'entre en ces dépôts des monuments antiques,
Ces urnes, ces trépieds, ces bronzes magnifiques,
N'égalent pas pour moi ces vases de douleurs,
Où l'amitié versait et recueillait ses pleurs.
Enfin j'honore en eux jusques à la folie
Qui place près des morts les besoins de la vie.

Je sais que plus d'un peuple, en sa stupide erreur,
Mêle la barbarie à ces doux soins du cœur :
Ainsi sont inhumés, chez des peuples barbares,
Leurs plus chers serviteurs, leurs chevaux les plus rares,
Leur chien le plus fidèle; innocents animaux,
Consumés par la faim dans la nuit des tombeaux.
Étrange aveuglement, stupide frénésie,
Qui joint dans le cercueil la mort avec la vie!
Mais quel cœur ne pardonne aux consolants abus
Qui des vivants aux morts apportent les tributs,

Le miel, le vin, l'encens, l'obole du voyage?
La raison dédaigneuse insulte à cet usage;
Mais quand le cœur honore un objet adoré,
L'erreur est respectable et l'abus est sacré.
Que disje? ces devoirs, ces cultes domestiques
Sont-ils donc étrangers aux fortunes publiques?
L'Etat n'est-il pour rien dans ces touchants regrets?
Non, non: de notre deuil vénérables objets,
Ces morts à haute voix sont nommés dans vos temples;
Vivent dans leurs bienfaits, dans leurs nobles exemples;
Dans leurs brillants écrits leurs souveraines voix,
Du bord de leurs tombeaux, vous ont dicté ces lois
Qui disposent encor de vos fils, de vos filles,
Sont l'âme de l'Etat, le code des familles;
Leurs vœux règnent sur vous, et prolongeant leurs jours,
A vos enfants soumis ils commandent toujours.
L'héritage éternel qui, dans la race humaine,
Des générations forme la grande chaîne,
Remonte, redescend, et, par d'utiles nœuds,
Joint le père aux enfants, les fils à leurs aïeux.

 Ce n'est donc pas en vain que l'humanité sainte (15),
Des tombeaux en tous lieux a consacré l'enceinte.
Protéger les tombeaux, c'est honorer les morts;
Et ce culte sublime, en consacrant leurs corps,
Maintient leurs volontés, impose au sacrilége
Qui, bravant du trépas l'auguste privilége,
Outrageant et la tombe, et la terre, et les cieux,
De la mort libérale ose tromper les vœux:

CHANT VII.

Homicide attentat, dont l'avide imprudence,
Détruisant le bienfait, détruit la bienfaisance,
Ravit à la bonté l'espoir d'un souvenir,
Et par l'ingratitude appauvrit l'avenir.
Eh! sans ce long respect, ce culte salutaire,
Qui des races transmet la chaîne héréditaire,
Que seraient les mortels? les siècles passagers
Périraient sans retour, l'un à l'autre étrangers :
Ainsi du peuple ailé les familles légères,
Vagabondes tribus, sans aïeux et sans frères,
Méconnaissent leur race au sortir du berceau.
Mais du sein de la nuit et du fond du tombeau,
Un cri religieux, le cri de la nature,
Vous dit : Pleurez, priez sur cette sépulture;
Vos parents, vos amis, dorment dans ce séjour,
Monument vénérable et de deuil et d'amour.
Ces êtres consacrés par les devoirs suprêmes,
Honorez-les pour eux, pour l'État, pour vous-mêmes.
Ainsi le dogme saint de l'immortalité
Recommande notre ombre à la postérité;
Ainsi prêtant sa force au saint nœud qui nous lie,
Le respect pour les morts gouverne encor la vie.

Aussi, voyez comment l'automne nébuleux (16),
Tous les ans, pour gémir, nous amène en ces lieux,
Où des siècles humains, que les temps renouvellent,
Les générations en foule s'amoncellent;
Où l'âge qui n'est plus attend l'âge suivant,
Où chaque grain de poudre autrefois fut vivant!

Là, des cœurs attendris écoutant le murmure,
La foi vient recueillir les pleurs de la nature.
Cette religion, dont les austères lois
Quelquefois du sang même ont étouffé la voix,
Aujourd'hui visitant les funèbres enceintes,
Entre l'homme vivant et les races éteintes,
Réveillant de l'amour les pieuses douleurs,
De la mort elle-même emprunte les couleurs :
Ce n'est plus son habit, ses hymnes d'allégresse;
C'est sa robe de deuil et ses chants de tristesse.
Hélas! quand ses élus, au gré de leurs désirs,
S'enivrent à longs traits des célestes plaisirs,
Pour leurs frères souffrants, mère compatissante,
Elle élève vers Dieu sa voix attendrissante :
Dieu reçoit de ses mains l'holocauste d'un Dieu.
Pour courir aux tombeaux, tous sortent du saint lieu;
Aucun ne se méprend; chacun connaît la pierre
Où tout ce qu'il aima repose sur la terre,
Et le tertre modeste où gît l'humble cercueil,
Et la croix funéraire, et l'if ami du deuil;
Qui, protégeant les morts de son feuillage sombre,
A l'ombre des tombeaux aime à mêler son ombre.

 Dieu! sous combien d'aspects, dans ce triste séjour,
Se montrent le regret, la douleur et l'amour!
Là, les cheveux épars, la sœur pleure son frère;
Hélas! trop tôt ravie aux baisers de sa mère,
Une vierge a subi son précoce destin :
Un jour, par ses accents précurseurs du matin,

CHANT VII.

Pour les travaux du jour le coq l'eût éveillée;
Le soir, par ses chansons égayant la veillée,
Au bruit de la romance et des vieux fabliaux,
Elle eût tourné la roue et roulé les fuseaux!
Ailleurs, un faible enfant d'une mère chérie,
Sans connaitre la mort, redemande la vie.
Plus loin, chauve et courbé, ce vieillard pleure assis
Entre le corps d'un père et le tombeau d'un fils;
Et, par ses cheveux blancs averti d'y descendre,
Déjà choisit sa place à côté de leur cendre.
Approchez : là repose un héros villageois
Qui laissa ses sillons pour les drapeaux des rois.
Le trépas, au hasard peuplant son noir royaume,
L'oublia dans les camps et le prit sous le chaume :
Tout le hameau le pleure : il ne contera plus
Les grands coups qu'il porta, les hauts faits qu'il a vus.
Quelle est, sur la hauteur, cette tombe isolée,
Où s'empresse à grands flots la troupe désolée?
Ah! c'est de leur pasteur le monument pieux;
Leur espoir sur la terre, il l'est encore aux cieux.
L'ami pleure un ami, l'époux pleure une épouse :
Hélas! de leur bonheur la fortune jalouse,
A peine encor formés, a brisé leurs doux nœuds;
Elle expire; et son fils, ô destin malheureux!
Ce fils, à qui jamais ne sourira son père,
Meurt, avant d'être né, dans le sein de sa mère :
Tel le bouton naissant se fane avec la fleur!
Partout les cris du sang et les larmes du cœur,

Les cités, les hameaux, les palais, les cabanes,
Tous ont leurs morts, leurs pleurs, leurs cercueils et leurs m
Durant le jour entier, les soupirs, les sanglots,
Roulent de tombe en tombe et d'échos en échos.
Souvent on croit ouïr, des voûtes sépulcrales,
De lamentables voix sortir par intervalles.

Soudain la scène change : ô surprise! ô transport!
Je vois planer la vie au-dessus de la mort :
Son empire est fini. Dans sa sombre retraite,
J'entends, j'entends sonner la terrible trompette.
Partout, avec ces mots, court l'espoir et l'effroi :
« Vieux ossements vivez; poudre, réveille-toi. »
Et déjà l'Éternel prépare en ses justices
Le lieu des châtiments et le lieu des délices.
Mais avant ce grand jour, reçois, Dieu de bonté,
Les vœux de la faiblesse et de l'humanité.
Peux-tu punir toujours les erreurs d'une vie
Si chèrement payée et promptement ravie?
Dieu puissant, dis un mot! leurs crimes ne sont plus!
Dieu, rouvre les tombeaux et reprends tes élus :
Qu'ils te parlent pour nous; que de leurs rangs suprêmes
Ils contemplent les maux qu'ils connurent eux-mêmes,
Et qu'ainsi soient unis, par d'invisibles nœuds,
Et la vie et la mort, et la terre et les cieux!
Ainsi des morts sacrés nous honorons les restes;
Que dis-je? ô siècle impie! ô dogmes trop funestes!
Ce culte, ce respect, qu'on nomme préjugés,
Ne sont que trop détruits ou que trop négligés :

CHANT VII.

Les morts n'ont plus d'amis; mais si nos froids hommages
Des antiques douleurs dédaignent les usages,
O vous, que j'ai perdus, qu'enferme le cercueil,
Ah! lisez dans mon âme, et voyez-y mon deuil.

Toi, surtout, toi, Turgot, que j'aimai dès l'enfance,
Toi, l'ami des vertus, des arts et de la France :
Cœur noble et généreux, je n'oublîrai jamais
Que tu daignas sourire à mes premiers essais;
Que tu vins me chercher dans mon humble fortune;
Que tu formas mon goût, aidas mon infortune :
D'un mal héréditaire ainsi que tes vertus (17),
Tu meurs; mais tes bienfaits vivent où tu n'es plus.
Ces écrits, qu'en mourant me légua ta tendresse,
J'en fais ma volupté, mon orgueil, ma richesse.
Hélas! le ciel jaloux te ravit à mon cœur,
Trop tôt pour tes amis, mais non pour ton bonheur.
Tu n'as point vu les maux de ma triste patrie,
Le sang qu'elle a versé, le joug qui l'a flétrie :
Dans la nuit du tombeau tu dors en paix, et moi,
Je pleure ici, tout seul, sur la France et sur toi.
Des malheureux humains cruelle destinée!
A souffrir, à mourir, leur race est condamnée;
De l'indigent surtout tel est le triste sort :
Le berceau, la douleur, le travail et la mort.

C'est pour charmer ces maux, que nos sages ancêtres
Inventèrent les jeux et les fêtes champêtres :
Ainsi dans les hameaux, la danse et les chansons
Célèbrent la vendange et les riches moissons.

Mais ces temps ne sont plus : une morne tristesse
Partout a remplacé la rustique allégresse,
Depuis que, cultivant et semant pour autrui,
Le travail indigent ne cueille plus pour lui.
Autour des gerbes d'or qui marchent vers les granges,
Des corbeilles de fruits, des paniers de vendanges,
Les chants, les cris joyeux ne retentissent plus ;
Le travail est resté, les plaisirs sont perdus.

 Le Midi seul encor de ces fêtes rustiques (18)
A gardé dans ses champs quelques restes antiques ;
Là, de fleurs entouré par le cultivateur,
Le char de la moisson marche en triomphateur ;
Là, dès que Mai sourit, de ses fleurs couronnée
Et sous le dais d'un chêne avec pompe amenée,
La bergère s'assied, et ravit aux brebis
La laine dont ses mains fileront ses habits.
Chacune tour à tour vient offrir la dépouille
Qu'attendent le fuseau, l'aiguille et la quenouille.
Le mouton favori se présente à son tour,
Adopté par le choix ou donné par l'amour :
Plus indulgente alors, la sensible bergère
Promène le ciseau d'une main plus légère.
Tout à coup on se lève, et les pipeaux joyeux
Ont donné le signal des plaisirs et des jeux :
On chante, on danse, on rit, et le coteau renvoie
Bien avant dans la nuit les éclats de leur joie.

 Des danses du village et du chant des pasteurs
Que je passe à regret aux pompes des vainqueurs !

CHANT VII.

Tous les peuples du monde ont voulu, par des fêtes,
Signaler leurs exploits, célébrer leurs conquêtes;
Et Rome, si touchante en ses scènes de deuil,
Rome a connu surtout ces pompes de l'orgueil.
Non, jamais tant d'éclat, d'honneur et de richesse,
N'entretint des héros l'ambitieuse ivresse.
Cette superbe Rome et ses brillants exploits (19),
Ces arcs triomphateurs, ces dépouilles des rois,
Ce coup d'œil imposant des maîtres de la terre,
La paix ornant ces jeux des pompes de la guerre,
Ces aigles qui semblaient, planant du haut des airs,
Du tonnerre de Rome effrayer l'univers;
Devant le peuple roi les rois sans diadèmes
Escortant la victime, et victimes eux-mêmes;
Cet or, ces chars captifs, ces consuls, ce sénat,
De l'éclat d'un beau ciel rehaussant leur éclat,
Et le vainqueur enfin sur son trône d'ivoire,
Tout peignait, inspirait et commandait la gloire.
Gloire! s'écriaient-ils, et triomphe au vainqueur!
Triomphe! s'écriaient tous les Romains en chœur.
Enfin, la pompe arrive : on entre au Capitole,
Et le vin et l'encens ont fumé pour l'idole.
Rien ne vous retient plus, allez, braves guerriers,
Chercher d'autres périls, cueillir d'autres lauriers;
Partez : Rome jamais n'interrompt ses conquêtes.
Mais aucun temps ne vit d'aussi brillantes fêtes (20)
Que lorsque Paul Émile, en ces murs glorieux,
Guida, trois jours entiers, son char victorieux;

Quand Persée, enchaîné, suivait sa marche altière.
O malheureux monarque, et plus malheureux père,
Ton vainqueur a besoin des désastres d'un roi ;
Et tes enfants captifs vont marcher devant toi !

Que dis-je ? ô coup du sort ! ô jeux de la fortune !
Le vainqueur du vaincu partage l'infortune !
La mort de ses enfants flétrit des jours si beaux,
Et son char triomphal marche entre deux tombeaux.
Pour l'orgueil des humains trop inutile exemple !
Tandis que du vainqueur qui marche vers le temple
Tout redit les exploits, tout répète le nom,
Seul, muet et pensif, le jeune Scipion [21],
L'œil fixé sur le char, s'enivre de la gloire,
Et déjà dans son cœur dévore la victoire :
Fiers Africains, tremblez : voilà votre vainqueur !

Sésostris, le premier, heureux triomphateur,
Dans l'Égypte étala des rois chargés de chaines.
Mais, dans ce vieux berceau des sciences humaines,
Oh ! combien j'aime mieux ces fêtes où les lois [22],
A côté de leur tombe, interrogaient les rois !
Quelle solennité plus grande, plus auguste !
Malheur alors, malheur à tout monarque injuste !
Cités devant l'Égypte, aux yeux de l'univers,
Entre l'urne du peuple et l'urne des enfers,
Entre la voix du siècle et les races futures !
Leurs mânes, arrêtés au bord des sépultures,
Pour entendre l'arrêt, ou propice ou fatal,
Comparaissaient sans pompe à ce grand tribunal.

CHANT VII.

Là, plus de courtisans, de voix adulatrice;
Où cessait le pouvoir commençait la justice;
Là, de l'homme indigent les pleurs long-temps perdus,
Les cris des opprimés, étaient seuls entendus.
Dans son dernier sujet le roi trouvait un juge;
Le crime détrôné n'avait plus de refuge;
Et la vérité sainte, auprès de leur tombeau,
Aux torches de la mort allumait son flambeau.
Heureux alors, heureux qui, sous le diadème,
D'avance avec rigueur s'était jugé lui-même!
Son nom était béni, son règne était absous.
Rois, ce grand tribunal n'existe plus pour vous:
Mais il existe encor des juges plus terribles,
Juges toujours présents, toujours incorruptibles,
Dont rien ne peut fléchir l'inflexible équité :
C'est votre conscience et la postérité.

Des coutumes du Nil imitateurs fidèles,
Les Grecs ont de bien loin surpassé leurs modèles.
Amis brillants des arts, nul peuple ne sut mieux
Gouverner par l'oreille et régner par les yeux.
Non que j'admire ici ces joutes olympiques,
Ces combats néméens et ces fêtes pythiques :
Que m'importe qu'un char, sur son essieu brûlant,
Tourne autour de la borne et la rase en sifflant;
Que le ceste, appuyé par une main pesante,
Disperse du vaincu la cervelle sanglante?
Mais que j'aime ces jeux qui, par un art plus doux,
Préparaient des héros, des pères, des époux!

Un chœur d'adolescents, un chœur de jeunes filles,
La fleur de leur pays, l'espoir de leurs familles,
Par la religion à l'État présentés,
L'un à l'autre étalaient leurs naissantes beautés :
Les yeux avec plaisir, sur leur jeune visage,
Des appuis de l'État reconnaissaient l'image.
Tous, portant dans leurs mains des corbeilles de fleurs
Dont leur jeunesse encore effaçait les couleurs,
L'air noblement modeste, avançaient en silence,
Parés de leur pudeur et de leur innocence,
Leurs yeux ne se levaient que pour voir autour d'eux
L'image des héros, des belles et des dieux.
Triomphant à l'aspect d'une race si belle,
L'hymen s'applaudissait de sa moisson nouvelle,
Et montrait à l'amour, dont il guidait les pas,
Ceux que d'un trait doré devait percer son bras.
Les fils, d'un doux orgueil enflaient déjà leurs pères,
Pour les filles battait le tendre cœur des mères :
L'État sur son espoir fixait des yeux contents :
Telle une belle année étale son printemps ;
Tel, autour de sa ruche, autour des fleurs vermeilles,
Vole et s'épanouit un jeune essaim d'abeilles :
D'allégresse et d'amour tous les cœurs enivrés,
Les danses, les festins, les cantiques sacrés,
De femmes, de vieillards une foule attendrie,
Tout dans ces jeunes cœurs imprimait la patrie.
Tous, prêts à lui livrer et leurs jours et leurs biens,
Rentraient encore enfants, mais déjà citoyens.

CHANT VII.

Aux fêtes de l'Etat, à leur sainte allégresse,
Moins propice, il est vrai, que celui de la Grèce,
Notre ciel est plus sombre et souvent orageux;
Souvent les noirs torrents viennent troubler nos jeux;
Et leurs tristes débris, battus par la tempête,
Offrent l'air d'un naufrage et non pas d'une fête.
Mais si vous ne pouvez, sous un ciel plus vermeil,
A vos jours de triomphe appeler le soleil,
Eh bien! à nos Français, de la scène idolâtres,
Que des cirques pompeux, que de nobles théâtres,
Présentent, dans les jours de vos solennités,
Non tous ces vieux Romains, non ces Grecs si vantés,
Tous ces grands criminels trop chers à Melpomène,
Dont les noms deux cents ans ont usurpé la scène;
Mais l'honneur des Français consacré par les arts,
Et de leur propre gloire enivrant leurs regards.
Surtout, parmi l'horreur des guerres intestines,
N'allez pas de l'État célébrer les ruines:
Et, lorsque du combat vous remportez le prix,
Des vaincus en triomphe étaler les débris.
Les Romains, au milieu des discordes civiles,
Ne triomphaient jamais du malheur de leurs villes;
Jamais au Capitole un vainqueur inhumain
Ne conduisit son char souillé de sang romain.
Ah! pour des jours plus beaux, de plus nobles conquêtes,
Gardez ces appareils, ces hymnes et ces fêtes.
Attendez que la rage ait éteint ses flambeaux,
Ait brisé ses poignards, ait fermé les tombeaux;

Alors, sur les autels de la haine étouffée,
La paix, l'aimable paix dressera son trophée ;
Alors je prends la lyre, alors ma faible lyre
Ranimera ses sons pour la dernière fois.
Trop heureux, en mourant, si de l'État qui tombe
L'astre victorieux éclaire enfin ma tombe !

Mais c'est peu de fêter les vertus, les hauts faits,
Si de grands monuments n'en consacrent les traits.
Vois comme tout s'enfuit, se dissipe et s'envole !
Le Temps, vieillard semblable à cet enfant frivole
Qui fait et qui détruit ses palais d'un moment,
De ses propres travaux se joue incessamment.
Que l'homme est passager ! que sa vie est cruelle !
Tout répète ici-bas cette plainte éternelle.
L'astre le plus brillant de gloire et de vertus
Paraît, monte, descend, et ne remonte plus.
Il fallait donc un art qui portât d'âge en âge
Les talents, les vertus, la beauté, le courage ;
Fît revivre à nos yeux le mérite éclipsé,
Et rendît l'avenir disciple du passé.
Alors, se réveillant pour le bien de la terre,
L'Imagination dit au marbre, à la pierre :
« Êtres muets, parlez et commandez aux cœurs. »
Aussitôt de l'oubli des monuments vainqueurs
Gardèrent du passé le souvenir fidèle.

Je ne t'oublirai pas, toi leur premier modèle,
Toi, qu'en signe de paix, deux patriarches-rois,
Aux bords heureux du Nil, dressèrent autrefois.

CHANT VII.

L'architecture alors, informe à sa naissance,
Ne le décora pas avec magnificence :
Corinthe et l'Ionie, à ces premiers travaux,
N'avaient point enseigné l'orgueil des chapiteaux.
Rassemblé par leurs mains, sans aucun artifice,
Un humble amas de pierre en forma l'édifice,
Mais de leur union ce garant respecté
Leur tint lieu de serment, de témoins, de traité.

Depuis, de ce grand art on étendit l'usage :
Des monuments publics le visible langage
En tous lieux exerça son pouvoir souverain.
Dans les champs, dans les murs, sur le marbre et l'airain
Partout on rencontrait, partout on pouvait lire
Les droits des citoyens, les règles de l'empire,
La peine menaçant les méchants effrayés,
Les noms des ennemis, les noms des alliés,
Des tyrans abattus la mémoire flétrie :
Partout le cri des lois, la voix de la patrie,
Parlaient aux citoyens, tout semblait leur nommer
Ce qu'il fallait haïr, ce qu'il fallait aimer.
A ces hautes leçons, à leur noble éloquence,
Comparez maintenant votre sombre prudence,
D'alliance, de paix vos traités ténébreux,
Vos registres obscurs, et vos greffes poudreux,
Et ces muettes lois qui se cachant aux crimes,
Semblent dans le silence épier leurs victimes.

Surtout les grands talents, l'héroïque valeur,
Des monuments publics empruntaient leur chaleur

L'amour de son pays, la belliqueuse audace,
De leurs pas glorieux voulaient laisser la trace.
Voyez parmi ces morts, entassés par son bras,
Ce Grec demeuré seul dans le champ des combats ;
Sanglant, percé de coups, il se soulève à peine,
Jusqu'à son bouclier avec effort se traîne,
Prend le fer de sa lance, et plein d'un noble orgueil,
Il écrit : J'AI VAINCU, retombe et ferme l'œil.
Mais de leurs ennemis triomphateurs modestes,
Les Grecs craignaient d'aigrir des discordes funestes ;
Leurs monuments n'offraient, sans faste superflu,
Que le nom du vainqueur et celui du vaincu ;
Ils réprimaient leur gloire, et, dans ces grands ouvrages,
Défendaient d'effacer les injures des âges.
Soyez, s'il se peut, grands et modestes comme eux ;
N'allez point m'étaler, sur l'airain orgueilleux,
Ce triomphe insultant, ces figures d'esclaves,
Ces groupes de captifs, de chaînes et d'entraves,
Et mêlez moins de faste aux pompes du vainqueur ;
Songez que la fortune, avec un ris moqueur,
Peut vous faire expier votre insolente gloire,
Faire mentir ce bronze et punir la victoire ;
Faites donc pardonner, plus humains et plus doux,
L'outrage du triomphe, en triomphant de vous.

 Mais laissons, il est temps, les monuments profanes :
Dépositaires saints des plus augustes mânes,
Les monuments des morts nous parlent encor mieux.
Je ne sais quel attrait me ramène vers eux.

Que dis-je ? ce n'est plus cette tombe vulgaire,
D'une cendre ignorée humble dépositaire ;
Mais les nobles tombeaux de ces morts immortels,
Qui de ces demi-dieux sont les premiers autels :
Leur doux éclat n'a rien dont notre orgueil s'irrite ;
L'inexorable envie y pardonne au mérite.
Hélas ! pour seul abri la gloire a des cyprès ;
Près d'eux sont la tristesse et les tendres regrets.
Ce n'est plus l'intérêt adorant la puissance,
C'est l'hommage épuré de la reconnaissance,
Et ces objets sacrés de nos justes douleurs
N'ont plus à nous donner que le charme des pleurs.
Que dis-je ? ils ont pour nous le bienfait de l'exemple,
Du sein de leur tombeau, comme du fond d'un temple,
Sort l'oracle du dieu dont il est habité.
La mort nous entretient de l'immortalité ;
Et le nom du héros que la patrie adore,
Ce nom cher aux vertus, nous les commande encore.

 Je t'en prends à témoin, vainqueur de Fontenoi !
Que ne puis-je conter d'un ton digne de toi,
Avec le noble accent de la muse guerrière,
Le pouvoir du tombeau qu'ennoblit ta poussière.
Quand deux guerriers jadis, témoins de tes combats,
Vinrent pour t'invoquer même après ton trépas,
Tous deux, instruits des soins qu'on rend à ta mémoire,
Cherchent le monument que te dressa la gloire.
Pensifs, l'air abîmé dans leurs mâles douleurs,
Et de leurs yeux guerriers retenant mal les pleurs,

D'un front qu'ennoblissait plus d'une cicatrice (23),
Ils s'inclinent de loin devant le grand Maurice,
Marchent vers le tombeau le sabre dans la main,
En aiguisent l'acier sur le marbre divin :
Tous deux ont cru sentir le dieu de la vaillance,
Et tous deux pleins de lui s'éloignent en silence.
Du pied de ce tombeau lancés dans les combats,
Malheur à l'ennemi qu'eût rencontré leur bras.

Eh! pourquoi donc cacher, barbares que nous sommes,
Loin de l'éclat du jour les tombeaux des grands hommes!
Oh! que tels n'étaient point ces peuples autrefois,
Si riants dans leurs mœurs, si sages dans leurs lois.
En foule dispersés dans un beau paysage,
Les tombeaux d'un héros, d'un poëte, d'un sage,
A l'œil religieux s'offraient à chaque pas ;
Le grand jour en chassait les ombres du trépas.
Mollement inclinés sur ces mânes célèbres,
Des arbres leur prêtaient de plus douces ténèbres ;
L'olivier cher aux morts, symbole de la paix,
Les lauriers triomphants mariés aux cyprès,
Ombrageaient les vertus, les arts ou la victoire.
On croyait parcourir les jardins de la gloire ;
Le deuil s'y dérobait sous l'éclat des honneurs,
Et leur noble aiguillon pénétrait dans les cœurs.
Loin donc ces noirs réduits, loin ces dômes funèbres!
C'est vouloir du trépas redoubler les ténèbres ;
C'est d'un indigne exil flétrir les morts fameux.
Ah! laissez, relégués dans leurs caveaux pompeux,

CHANT VII.

Sous le marbre imposteur qui flatte encor leurs ombres,
Tous ces rois fainéants qui, sous ces voûtes sombres,
Ont changé de sommeil, et qu'a jetés le sort
Du néant de leur vie au néant de la mort.
Mais pourquoi m'y cacher les mânes de Turenne?
Leur cendre assez long-temps s'honora de la sienne.
Ah! puisse au moins son corps, dans ce caveau sacré,
Reposer toujours cher et toujours révéré?

Que dis-je? il n'est plus temps, tout un peuple en furie!...
O forfait exécrable! ô honte! ô barbarie!
Du vengeur de l'État le repos est troublé,
Ses honneurs sont détruits, son cercueil violé!
Sans respect du lieu saint, des ombres sépulcrales (24),
On arrache à la mort ses dépouilles royales;
On brise leur couronne, on ouvre leurs tombeaux;
De sacriléges mains dispersent leurs lambeaux;
En vain le grand Louis, paré par la victoire,
Repose environné des rayons de sa gloire,
Le hasard le premier le présente à leurs coups.
Barbares! contre lui que peut votre courroux?
L'orgueil de vos cités, ses siéges, ses batailles,
Les palmes de Denain, les lauriers de Marsailles,
Ces arts, d'un doux loisir nobles amusements,
Vos ports, vos arsenaux, voilà ses monuments!
Et contre tous ces rois que votre espoir dévore,
De leur débris royal vous vous armez encore.
Ainsi les monuments, protecteurs des grands noms,
Donnent un grand exemple et de grandes leçons.

Malheur donc aux états dont l'aveugle imprudence
En prodigue sans choix la noble récompense!
Ah! craignons qu'usurpé par des brigands fameux,
Ce prix n'enfante un jour d'autres brigands comme eux.
César pleure à l'aspect du buste d'Alexandre (25) :
Pleurs affreux, que de sang vous avez fait répandre!

Plus coupables encor, de vils adulateurs,
En les prostituant ont flétri ces honneurs :
Ainsi le vil ciseau jadis infecta Rome
De monstrueux tyrans indignes du nom d'homme.
Verrès eut son image à côté de Caton,
Et l'airain s'indigna de retracer Néron
Nous sommes moins flatteurs, mais plus ingrats peut-être.
Où sont ces morts fameux que la France a vus naître?
Persécutés vivants, regrettés à leur mort,
Dans la poudre oubliés, hélas! voilà leur sort.

Des Français indignés telles étaient les plaintes.
Soudain, se ranimant de leurs cendres éteintes,
Le tendre Fénélon, le sévère Pascal,
Tourville, d'Aguesseau, Duguesclin, l'Hôpital,
Bossuet, foudroyant les grandeurs de la terre,
Tout ce que les vertus, ou les arts, ou la guerre,
Ont de plus héroïque, ont de plus imposant,
L'honneur du temps passé, l'amour du temps présent,
A la voix de Louis vont peupler ce musée,
De leurs mânes brillants immortel Élysée.

Mais ces marques d'honneur et ces grands monuments
Présentent trop de prise aux outrages du temps :

CHANT VII.

Oui, tout périt par l'âge ou par les mains de l'homme.
Vois Rome qui devient le sépulcre de Rome!
Son éclat est éteint, ses honneurs sont flétris;
A peine un marbre usé, dans ses savants débris,
Garde d'un nom mourant une empreinte légère,
Qui tourmente à la fois et charme l'antiquaire.
Les hommes, leurs tombeaux, les temples et leurs dieux,
Tout meurt, l'orgueil gémit; mais l'art ingénieux,
Pour mieux tromper du temps les atteintes funestes,
Donne à ses monuments des formes plus modestes;
L'or, l'argent et l'airain, dans des contours étroits,
Renferment les héros, les belles et les rois :
Ces métaux animés, précieux à l'histoire,
Même en la resserrant, assurent mieux leur gloire.
Un coin offre à mes yeux le Capitole entier;
Un peu d'airain suffit au vol de l'aigle altier,
Me peint l'homme et les lieux, contient la terre et l'onde,
Et les fastes du temps et le tableau du monde.

Dignes de ce bel art, quand sauront les Français
Conserver les grands noms, consacrer les hauts faits;
Retracer nos héros, nos poëtes, nos belles,
Les champs de Fontenoi défiant ceux d'Arbelles;
Près du grand l'Hôpital montrer le grand Caton,
D'un côté Condillac, et de l'autre Platon;
Térence, enorgueilli d'un regard de Molière,
Et Sophocle à cent ans auprès du vieux Voltaire?
Du Vivier, c'est à toi de tenter ces travaux (26);
Et si, dans nos remparts, des Vandales nouveaux

Brisent les monuments que le bon goût adore,
Ton burin immortel les fera vivre encore.

 Mais ma muse se lasse et veut quelque repos :
Tel que le voyageur qui d'Atlas ou d'Athos
Gravit, tout haletant, les cimes orgueilleuses,
Près d'affronter bientôt leurs roches sourcilleuses,
S'assied sur une pierre, et contemple un instant
L'espace qu'il franchit et celui qui l'attend :
Tel je suspends mon cours. J'ai dit par quels prestiges
Les monuments, les jeux, les arts et leurs prodiges,
Savent nous gouverner, savent nous émouvoir ;
Du costume à son tour je dirai le pouvoir (27) :
Variété brillante, appareil nécessaire,
Dont la religion s'empara la première.
Lorsque chez les Hébreux, dans un jour solennel,
Le grand-prêtre avançait aux marches de l'autel,
Pour donner plus de force à ses devoirs sublimes,
Sur son front rayonnait la tiare aux deux cimes,
Jusqu'à ses pieds flottait l'éphod majestueux ;
De riches diamants, des rubis somptueux,
Entouraient noblement, sur sa poitrine sainte,
Du nom de Jéhova la redoutable empreinte.
Des enfants de Lévi le costume est connu :
Ce costume sacré, jusqu'à nous parvenu,
De la religion fortifiait l'empire ;
Et si des nouveautés le profane délire
Venait anéantir le culte des autels,
Sans doute il proscrirait ces habits solennels

CHANT VII.

Et bientôt le lieu saint, dépouillé de sa gloire,
De ses honneurs perdus pleurerait la mémoire.
 Même loin des autels, cet utile pouvoir
Commande la décence et rappelle au devoir.
Par lui l'homme averti demeure sans excuse,
Son costume le blâme et son habit l'accuse;
Et si sa dignité le condamne à l'éclat,
Qui lui peut assurer le respect de l'État?
L'orgueil présomptueux vainement le demande;
Mais le costume règne et l'appareil commande.
Les Romains, si savants dans l'art de gouverner,
Pour mieux charmer le peuple et pour mieux l'enchaîner,
Empruntaient ce pouvoir. L'auguste laticlave
Au peuple souverain soumit le monde esclave.
Chez ces graves Romains, qui de nous se peindrait
Cornélie en pierrot et César en gilet?
Le costume imposant régnait dans les comices;
Le costume entourait le lieu des sacrifices.
Hortensius se plaint que des pieds étourdis
De sa robe éloquente aient dérangé les plis:
Voyez ce peuple ému; déjà le sang ruisselle,
Déjà la flamme vole et le fer étincelle.
Allez offrir aux yeux de ce peuple irrité
De notre habit mesquin le costume écourté;
Vos efforts seront vains: mais soudain se présente (28),
Dans le noble appareil d'une toge imposante,
Le fameux Tullius; et, saisis de respect,
Ces flots tumultueux tombent à son aspect.

Notre habit est peu grave, et souvent peu modeste.
Jadis, pour ennoblir ce costume un peu leste,
On vit s'évertuer nos révérends aïeux ;
Leur soin fut ridicule, et ne vit rien de mieux
Que ces milliers d'anneaux, de qui la bouffissure
Gonflait grotesquement leur fausse chevelure.
Mais du moins le docteur, le prêtre, l'avocat,
Par des habits divers distinguaient leur état.
Bientôt des vieilles mœurs chacun quittant les traces,
En cachant son état crut montrer plus de grâces :
On vit tous nos abbés raccourcir leurs manteaux,
Le médecin coquet élagua ses marteaux ;
Abjurant pour le frac une robe incommode,
On vit à nos soupers nos robins à la mode ;
L'épaulette elle-même, orgueil des garnisons,
N'eût osé se montrer en d'honnêtes maisons,
Et l'usage partout triompha des coutumes.
Bientôt l'esprit d'état eut le sort des costumes,
Et les mœurs aux habits ne survécurent pas.
Au lieu de ces héros, de ces grands magistrats,
D'un essaim freluquet vénérables ancêtres,
La France ne vit plus que gauches petits-maîtres,
Qu'élégants colonels et jolis présidents,
Et les fats nous ont fait regretter les pédants.
Du costume, en tout temps, telle on vit l'influence !

 Les signes à leur tour n'ont pas moins de puissance,
Surtout si les couleurs secondent leur pouvoir.
Distingués autrefois par le rouge et le noir,

CHANT VII.

Le cruel Gibelin, le Guelfe opiniâtre,
Changèrent l'Italie en un sanglant théâtre.
Dans les combats du cirque, et le vert et le bleu
Des partis dans Bysance entretenaient le feu.
Dirai-je les fureurs, dirai-je les désastres (29)
Qu'ont produits les débats des Yorks, des Lancastres ?
La rose aux deux couleurs échauffait les partis :
De ces signes affreux que de maux sont sortis !
Albion à regret boit le sang qui l'arrose ;
Et cent ans de massacre ont souillé cette rose,
Que seuls avaient baignée, en de plus heureux jours,
Le beau sang d'Adonis et les pleurs des amours.

Et pourquoi loin de nous chercher des témoignages,
Quand tout l'empire encor retentit des orages
Qu'a produits parmi nous un ruban adoré ?
Ce signe tricolor à peine est arboré ;
Le feu léger qui suit les traces de la poudre,
Et dans ses longs canaux court allumer la foudre,
La fuite de l'oiseau, la course des torrents,
Du Vésuve enflammé les rapides courants,
L'embrasement qui court dans la moisson nouvelle,
De l'éclair qui jaillit la subite étincelle,
Ont des effets moins prompts : son terrible succès
A dans un seul instant rallié les Français.
On le prend, on l'étale, et notre idolâtrie
Voit dans ce ruban seul l'amour de la patrie ;
De sa triple couleur il orne nos chapeaux,
Même en dépit des lis, flotte sur nos drapeaux ;

Il règne sur la terre, il commande sur l'onde,
Et court de nos fureurs enivrer l'autre monde.
Femmes, vieillards, enfants, et seigneurs et bourgeois,
Nègres, mulâtres, blancs, tout s'en pare à la fois.
Des hameaux aux cités les bravos se répondent;
Les fortunes, les rangs, les états se confondent.
Par son propre parti chacun est égorgé;
Les grands livrent les grands, l'Église le clergé;
Leurs débris en milliards se changent sous la presse,
Source autrefois d'ennui, maintenant de richesse;
Avec eux en tous lieux vole un civisme ardent,
Tout bourgeois est soldat, tout soldat commandant;
En savant corps-de-garde on change la Sorbonne.
O vierge de Nanterre, et si douce, et si bonne!
Ton temple est usurpé; tes honneurs sont proscrits;
Nous fêtons Mirabeau, le patron de Paris!
Tout prend feu : le boudoir, le barreau, le théâtre;
La beauté d'un mousquet charge son sein d'albâtre :
La pucelle à Théroigne a légué ses vertus [30];
Roscius au district va répéter Brutus :
Rome est toute à Paris, et la Seine est le Tibre.
Des rois, qu'a détrônés un peuple par trop libre,
La figure est brisée et le nom est flétri;
Sa popularité n'en défend pas Henri [31].
On se bat, on s'embrasse, on discute, on arrête;
On propose un triomphe, un massacre, une fête;
On chante, on tremble, on rit. Ces exploits, ces forfaits,
Tous ces grands changements, un ruban les a faits.

NOTES
DU CHANT SEPTIÈME.

(¹) Lorsque de l'univers l'aimable enchanteresse,
L'Imagination, me porta dans la Grèce;
Je ne m'attendais pas qu'un jour mes propres yeux
Verraient ces belles mers, ces beaux champs, ces beaux cieux:
Je les ai vus.

Le voyage de la Grèce paraît être pour notre poëte une source inépuisable de beaux vers et d'heureux souvenirs. Delille jouit auprès de M. de Choiseul-Gouffier de l'avantage, si rare et si précieux pour un poëte, de voir les ressources de l'opulence et du crédit consacrées à favoriser l'étude de l'antiquité, les recherches de la science et les plaisirs de l'imagination. Rien n'était plus capable d'enflammer la sienne. On doit faire observer ici que les poëtes anciens voyageaient beaucoup; il est aisé de s'en apercevoir à l'étendue de leurs connaissances géographiques, à la fidélité de leurs descriptions. Ceux de Rome allaient ordinairement chercher dans la Grèce les traces de leurs modèles, et la navigation de Virgile fournit à Horace le sujet d'une de ses plus belles odes:

Sic, te diva potens Cypri,
Sic, fratres Helenæ, lucida sidera, etc.

Virgile mourut à Brindes, en allant perfectionner son *Énéide* dans les lieux qui avaient inspiré Homère. Delille, plus heureux, après avoir visité cette patrie antique des arts, en a rapporté dans la sienne une foule de souvenirs poétiques, dont l'intérêt se mêle souvent à celui de ses ouvrages, et semble ajouter encore au charme de son talent.

(²) *Homère m'a guidé dans les champs où fut Troie.*

Plusieurs voyageurs modernes, de différentes nations, mais surtout les savants et les artistes qui avaient accompagné M. de Choiseul-Gouffier dans son ambassade, ont été frappés de l'exactitude d'Homère dans ses descriptions de la Troade et des îles de la Grèce. Ils ont reconnu que la plaine de Troie n'a pas changé de face, et que les batailles de l'*Iliade* indiquent la position des lieux avec la plus grande précision : les promontoires, les fleuves, les vallées, les collines, les tombeaux mêmes des guerriers se sont offerts aux yeux des observateurs à la place qu'Homère leur assigne ; et les recherches les plus attentives ont prouvé que le plus grand des poëtes est aussi le plus ingénieux des historiens et le plus fidèle des géographes. Tout le monde a lu l'ouvrage plein de goût et d'érudition que M. Lechevalier a publié sur ce sujet. On nous saura gré de rappeler ici le morceau qui termine sa description du mont Ida, qu'Homère, dit-il, a peint avec tant de vérité, quand il nous montre les mille ruisseaux qui coulent de sa cime, et ses noires forêts remplies de bêtes fauves. C'est peut-être un des points du globe d'où l'on aperçoit les plus beaux pays, et ceux qui rappellent les plus intéressants souvenirs :

« O vous, amis d'Homère et de la belle nature, venez contempler avec moi la scène ravissante qui se découvre à mes regards ! Le ciel est pur ; quelques nuages légers et vaporeux n'en interrompent la voûte azurée que pour lui donner plus d'éclat. Le soleil couchant frappe de ses rayons dorés tous les sommets qui m'entourent. Si je cesse un instant de contempler les plaines du Scamandre, mes yeux se déposent sur les paisibles demeures de la Thrace et de la Mysie. Je vois le Granique et l'Æsepus s'échapper à travers les vallons et les plaines, pour aller porter le tribut de leurs eaux à la Propontide. A quarante lieues de distance, et dans l'horizon de la mer Égée, je distingue les montagnes de la Thrace et le sommet de l'Athos, où Junon se repose en descendant de l'Olympe. J'aperçois l'île de Lemnos, où le Sommeil, frère de la Mort, a fixé son séjour ; et celle de Samothrace, d'où Neptune découvre l'Ida, la flotte et la ville de Troie. Plus près de moi sont les îles d'Imbros et de Ténédos, où ce même dieu laisse son char et ses chevaux pour voler au secours des Troyens. Je découvre enfin les sommets du Gargara, où croissent encore aujourd'hui le crocus et l'hyacinthe, comme à l'instant où Jupiter, enveloppant Junon d'un nuage d'or, s'endormait paisiblement dans ses bras (*). »

(3) Tout à coup, sur ces mers, à mes yeux s'est montré

(*) *Iliade*, liv. XIII et XIV.

Un stupide pacha, d'esclaves entouré ;
Tout s'est désenchanté.

Il n'est point de voyageur qui, à l'aspect des ruines de Rome et d'Athènes, ne soit particulièrement frappé du contraste que lui offrent l'état présent des lieux, et le souvenir des beaux siècles dont il voit encore les vestiges : le monde enchanté qu'il se représente prend la place de celui qui frappe ses regards, et son imagination, qui se rejette toujours dans le passé, s'y rattache d'autant plus, qu'elle en retrouve quelques traces dans les ruines qui sont l'objet de sa vénération.

(4) . . . . O malheureuse Grèce,
As-tu donc oublié tes titres de noblesse ?

Ce passage de Delille rappelle de beaux vers de La Harpe sur le même sujet.

L'insolent janissaire, une pipe à la main,
Parmi ces monuments qu'il foule avec dédain,
Frappant de vils sujets que l'esclavage énerve,
Courbe sous le bâton le peuple de Minerve.
L'auguste aréopage est le camp des Spahis ;
La maison de Socrate est celle d'un dervis ;
Et le Turc ignorant, ivre des vins de Cnide,
S'endort sur les tombeaux d'Alcée et d'Euripide
. . . .
Non que du Grec, déchu, sous le joug affaissé,
Le premier caractère en tout soit effacé :
Chez ce peuple asservi qu'ont dégradé ses maîtres,
On reconnaît encor des traits de ses ancêtres ;
Ce génie inquiet, cette vivacité,

Ce pouvoir sûr et prompt qu'a sûr lui la beauté,
Ce penchant au plaisir; ce goût pour la cadence,
Des filles de Samos réglant encor la danse;
Ce langage animé par qui tout s'embellit,
Flattant toujours l'oreille, et peignant à l'esprit.
Mais ces fruits du climat, ces dons de la nature,
Sous de barbares mains périssent sans culture, etc.

(5) Vois gravés sur tes murs Platée et Marathon!
Tant qu'il reste une pierre où se lise leur nom,
Elle accuse ta honte, et pleure ta mémoire.

Ce passage remarquable prouve avec quel art les bons écrivains font passer dans leur style les plus grandes hardiesses. Quand Virgile représente l'ivoire et l'airain qui pleurent dans les temples de Rome, après la mort de César, il ne dit rien de trop hardi, parce qu'il dépeint un prodige; mais la poésie orientale, qui est la plus audacieuse de toutes, offre-t-elle rien de plus frappant qu'une pierre qui pleure la mémoire d'un lieu célèbre? Cependant le goût applaudit à cette hardiesse, loin d'en être blessé, parce que le premier hémistiche du vers dit que cette pierre, où sont gravés les noms de Platée et de Marathon, accuse la honte de la Grèce; le talent de l'auteur rend cette pierre passionnée, la pénètre d'indignation, et les pleurs qu'il lui fait répandre ensuite n'ont plus rien qui étonne : tant l'art d'écrire ressemble à celui de peindre! tant les mots et les idées doivent se lier entre eux, comme les nuances d'un tableau! Il n'est guère de hardiesse poétique à laquelle le goût ne puisse applaudir, lorsqu'elle est bien préparée.

(6) Dans la jeune beauté qui bondit en cadence,
Des vierges de tes chœurs j'ai reconnu la danse.

On peut voir dans les lettres de M. Guys sur la Grèce, et dans celles de M. Savary, combien de coutumes antiques se sont conservées dans les cérémonies et dans les fêtes des Grecs modernes. Ce peuple spirituel et sensible, profondément avili sous le despotisme des Turcs, a perdu le souvenir de la gloire de ses aïeux : mais, par instinct plutôt que par tradition, il les imite encore dans ses plaisirs et dans ses jeux. Les danses surtout y ont un caractère qui rappelle l'image des vierges de Sparte, avec plus de mollesse et de volupté. « Une vingtaine de jeunes filles, dit M. Savary, toutes vêtues de blanc, la robe flottante, les cheveux tressés, entrèrent dans l'appartement : elles conduisaient un jeune homme qui jouait de la lyre et s'accompagnait de la voix; plusieurs avaient des grâces, toutes de la fraîcheur; quelques-unes étaient d'une rare beauté. L'ensemble formait un coup d'œil charmant; la parure uniforme de ces nymphes, la modestie qui relevait leurs attraits, la pudeur qui brillait sur leur front, leur enjouement modéré par la décence, tout cela me fit croire que j'étais transporté dans l'île de Calypso. Elles commencèrent par se ranger en rond, et m'invitèrent à danser. Le cercle que nous formâmes est singulier par la manière dont il est entrelacé. Le danseur ne donne point la main aux deux personnes qui sont le plus près de lui, mais aux deux suivantes; de sorte que l'on a les bras croisés devant et derrière ses voisines, qui se trouvent enlacées dans les anneaux d'une douce chaîne. Au milieu du rond se tenait le musicien; il jouait et chantait en même temps. Tout le monde suivait exactement la mesure soit en avançant, soit en reculant, ou en tournant autour de lui. Pour moi, je me laissai conduire, et mon esprit était moins occupé de la danse que des personnes qui la composaient. »

C'est à Casos, l'une des îles les plus sauvages et les plus pauvres de l'Archipel, que M. Savary traça d'après nature ce tableau charmant. Peu de jours après il fut invité à une petite fête où l'on célébrait l'arrivée d'une barque du pays, qui venait d'arriver dans le port, chargée de provisions et de fruits. La salle était entourée de danseuses: les cheveux étaient parfumés; on avait mis les plus jolis corsets, les ceintures les mieux brodées, les robes les plus blanches. On forma diverses rondes, les bras enlacés à la manière accoutumée. Deux lyres et des chanteurs placés sur une estrade animaient les mouvements; la gaieté brillait dans tous les yeux. Les jeunes gens qui venaient d'arriver s'étaient placés près de leurs compagnes ou de leurs amantes; ils les entouraient de leurs bras en dansant, et sentaient les battements de leurs cœurs : aussi la joie paraissait sur tous les visages. Les jeunes Grecques, le regard baissé, la laissaient moins éclater; mais leur rougeur, mais la palpitation de leur sein annonçaient qu'elles se trouvaient près des objets les plus chéris ; chaque mouvement était une jouissance. Nos danses recherchées ont infiniment plus de grâce, d'élégance et de majesté ; mais qu'elles sont froides auprès des rondes de l'île de Casos !

(7) Derrière les rochers de Éparte et de l'Spire,
  De tes anciens héros la liberté respire.

L'auteur fait allusion aux Maniottes, descendants ou successeurs des Lacédémoniens, et aux Monténégrins, qui, dans les rochers de l'Albanie et de l'Épire, défendent leur liberté farouche contre la tyrannie des pachas voisins. Ce n'est pas là cependant qu'il faut chercher une image de la Grèce antique. Les mœurs les plus grossières, les vices les plus honteux, le vol et le brigandage déshonorent ces peuplades à demi sauvages, qui vivent sans arts et presque sans lois. Il est triste, pour les habitants de ces contrées, de n'avoir à choisir qu'entre cette liberté turbulente et féroce, et l'esclavage ignominieux de leurs compatriotes et de leurs voisins.

(8) Art des vers, souviens-toi de tes premiers miracles.

Les premiers poëtes furent les compagnons des héros et les législateurs des nations. Le noble usage qu'ils faisaient de leurs talents et de leur influence les fit regarder comme des hommes sacrés, comme les favoris et les interprètes des dieux. Écoutez Horace, racontant les premiers bienfaits de l'art des vers :

  Silvestres homines sacer interpresque deorum

Cædibus, et victu fœdo deterruit Orpheus;
Dictus ob hoc lenire tigres rabidosque leones, etc.
Poet. 391.

L'Horace français décrit avec encore plus d'étendue ces premiers miracles de la poésie :

Avant que la raison, s'expliquant par la voix,
Eût instruit les humains, eût enseigné des lois,
Tous les hommes, suivant la grossière nature,
Dispersés dans les bois, couraient à la pâture, etc.
Art poétique, ch. IV, v. 133-166.

(9) Il fallait, sous des chefs armés de la puissance,
Des mortels nés égaux forcer l'obéissance,
Et du respect des rangs nourrir l'illusion.
Sans elle, tout est trouble, erreur, confusion.

Ici le poëte entre dans son sujet, et prouve qu'il est des illusions sans lesquelles l'ordre social ne peut subsister, et que l'on ne détruit point sans s'exposer à faire crouler tout l'édifice. Cette vérité long-temps méconnue, et que l'expérience nous a rendue si palpable, est exprimée par l'auteur en vers magnifiques, surtout quand il s'écrie, en parlant de cette illusion qui entretient la hiérarchie des rangs :

Sans elle, tout à coup plus terrible et plus fière,
S'élève en rugissant l'égalité première,
Qui, fondant l'anarchie, et féconde en tyrans,
Par le commun désastre égale tous les rangs.

Le second vers offre une image sublime dont la vérité nous est encore présente depuis nos troubles révolutionnaires. Eh! qui de nous n'a pas entendu les rugissements terribles des factieux déchaînés contre l'auguste chef de la patrie, et prêts à s'emparer de sa puissance!

(10) *Les grands et les petits étaient aux mêmes rangs.*

Delille, dans les vers suivants, ajoute au tableau tracé par Ovide plusieurs traits dignes de ce poëte ingénieux et brillant. La fiction de la naissance de la *Dignité*, allégorie pleine de sens et de finesse, appartient tout entière au chantre de l'*Imagination*. Ovide avait dit seulement (*Métam.*, l. v. 168) que les dieux occupent dans le ciel différentes places, suivant la différence de leur pouvoir :

> Est via sublimis, cœlo manifesta sereno,
> Lactea nomen habet; candore notabilis ipso.
> Hac iter est Superis ad magni tecta Tonantis,
> Regalemque domum : dextra lævaque deorum,
> Atria nobilium valvis celebrantur apertis.
> Plebs habitant diversa locis : a fronte potentes
> Cœlicolæ, clarique suos posuere penates.
> Hic locus est, quem, si verbis audacia detur,
> Haud timeam magni dixisse palatia cœli.

(11) *Louis, qui quarante ans lui confia sa gloire,*
Louis lui dut peut-être autant qu'à la victoire.

Il est certain que Louis XIV dut en partie à la magnificence et à la majesté qui environnaient son trône l'admiration respectueuse qu'il inspirait à ses sujets et à l'Europe entière. Quoiqu'on puisse lui reprocher avec justice de l'orgueil, et même de la vanité, il fut cependant le modèle de la véritable grandeur, de la dignité sans morgue, de la politesse sans affectation, du bon goût dans les arts, et du bon ton dans la société. S'il aima les louanges, il souffrit du moins la contradiction, et dans sa vie privée il fut toujours affable, imposant et généreux. Il ne donnait à sa mère aucune part au gouvernement, mais il remplissait avec elle tous les devoirs d'un fils; il était infidèle à son épouse, mais il observait les bienséances et multipliait les égards; bon père, bon maître, toujours décent en public, laborieux dans le cabinet, exact dans les affaires, pensant juste, parlant bien, et descendant quelquefois de son rang avec dignité. Il a été de mode, pendant quelque temps, d'attaquer le règne de ce monarque, dont la plus grande gloire, peut-être, est d'avoir si bien connu l'art de régner. Je ne connais pas de plus belle réponse à ses détracteurs que celle que leur adressait un orateur célèbre, au milieu de l'Académie française, et dans un temps où la gloire des morts importunait l'amour-propre de quelques hommes vivants qui s'étaient fait une grande renommée. « C'est sous le règne de ce prince, disait le cardinal Maury, qu'on vit éclore ces chefs-d'œuvre d'éloquence, de poésie et d'histoire, qui feront l'éternel honneur de la France. Corneille donna des leçons d'héroïsme et de grandeur d'âme dans ses immortelles tragédies; Racine, s'ouvrant une autre route, fit paraître sur le théâtre une passion que les anciens poëtes dramatiques avaient peu connue, et la peignit des couleurs les plus touchantes; Despréaux, dans ses épîtres et dans son *Art poétique*, se montra l'égal d'Horace; Molière laissa bien loin derrière lui les comiques de son siècle et de l'antiquité; La Fontaine surpassa Ésope et Phèdre, en profitant de leurs idées; Bossuet immortalisa les héros dans ses oraisons funèbres, et instruisit les rois dans son *Histoire universelle*; Fénélon, le second des hommes dans l'éloquence, et le premier dans l'art de rendre la vertu aimable, inspira par son *Télémaque* la justice et l'humanité; dans le même temps, le Poussin faisait ses tableaux, Puget et Girardon leurs statues; Lesueur peignait le cloître des Chartreux, et Lebrun les batailles d'Alexandre; Quinault, créateur d'un nouveau genre, s'assurait l'immortalité par ses poëmes lyriques, et Lulli donnait à notre musique naissante de la douceur et de la grâce; Perrault élevait la colonnade du Louvre; Mansard construisait les palais du monarque, et Lenôtre dessinait le plan de ses jardins. Descartes, Huyghens, l'Hôpital, Cassini, Pascal, sont des noms éternellement célèbres dans l'empire des sciences. Louis XIV encouragea et récompensa la plupart de ces grands hommes; et le même roi qui sut employer les Condé, les Turenne les Luxembourg, les Créqui, les Catinat, les Villars dans ses armées, les Colbert et les Louvois dans son cabinet, choisit Racine et Boileau pour écrire son histoire, Bossuet et Fénélon pour instruire ses enfants, Fléchier, Bourdaloue et Massillon pour l'instruire lui-même. C'est au milieu de tous ces grands hommes, appuyé pour ainsi dire sur eux et sur leurs ouvrages, que Louis XIV apparaît à la postérité pour défendre la gloire de son siècle et celle de sa nation. »

(12) « Dis donc, vous répond-il, dis aux os de nos pères :
. . Levez-vous, et marchez aux terres étrangères. »

Rien n'est plus connu que cette réponse des sauvages de l'Amérique septentrionale, à qui des Européens demandaient un territoire sans culture, et qui paraissait inutile à la tribu qui l'avait long-temps occupé : « Dirons-nous aux ossements de nos pères : Levez-vous et suivez-nous sur une terre nouvelle ? »

(13) Les doux zéphyrs du soir, le doux vent de l'aurore,
Balancent mollement ce précieux fardeau,
Et sa tombe riante est encore un berceau.

On ne peut représenter plus heureusement l'usage qu'ont les Natchés de suspendre les cercueils de leurs enfants aux rameaux des arbres. Les objets nous affectent d'autant plus vivement qu'ils s'offrent à nos yeux sous des apparences contraires à celles qu'ils nous présentent d'ordinaire. Tous les extrêmes se touchent ; l'homme qui sort de la vie ressemble, chez les Natchés, à celui qui vient d'y entrer : tous deux commencent une nouvelle carrière ; la mort a perdu son effroi ; elle s'enveloppe de verdure, et prend les couleurs de l'espérance.

(14) Ainsi la vertueuse et tyrannique Rome,

Qui fut souvent l'opprobre et la gloire de l'homme,
Pour s'honorer soi-même, honora le cercueil.

Aucun peuple n'a porté plus loin que les anciens Romains le respect des tombeaux et la pompe des cérémonies funèbres. Aucun ne rendit aux morts un culte plus religieux et plus touchant. Dès qu'un homme avait rendu le dernier soupir, on lui donnait le dernier baiser, et on lui fermait les yeux et la bouche pour qu'il parût moins effrayant. Des voix plaintives l'appelaient par intervalle. Le corps était ensuite lavé et embaumé. On le revêtait de ses habits, et, couronné de fleurs, on l'exposait sur un lit de parade, dans le vestibule de sa maison, jusqu'au huitième jour. Alors commençaient les funérailles. Les joueurs de flûte, les pleureuses, les bouffons précédaient le cadavre porté par les parents du mort. On voyait autour de son cercueil les images de ses ancêtres, et les marques d'honneur qu'il avait reçues; venaient ensuite, ses affranchis, sa famille, ses enfants en habit de deuil et les cheveux épars. Le cortége s'arrêtait sur la place publique. Là, dans la tribune aux harangues, en présence du peuple, le plus proche parent ou l'ami le plus tendre faisait l'oraison funèbre du mort. Les empereurs mêmes ne dédaignaient point de remplir ce devoir sacré. Auguste prononça l'éloge funèbre d'Agrippa, et celui de sa sœur Octavie. En sa qualité de souverain pontife, il ne pouvait toucher ni voir un cadavre; il se couvrit d'un voile pour prononcer son discours. Le grand César avait rendu les mêmes honneurs à sa tante. Quand on avait acquitté ce dernier tribut, on portait le corps au bûcher ou au tombeau qui lui était préparé, hors de l'enceinte de la ville : on l'y déposait, en disant *adieu pour toujours! nous te suivrons dans l'ordre que la nature voudra.* Les parents et les amis revenaient ensemble pour le festin funèbre. Neuf jours après, on célébrait la fête appelée *Novemdialia*; et le lendemain on purifiait la maison. Il est inutile d'observer, d'ailleurs, que la pompe des funérailles se réglait sur le rang et les richesses des morts : mais tous recevaient de la même manière, dans la proportion de la fortune qu'ils avaient eue, les derniers hommages de la nature et de l'amitié. (Voyez le *Dictionnaire des Antiquités grecques et romaines*, au mot Funus ; les *Mœurs et Coutumes des Romains*, par Bridault, etc.)

(15) Ce n'est donc pas en vain que l'humanité sainte
  Des tombeaux en tous lieux a consacré l'enceinte.

L'oubli des morts est aussi contraire à la saine politique qu'à la saine raison, et au respect que les fils doivent à la mémoire de leurs pères et de leurs aïeux, qui leur ont transmis leur sang, leur fortune, leurs lois et leur patrie. C'est sur les tombeaux que les cœurs tendres se plaisent à rêver l'existence des êtres qu'ils regrettent ; ils s'y rattachent surtout par les liens de la religion, et par l'espoir de se réunir à eux dans un monde meilleur ; ils se figurent même que les âmes de leurs amis jouissent des regrets qu'ils donnent à leurs dépouilles mortelles, et qu'elles viennent errer quelquefois autour de leurs sépultures; ils croient entendre leurs soupirs dans le souffle des vents et dans le murmure des ruisseaux. L'amour se plaît surtout à nourrir ces tendres illusions; une amante, une épouse, une mère, se disent souvent, sur la tombe de celui qu'elles regrettent.

Il ne me répond pas mais peut-être il m'entend.
MARMONTEL.

(16) Aussi voyez comment l'automne nébuleux,
Tous les ans, pour gémir, nous amène en ces lieux
Où des siècles humains, que les temps renouvellent,
Les générations en foule s'amoncellent.

La fête des Morts, le 2 novembre, est une des plus simples et des plus touchantes de la religion chrétienne. Quelques superstitions populaires l'ont défigurée dans le midi de l'Europe; mais l'institution en elle-même est d'une profonde sagesse et d'un intérêt universel. Nous lui devons, outre les beaux vers de Delille, un morceau très-remarquable de Fontanes (le Jour des Morts), qui, dans un temps de folie, de dégradation et d'impiété, donna du moins l'espérance de voir enfin renaître les sentiments religieux, les idées morales et l'éloquence poétique.

(17) D'un mal héréditaire ainsi que tes vertus,
Tu meurs; mais tes bienfaits vivent où tu n'es plus.

M. Turgot mourut de la goutte à l'âge de cinquante ans. Son père et son frère, distingués comme lui par l'élévation de leur caractère et l'étendue de leurs connaissances, étaient morts à peu près dans le même âge et de la même maladie. C'est ce qui a fait dire que la goutte était héréditaire dans cette famille, comme la probité. Quoiqu'on ait fait à M. Turgot des reproches graves sur les opérations de son ministère, et quoique l'expérience ait prouvé qu'il y avait beaucoup de prévoyance dans l'apparente frivolité qui les tournait en ridicule, sa mémoire n'en est pas moins chère aux gens de lettres et aux gens de bien. Il honora constamment les premiers, et cultiva lui-même la poésie au milieu des plus grandes affaires. Il mérita l'estime des autres par les bienfaits durables qu'il répandit sur la province du Limousin pendant qu'il en fut l'administrateur, par la pureté de ses intentions et de sa conduite pendant son ministère, et par les deux passions qui remplirent sa vie, celle des sciences et celle du bien public. C'était un homme d'une âme forte, que rien ne pouvait écarter de la justice; d'une égalité de caractère que rien n'altérait, d'une activité si laborieuse, que la maladie même ne pouvait la ralentir. Quelques heures avant sa mort, il méditait une expérience nouvelle d'électricité. A la cour, comme dans les premières places de l'administration, il s'occupa sans cesse du bonheur des peuples. Il se trompa quelquefois sur les moyens; mais il donna toujours de grands exemples, et fit preuve des meilleures intentions.

On sait que Delille fut long-temps son ami; cependant il ne l'a loué qu'après sa mort, et l'on peut aussi remarquer qu'il n'a loué M. de Choiseul qu'après sa disgrâce. Lorsque Turgot fut nommé contrôleur-général, Delille s'abstint de le voir pendant trois mois, et ce ne fut que d'après une invitation pressante qu'il se rendit auprès de lui. Turgot, en l'accueillant avec sa bonté ordinaire, lui dit ingénieusement : « Depuis que je suis ministre, vous m'avez disgracié. »

(18) Le Midi seul encor de ces fêtes rustiques
    A gardé dans ses champs quelques restes antiques.

Les bourgs et les villages de nos provinces méridionales offrent en effet quelque image des mœurs antiques dans leurs fêtes annuelles. On y décerne les prix de la lutte, de la course et de tous les exercices du corps; seulement les chevaux ont remplacé les chars. Dans ces jeux, où l'imagination peut reconnaître ceux de l'Élide, chaque hameau parodie, une ou deux fois l'an, les jeux olympiques, et les amis de l'antiquité retrouvent avec plaisir, dans ces faibles restes, les traces des colonies grecques et les vestiges des Romains. Les fêtes que Delille décrit sont d'un caractère plus gracieux, mais l'usage en est moins répandu, et rappelle moins de souvenirs.

(19) Cette superbe Rome et ses brillants exploits,
    Ces arcs triomphateurs, ces dépouilles des rois.

Ces beaux vers en rappellent qui ne le sont pas moins, et que l'illustre Racine a mis dans la bouche de Bérénice; elle dit, en parlant des honneurs rendus à Titus par le peuple romain :

    De cette nuit, Phénice, as-tu vu la splendeur?

Tes yeux ne sont-ils pas tout pleins de sa grandeur?
Ces flambeaux, ce bûcher, cette nuit enflammée,
Ces aigles, ces faisceaux, ce peuple, cette armée,
Cette foule de rois, ces consuls, ce sénat,
Qui tous de mon amant empruntaient leur éclat,
Cette pourpre, cet or, que rehaussait sa gloire,
Et ces lauriers encor, témoins de sa victoire;
Tous ces yeux qu'on voyait venir de toutes parts
Confondre sur lui seul leurs avides regards;
Ce port majestueux, cette douce présence...
Ciel ! avec quel respect et quelle complaisance
Tous les cœurs en secret l'assuraient de leur foi !
Parle : peut-on le voir, sans penser, comme moi,
Qu'en quelque obscurité que le sort l'eût fait naître,
Le monde, en le voyant, eût reconnu son maître?
Bérénice, acte I, scène v.

(20) Mais aucun temps ne vit d'aussi brillantes fêtes
Que lorsque Paul-Émile, en ces murs glorieux,
Guida, trois jours entiers, son char victorieux.
 . . . .
Que dis-je? ô coup du sort! ô jeux de la fortune!
Le vainqueur du vaincu partage l'infortune;
La mort de ses enfants flétrit des jours si beaux,
Et son char triomphal marche entre deux tombeaux.

Paul-Émile avait perdu, peu de jours avant son triomphe, un fils qu'il adorait, et, immédiatement après, la mort lui en enleva un autre non moins chéri.

Après la victoire qui le rendit maître de la Macédoine, voyant à ses pieds le malheureux Persée qui perdait en un jour sa couronne et sa renommée, il fut touché d'une noble compassion; et se tournant vers les jeunes Romains qui l'accompagnaient : « Vous avez sous les yeux, leur dit-il, un grand exemple de l'inconstance de la fortune. Souvenez-vous-en, quand vous serez dans la prospérité, pour ne traiter personne avec orgueil, car nous ignorons tous le sort qui nous attend à la fin du jour. Celui-là seul est véritablement homme, dont le cœur ne s'enfle point dans le bonheur, et n'est point abattu dans l'adversité. » Et cependant on vit bientôt après ce prince infortuné et ses enfants suivre enchaînés le char de triomphe; et l'on entendit le vainqueur répondre par l'ironie la plus dure à la prière que lui avait fait parvenir Persée, de lui épargner cette humiliation.

Cet homme, d'ailleurs plein de sagesse et de modestie, déploya, pour plaire à ses compatriotes, une pompe extraordinaire dans ce triomphe, le plus imposant et le plus magnifique de tous ceux célébrés à Rome avant le règne des empereurs. Tous les trésors de la Macédoine, changée en provinces de la république, étaient exposés aux regards du peuple. Paul-Émile les remit aux questeurs, et ne conserva pour lui, de tant de richesses, que la bibliothèque du roi vaincu.

(21) Seul, muet et pensif, le jeune Scipion,
L'œil fixé sur le char, s'enivre de la gloire,
Et déjà dans son cœur dévore la victoire.

L'aspect du triomphe de Paul-Émile frappa tellement l'imagination de Scipion, encore enfant, que dès lors toutes ses idées se dirigèrent vers la gloire et les conquêtes. Tout le monde sait qu'il fut surnommé dans la suite le *second Africain* et le *Numantin*. Après avoir détruit Carthage et Numance, il fut payé de ses services par l'ingratitude populaire, excitée par des tribuns séditieux. On croit même que sa mort imprévue fut un crime de Caïus Gracchus, le héros et le modèle de tous les factieux; quoiqu'il soit plus commun d'avoir son ambition téméraire que son courage et ses talents.

(22) Oh! combien j'aime mieux ces fêtes où les lois
À côté de leur tombe interrogeaient les rois !

Cette coutume de juger les rois après leur mort était une des institutions les plus remarquables de l'ancienne Égypte. Elle personnifiait pour ainsi dire l'opinion, et plaçait l'histoire sur le plus redoutable de tous les tribunaux. Il paraît cependant que son influence morale et religieuse ne balançait qu'imparfaitement les séductions du pouvoir.

(23) D'un front qu'ennoblissait plus d'une cicatrice,
Ils s'inclinent de loin devant le grand Maurice,
Marchent vers le tombeau le sabre dans la main,
En aiguisent l'acier sur le marbre divin.

La guerre que la France fit en Allemagne, quelques années après la mort du maréchal de Saxe, ne fut presque marquée que par des fautes et des revers. À cette époque, où le souvenir récent de Fontenoi rendait plus douloureux le sentiment de nos défaites, des grenadiers français pleurant sur le mausolée de Maurice, et croyant aiguiser leurs sabres sur le marbre funéraire d'un héros, rappellent ces peuples de l'Inde qui allaient au tombeau du grand Albuquerque, lui demander justice contre ses successeurs. Indépendamment de ses victoires, il n'est pas étonnant que le maréchal de Saxe fût adoré des soldats, et que sa mémoire leur ait toujours été chère. Aucun général célèbre ne fut peut-être plus avare de leur sang. Un officier général lui montrant un jour un poste qui pouvait être utile, si l'ennemi en était chassé : « Il ne vous en coûtera pas, dit-il, plus de douze grenadiers.—Passe encore, repondit le maréchal, si c'était douze lieutenants-généraux. » Non pas, comme l'observe très bien Thomas, qu'il voulût offenser par cette plaisanterie des hommes aussi respectables par l'élévation de leur grade que par l'ancienneté de leurs services, mais pour leur apprendre que la valeur du soldat était le gage le plus certain de leur propre gloire, et qu'on ne pouvait le ménager avec trop de prudence et d'affection.

(24) Sans respect du lieu saint, des ombres sépulcrales,
   On arrache à la mort ses dépouilles royales.

Je ne puis résister à l'envie de citer une page du *Génie du Christianisme*, sur le même sujet; l'auteur dit, en parlant des caveaux de l'abbaye de Saint-Denis :

« C'est là que venaient tour à tour s'engloutir les rois de France. Un d'entre eux (et toujours le dernier descendu dans ces abîmes) restait sur les degrés du souterrain, comme pour inviter sa postérité à descendre. Cependant Louis XIV a vainement attendu ses derniers fils : l'un s'est précipité au fond de la voûte, en laissant son ancêtre sur le seuil; l'autre, ainsi qu'Œdipe, a disparu dans une tempête. Chose digne d'une éternelle méditation! Le premier monarque que les envoyés de la justice divine rencontrèrent fut ce Louis si fameux par l'obéissance que les nations lui portaient! il était encore tout entier dans son cercueil. En vain pour défendre son trône il sembla se lever avec la majesté de son siècle, et une arrière-garde de huit siècles de rois; en vain son geste menaçant épouvanta les ennemis des morts; lorsque, précipité dans une fosse commune, il tomba sur le sein de Marie de Médicis, tout fut détruit. Dieu, dans l'effusion de sa colère, avait juré par lui-même de châtier la France. Ne cherchons point sur la terre les causes de pareils événements; elles sont plus haut. »

On sait que le plomb des cercueils, si indignement violés, fut fondu sur la place même, et converti en balles destinées à repousser l'armée des princes coalisés. C'est ce qu'indique positivement ce vers :

De leur débris royal vous vous armez encore!

(25) César pleure à l'aspect du buste d'Alexandre;
Pleurs affreux! que de sang vous avez fait répandre!

Tous les historiens rapportent que César, nommé gouverneur de l'Espagne, vit à Cadix la statue d'Alexandre, et qu'il dit, en versant des larmes :

« A l'âge où je suis il avait conquis le monde, et je n'ai rien fait de mémorable! » L'avenir de César était dans ces paroles et dans ces pleurs : une si noble jalousie ne pouvait convenir qu'à lui. Son ambition fit dans la suite répandre beaucoup de sang. Mais tel est encore, après vingt siècles, l'éclat de ses actions et de son génie ; tel est le charme que le souvenir de sa grandeur d'âme, de sa clémence et de sa douceur attache à son nom, que beaucoup de lecteurs trouveront peut-être un peu dure l'épithète que Delille donne à ces larmes, qui ne pouvaient couler que des yeux d'un héros.

(26) Du Vivier, c'est à toi de tenter ces travaux.

Jean du Vivier, né à Liége en 1687, mort à Paris en 1761, s'est rendu recommandable dans la gravure. Son goût pour cet art l'entraîna à Paris, où il le perfectionna. Il s'adonna principalement à la gravure des médailles, et son mérite en ce genre lui mérita bientôt des récompenses. Il fut graveur du roi, obtint un logement au Louvre, et fut reçu de l'académie de peinture et sculpture. C'est le graveur qui a le mieux trouvé la ressemblance de Louis XV.

(27) Du costume, à son tour, je dirai le pouvoir.
    Variété brillante, appareil nécessaire,
    Dont la religion s'empara la première.

Le poëte s'élève, avec autant d'éloquence que de raison, contre l'abus qui, en détruisant les costumes divers, a détruit le respect du rang dont ils étaient les signes majestueux. Il est à remarquer que Delille, malgré tout le prestige de son talent, s'est toujours attaché aux plus saines doctrines de la religion, de la politique et de la morale. Le poëte qui avait le plus d'esprit s'est toujours interdit le paradoxe, moyen brillant et facile de faire valoir les talents ingénieux : très-supérieur, sous ce rapport, au citoyen de Genève, qui s'est plu à fonder sur cette base son immense réputation; et c'est ici le cas d'observer que la raison domine toujours dans les écrits des poëtes du premier ordre. Malheur à tous les écrivains dont le talent ne repose pas sur ce solide fondement! quel que soit le prestige de leur éloquence, l'éclat de leurs pensées et la magnificence de leur style, leurs écrits passeront, parce qu'il n'est que la vérité qui reste, et qui défende les écrits des outrages du temps : elle doit régner partout, *et même dans la fable*, a dit le judicieux Boileau. Les Muses ne sont que ses dames d'atours; elles peuvent l'embellir; mais elles ne doivent jamais parer le mensonge de ses attributs. Instruire et plaire est leur devise; la raison est la faculté qui remplit le premier objet; l'imagination se charge du reste.

(28) . . . . Mais soudain se présente,
Dans le noble appareil d'une toge imposante,
Le fameux Tullius; et, saisis de respect,
Ces flots tumultueux tombent à son aspect.

Tullius Cicéron n'eut pas toujours, il est vrai, le pouvoir de ramener le calme dans le forum par l'aspect de sa toge, notamment dans l'affaire de Milon; mais on ne peut pas douter que le costume

romain n'en imposât à la multitude beaucoup plus
que ceux des peuples modernes. La gravité de cet
orateur y ajoutait beaucoup, et tous les commen-
tateurs de Virgile assurent que ce poëte emprunta
d'un trait de la vie de Cicéron sa comparaison du
dieu qui, dans le premier livre de l'*Énéide*, apaise
les flots irrités, à un vieillard qui, par son seul
seul aspect, calme tout à coup une populace en
fureur.

(29) Dirai-je les fureurs, dirai-je les désastres
    Qu'ont produits les débats des Yorks, des Lancastres?
    La rose aux deux couleurs échauffait les partis.

La *rose blanche* était la couleur de la maison
d'York, et la *rouge* celle des Lancastre. Tout le
monde sait que ces deux factions remplirent l'Angleterre de carnage et d'horreurs. Les échafauds
étaient dressés sur le champ de bataille, et les prisonniers de guerre périssaient souvent par la main
des bourreaux. Ces discordes sanglantes durèrent
près d'un siècle. Elles avaient commencé vers l'an
1400, entre les petits-fils d'Édouard III, l'un des
plus grands rois qu'ait eus l'Angleterre. Henri, fils
du duc de Lancastre, troisième fils d'Édouard III,
s'empara du trône, qui appartenait, par les droits
du sang, à Edmont, duc de Clarence, qui descen-
dait du second fils d'Édouard. Celui-ci transmit
ses droits à sa fille, qui épousa Richard, duc
d'York. Édouard IV, né de ce mariage, enleva la
couronne à Henri VI, le troisième souverain de la
maison des Lancastre, et la perdit lui-même par
l'imprudence qu'il eut d'outrager le fameux comte

de Warwick, son bienfaiteur et son ami. C'est le sujet de la tragédie de La Harpe : mais l'histoire est altérée dans le dénoûment ; car le comte, après avoir détrôné celui qu'il avait fait roi, fut tué l'année suivante en combattant contre lui. Édouard IV remonta sur le trône, où son fils, agé de onze ans, lui succéda. Richard, duc de Glocester, oncle et tuteur du jeune prince, le fit enfermer avec son frère dans la tour de Londres, et usurpa la couronne après avoir fait égorger ses deux neveux. Il ne jouit pas long-temps du succès de son crime. Henri, comte de Richemont, dernier rejeton des Lancastre, ranima la *rose rouge*, et souleva le pays de Galles contre l'usurpateur. Les deux partis en vinrent aux mains dans les plaines de Boworth, le 22 août 1485. Richard, au milieu du combat, mit la couronne sur sa tête, comme pour avertir ses soldats qu'ils combattaient pour leur prince légitime contre un prince rebelle. Mais le lord Stanley, l'un de ses généraux, qui depuis long-temps voyait avec horreur cette couronne souillée par le meurtre et le parricide, trahit son indigne maître, et passa du côté des Lancastre avec les troupes qu'il commandait. Richard, voyant la bataille désespérée, ne voulut point survivre à sa ruine ; il chercha, et reçut dans les rangs ennemis une mort plus glorieuse qu'il ne la méritait. Cette journée mit un terme aux malheurs dont la *rose blanche* et la *rose rouge* avaient accablé l'Angleterre ; le comte de Richemont fut couronné sous le nom d'Henri VII, et, par son mariage avec Élisabeth, fille d'Édouard IV, il réunit enfin tous les droits des maisons de Lancastre et d'York. Il eut pour fils et pour successeur le fameux Henri VIII.

(30) *La pucelle à Théroigne a légué ses vertus.*

Nom trop malheureusement fameux, pour qu'il soit nécessaire de faire sentir l'ironie amère de ce rapprochement. Cette femme fut renfermée comme folle à la Salpêtrière, où elle est morte depuis.

(31) *La popularité n'en défend pas Henri.*

Pendant long-temps l'œil de l'étranger a cherché vainement sur le Pont-Neuf la statue du meilleur des princes. Des brigands, qui s'appelaient *le peuple*, avaient détruit ce beau monument de l'amour des Français et du ciseau de Jean de Boulogne; mais la mémoire de ce prince était hors des atteintes du vandalisme. Sa statue a été relevée par l'héritier de son sceptre et de ses vertus, qui comme lui commande l'amour de ses sujets, la confiance et l'admiration de l'Europe.

CHANT HUITIÈME.

L'IMAGINATION,

POËME.

CHANT HUITIÈME.

LES CULTES.

Image de son Dieu, favori de son roi,
L'homme venait de naître; et, soumis à sa loi,
Les animaux vivaient sans révolte et sans guerre (1);
Mais tous d'un front servile ils regardaient la terre :
Leur souverain, lui seul, marchant au milieu d'eux,
Levait un front sublime et regardait les cieux.
Les cieux l'entretenaient d'un Dieu, l'auteur des mondes,
Mais de l'immensité les demeures profondes
A ses foibles regards le dérobaient encor.
L'Imagination, par un sublime essor,
Emporta ses pensers vers le souverain Être,
L'approcha de son trône, et lui montra son maître;
De la bonté divine il adora les traits,
Et revint sur la terre imiter ses bienfaits.
Quel ami des tyrans, quel apôtre du crime
Attenta, le premier, à cette foi sublime

D'un dogme consolant destructeur odieux (²),
Éteins donc le soleil, éclipse donc les cieux ;
Au cri du monde entier impose donc silence.
Le monde à haute voix proclame sa puissance ;
Le remords éloquent nous en parle tout bas :
Où Dieu n'existe plus la morale n'est pas.
Ainsi la noble fleur, au grand astre si chère,
Languit s'il disparaît, revit dès qu'il l'éclaire.
Mais l'homme, que des sens enchaîne le pouvoir,
Eût oublié bientôt un Dieu qu'on ne peut voir :
Sa bonté de trop loin rassurait l'innocence ;
De trop loin les méchants redoutaient sa vengeance ;
Et lancés de la terre à la voûte des cieux,
Un intervalle immense eût fatigué nos vœux.
Alors, fille du ciel, la religion sainte,
Conduisant sur ses pas l'espérance et la crainte,
Vint combler cet abîme, et, nous servant d'appui,
Par le culte de Dieu nous rapprocha de lui.
L'autel devint son trône, et la douce prière
Mit le ciel en commerce avec l'humble chaumière ;
Le malheur éploré tendit ses bras vers Dieu ;
L'homme connut un culte, en tout temps, en tout lieu ;
L'encens a parfumé les monts les plus antiques,
Et l'écho du désert répéta des cantiques.

Base auguste des lois, lien de l'univers,
La religion sainte est l'objet de mes vers :
Mais, tel qu'un voyageur sur les mers orageuses
Cherchant où sa patrie, ou les îles heureuses,

CHANT VIII.

A travers cent périls et cent monstres affreux,
Doit par de longs détours acheter ces beaux lieux ;
Tels, avant d'arriver à cette foi si pure,
Noble fille du ciel, amour de la nature,
Combien de cultes vains, bizarres ou pervers,
A l'homme humilié vont s'offrir dans mes vers !
Il faut les peindre ; il faut, dans son délire extrême,
De ce hideux tableau l'épouvanter lui-même.
Toutefois c'est trop peu d'offrir aux nations
Ces absurdes ramas de superstitions,
Sur ces rêves menteurs, que l'erreur déifie,
Je veux porter le jour de la philosophie,
En chercher le berceau, vous montrer d'un coup d'œil
Comment la peur, l'espoir, l'intérêt et l'orgueil,
Les mœurs et les climats, et les fourbes célèbres,
Ont de l'esprit humain épaissi les ténèbres ;
Comment, les yeux voilés, l'Imagination,
Suivant ou conduisant la vague opinion,
Des dieux tristes ou gais, sanglants ou débonnaires,
Adopta tour à tour ou créa les chimères ;
Et, trompeuse ou trompée, en cette nuit d'erreurs,
Entraîna les esprits et séduisit les cœurs.
Vaste et riche tableau ! scène immense et féconde
Des crimes, des vertus, et des temps, et du monde !
Le projet est hardi, je ne cèle pas ;
Mais des sentiers battus je détourne mes pas :
Loin du vieil Hélicon ma muse étend ses ailes ;
Il est temps de puiser dans les sources nouvelles ;

Il est temps de marcher couronné de festons
Dont nuls chantres encor n'ont ombragé leurs fronts.
　Aux cultes différents qui donna la naissance (3) ?
Fut-ce d'abord la crainte ou la reconnaissance ?
Repoussons loin de nous un doute injurieux :
Oui, la reconnaissance a fait les premiers dieux.
Ainsi, des nations la noble idolâtrie
Honora les mortels amis de la patrie.
Je sais qu'il est des lieux où fameux à grands frais,
Le mérite, à prix d'or, fait payer ses bienfaits ;
Mais de l'antiquité le respect économe,
Aisément acquitté, faisait un dieu d'un homme ;
L'Olympe se chargeait des dettes des mortels :
Un peu d'encens brûlé sur de grossiers autels
Récompensait les arts, les vertus, la victoire,
Et mêlait sa fumée à celle de la gloire.
　Ce prix, au vrai mérite accordé par l'amour,
Les vices adorés l'obtinrent à leur tour.
O honte ineffaçable ! ô bassesse de Rome !
Ce peuple, jadis roi, qu'asservit un seul homme,
A peine délivré de l'auguste bourreau,
Entre le tyran mort et le tyran nouveau,
Ne respire un moment de ces destins funestes
Que pour déifier ses détestables restes ;
Pour honorer un monstre il outrage les dieux ;
Et, du bûcher royal élancé jusqu'aux cieux,
L'aigle servile emporte, au séjour du tonnerre (4),
Cette âme, ainsi qu'au ciel, exécrable à la terre.

CHANT VIII.

Ainsi, d'un culte vil se souillant sans remords,
La crainte des vivants fit honorer les morts.
L'homme se plaît à craindre ; et la reconnaissance,
Et l'amour idolâtre, et la douce espérance,
Créèrent moins de dieux, dans leurs nobles erreurs,
Qu'un cœur pusillanime et ses lâches terreurs.
Au fond de leurs forêts, que de peuples sauvages
Des dieux les plus hideux préfèrent les images !
C'est en les redoutant qu'ils vont les honorer,
Et les yeux n'osent voir ce qu'on ose adorer.

Des démons, des esprits les fables ridicules
Épouvantent encor cent nations crédules.
Voyez le froid Lapon dans son affreux séjour,
Jeté loin du soleil et des routes du jour,
Ses rennes pour tout bien, leur lait pour nourriture,
Par sa pauvreté même à l'abri de l'injure,
De son peu de besoin composant son trésor ;
Un si triste bonheur lui suffirait encor ;
Mais des malins esprits l'aspect affreux l'assiége.
En vain dans ses foyers, sur ses tapis de neige (5),
De son tambour magique il redouble le bruit ;
La secrète terreur qui toujours le poursuit
Trouble cette âme simple, et sous sa hutte obscure
Vient ajouter aux maux que lui fit la nature.
Et le bon Indien qui, caché dans ses bois,
Ne connait que son chien, son arc et son carquois,
Tout entier au présent, sans soins, sans prévoyance,
Quels maux pouvaient troubler sa brute insouciance ?

Mais la peur des démons l'attend à son réveil,
Vient troubler ses travaux, son repas, son sommeil ;
Pour tromper leur fureur et conjurer leur rage,
D'offrandes, en tremblant, il sème leur passage.
O peuple infortuné ! puissent un jour les lois
De l'homme par degrés te remettre les droits !
Oh ! quel sage, gardant un heureux équilibre,
Sans se rendre tyran, saura le rendre libre,
Et sans le déchaîner saura briser ses fers !
Mais aux champs de Colomb quels sons frappent les airs
Partout l'assassinat, le meurtre, l'incendie,
Et partout la fureur jointe à la perfidie.
Que de champs dévastés ! que de sang et de pleurs [6] !
Cruels, voulez-vous donc mériter vos malheurs ?
Votre instinct était pur, et des accès de rage
Sont de votre raison l'horrible apprentissage.

De là si je parcours tous ces peuples divers,
Qu'entourent du Midi les orageuses mers,
Au lieu des dieux riants, des mensonges aimables,
Dont souvent la raison daigne approuver les fables,
Partout je vois la crainte encenser les autels,
Partout les noirs esprits tourmentent les mortels ;
L'homme aveugle les craint pour lui, pour sa famille,
Pour les jours de son fils, pour l'honneur de sa fille ;
Et l'époux, successeur de quelque esprit malin,
De ses amours furtifs reconnaît le larcin.

A ces dieux effrayants, l'horreur de la nature,
Qui ne préférerait ce dieu que d'Épicure

CHANT VIII.

Un disciple autrefois dans l'Inde a transporté,
Et que chez les Romains Lucrèce avait chanté?
Ce dieu dort: trop heureux! sans sceptre, sans tonnerre,
Les crimes des tyrans, les horreurs de la guerre,
Il ne répond de rien; il n'a point l'embarras
De régir ce troupeau de méchants et d'ingrats;
Il n'entends point les chants de l'horrible victoire
D'un massacre fameux lui rapporter la gloire :
Le sort règne pour lui : tels d'un roi fainéant
Nos ancêtres jadis adoraient le néant;
Ou tels, en sommeillant des magistrats augustes
Prononcent des arrêts que le hasard rend justes.
Un tel dieu fait injure à la Divinité,
Et sa religion est une impiété,
Je le sais; mais du moins de ces douces chimères
Si l'âme espère peu, l'âme aussi ne craint guères,
Et l'homme seul du moins peut effrayer son cœur.
Mais l'intérêt surtout fut père de l'erreur;
Il calomnia tout jusqu'à l'astre du monde;
Et tandis qu'enrichi par sa chaleur féconde
L'heureux Persan l'adore, en leurs déserts affreux
Les noirs peuples du Nil insultent à ses feux (7):
Tant le vil intérêt, cœurs faibles que nous sommes,
Fait les mœurs et les lois, et les dieux et les hommes!
N'est-ce pas l'intérêt qui, plus puissant encor,
Chez un peuple indien a fait un dieu de l'or?
Sur l'exemple, il est vrai, son hommage se fonde,
Et cette idolâtrie est le culte du monde.

Eh! qui pourrait compter les préjugés divers
Qui font de l'intérêt le dieu de l'univers?
Voyez-vous en tous lieux ses arts, son industrie,
Déterminer le choix de son idolâtrie?
Sur les bords où vos mers reçoivent sur leur sein
D'heureux navigateurs un innombrable essaim,
O Maldives! combien j'aime la noble fête
Qu'aux vents, maîtres des mers, tous les ans on apprête (8)!
Le jour vient : de parfums à grands frais rassemblés
D'innombrables canots à la fois sont combles;
Des feux sont allumés; les flammes dévorantes
Bientôt ont parcouru les feuilles odorantes;
De mille cris joyeux les vallons sont frappés;
On s'élance, et soudain tous les câbles coupés
Abandonnent aux flots les barques vagabondes;
Le flottant incendie éclaire au loin les ondes,
Et, parfumant les cieux, et la terre et les mers,
Va porter cet encens aux puissances des airs.
Culte heureux, que la Grèce eût envié peut-être!

 Dirai-je les erreurs que l'orgueil a fait naître?
L'orgueil a consacré des temples aux mortels;
L'orgueil au singe même érigea des autels;
Et de la vanité le ridicule hommage
De l'homme dans ses traits divinisa l'image.
L'orgueil dicta souvent nos prières, nos vœux;
L'orgueil préside à tout. Quel tribut à ses dieux
Offre cet Indien, de qui la chevelure
Se relève en anneaux bouclés par la nature?

CHANT VIII.

C'est ce ruban frisé, qui va s'amincissant
Sous le rabot léger qui l'enlève en glissant.

De tant de passions la plus riche en prestiges
C'est l'amour du nouveau, c'est l'amour des prodiges.
L'homme a dans ses plaisirs besoin d'étonnement;
Ce qu'il voit tous les jours, il le voit froidement.
Dès lors, dénaturant les effets et les causes,
Il peuple l'univers de ses métamorphoses.
Tantôt du cœur séduit la complaisante erreur,
Au gré de l'espérance, au gré de la terreur,
Adore, je l'ai dit, ce qu'il craint, ce qu'il aime,
Et tout est dieu pour l'homme, excepté Dieu lui-même (9);
Tantôt ce sont les arts, les éléments divers,
Qui choisissent des dieux à l'aveugle univers :
Tels on vit naître Isis, Triptolème, Mercure :
Tout est surnaturel dans toute la nature.
Tantôt l'esprit crédule est la dupe des sens :
Les vents sifflent, ce sont les mânes gémissants
Qui, pour le visiter quittent les noirs royaumes;
Il donne une âme aux corps, donne un corps aux fantômes;
Pour lui tout est céleste, infernal, merveilleux,
Et le plus incroyable est ce qu'il croit le mieux.

Du monde des humains inexplicable histoire!
Partout c'est le besoin d'adorer et de croire;
Il semble qu'en secret, de son cœur fatigué,
Sans raison et sans choix l'homme l'ait prodigué.
On se rappelle encor ce fameux Démocrite,
Le contraste éternel du pleureur Héraclite;

Oh ! que ce Grec moqueur, philosophe joyeux,
Pour mieux rire de l'homme, a dû rire des dieux !
Quels mensonges grossiers, quels rêves ridicules
Ne consacrèrent pas ses hommages crédules !
Du culte du soleil, des célestes flambeaux,
Voyez l'homme descendre aux plus vils animaux (10) !
Là, devant un insecte il se courbe avec joie ;
Ici son dieu mugit, et plus loin il aboie.
Voyez-vous, décoré d'ornements somptueux,
L'éléphant dieu marcher d'un pas majestueux !
Fier monarque des bois, ah ! du moins ta sagesse
Put de l'homme crédule absoudre la faiblesse ;
L'homme te crut doué d'un céleste rayon,
Et ton instinct sublime excuse sa raison.
Mais le tigre cruel, mais le lion sauvage,
Qui l'eût cru, que de l'homme ils obtinssent l'hommage
Eux qui du sang humain font couler des torrents ;
Qui l'eût cru, s'il n'eût point adoré des tyrans ?

Parcourrai-je avec vous ces bords où, plus grossière,
La raison jette à peine une faible lumière ?
C'est là que dans l'erreur bien plus enseveli,
Par ses divinités l'homme est plus avili.
Voyez le Samoïède en son climat sauvage,
Si son dieu répond mal à son stupide hommage,
Il RADOTE, dit-il ; et gardant son encens,
Il attend que le dieu reprenne son bon sens.

Sur ces riches plateaux foulés par les Tartares,
Des Scythes inhumains successeurs plus barbares,

CHANT VIII.

Pour l'homme idolâtré par leur stupidité
Qui ne connait l'excès de leur crédulité?
De lui tout est sacré, de lui rien n'est immonde;
Rois, princes, potentats, dominateurs du monde (11),
Attendez que du jour l'astre majestueux
Sèche de ses rayons purs et respectueux
Le rebut adoré des festins qu'il consomme,
Qui trahit dans un dieu les vils besoins de l'homme :
Voilà vos ornements, vos colliers, vos bijoux,
Et l'excrément divin vous enorgueillit tous.

Le stupide habitant de l'indien rivage,
A force de folie, est peut-être plus sage.
Jouet de ses tyrans, mais tyran de ses dieux,
Nul d'eux ne l'asservit, lui seul dispose d'eux.
Au premier mouvement dont son âme est saisie,
Voyez-le se créer des dieux de fantaisie;
Ses malheurs, ses succès, sa haine, son amour,
Font, défont et refont ces déités d'un jour;
Il offre un culte au fer, à la tuile, à la terre;
Apostat d'une plante, il adore une pierre;
Un hasard fait l'idole, un hasard la détruit;
Il l'achète, il la vend, il l'adore, il la fuit.
De nos fous d'autrefois la ridicule espèce
Changeait moins de magots, de mode et de maîtresse;
Tant l'ignorance ajoute à la crédulité !

Que dis-je? de l'esprit triste fatalité!
Soit qu'il veuille ignorer, soit qu'il veuille s'instruire,
D'un délire souvent il sort par un délire;

Et vers la vérité qui lui montre un faux jour,
Souvent ses premiers pas l'égarent sans retour.
Aussi, dans ces amas d'erreurs inépuisables,
Combien n'enfanta point de rêves méprisables
Cet instinct curieux, ce besoin de savoir,
Qu'aiguillonne la crainte et qu'enhardit l'espoir !
Séduit par l'espérance, inspiré par la crainte,
Voyez-le du présent franchir l'étroite enceinte (12);
En vain l'impénétrable et profond avenir,
Couvert d'un voile épais, vers lui semble venir;
Il en veut à son gré pénétrer les nuages;
Son esprit inquiet en cherche les présages
Dans le feu de l'éclair, dans les flancs du taureau,
Et dans son vol rapide interroge l'oiseau.
Soit que nous prédisant les beaux jours et l'orage,
Son instinct prophétique ait surpris notre hommage;
Soit que fuyant la terre et s'approchant des cieux,
Il semble entretenir commerce avec les dieux,
Hélas ! en poursuivant sa course vagabonde,
Il est loin de penser qu'il fait le sort du monde :
D'un seul cri, d'un coup d'aile, il décide un combat;
Rois, tremblez ! il vous ôte ou vous donne un état;
Il épouvante un sage, intimide un grand homme,
Et les poulets sacrés guident l'aigle de Rome.

 Peut-être que rendus par la voix des mortels,
Les oracles feront moins de honte aux autels.
Eh bien ! dieux des vieux temps, devins, fourbes sans nombre,
Couvrez-vous de mystère, enfoncez-vous dans l'ombre,

CHANT VIII.

En termes ambigus prononcez votre loi,
Et vendez aux humains l'espérance et l'effroi.
Déjà l'Ambition, acquittant ses promesses (13),
Sur l'autel mercenaire entasse ses largesses ;
L'Ambition, pareille au monstre audacieux
Qu'on peint foulant la terre, et le front dans les cieux,
Qui, des menteurs sacrés protectrice puissante,
Achète des autels la faveur complaisante,
Aux trônes des trépieds prostitua la voix,
Et fit souvent des dieux les ministres des rois.
A ses pieds est la Fourbe, et vaine et mensongère,
D'une main conduisant l'Opinion légère,
De l'autre soutenant des voiles, des bandeaux,
Baguettes, talismans, amulettes, anneaux,
Tout ce que, de l'Orgueil trop adroite complice,
L'Imagination lui prête d'artifice.

Ne croyez pas pourtant que des rois et des dieux
Le contrat fut toujours un contrat odieux :
Non, de ces deux pouvoirs l'union légitime
N'a pas été toujours le pacte affreux du crime.
Osons sans intérêt, sans préjugés, sans fiel,
Peser ce grand accord de la terre et du ciel.

Lorsque loin des forêts qu'habitaient ses ancêtres (14),
Le peuple eut des cités, des princes et des prêtres ;
Pour policer ce peuple, hôte grossier des bois,
Le prêtre fit un culte, et le prince des lois.
Mais de l'homme encor brut l'altière indépendance
Des pouvoirs séparés fatiguait la prudence ;

Alors un grand traité fut proposé par eux ;
Alors l'homme des lois dit à l'homme des dieux :
« Unissons les pouvoirs que notre rang nous donne ;
Je défends ta tiare, affermis ma couronne ;
Pour leur propre intérêt lions nos ennemis,
Libres, mais gouvernés ; fortunés, mais soumis ;
Et, consacrant un nœud que l'intérêt resserre,
Joins les foudres du ciel aux foudres de la terre. »
Le traité fut conclu : sous des rois généreux,
Sous des pontifes saints ce traité fut heureux ;
Et le peuple, oubliant sa rudesse sauvage,
Connut l'obéissance, et non pas l'esclavage.
Trop heureux les états où ce sublime accord
Au bonheur du plus faible enchaîna le plus fort !

Ainsi, de nos erreurs examinant la course,
Dans nos secrets penchants j'en découvris la source ;
J'en suivis les effets ; mais je n'ai pas encor
De la tradition déployé le trésor ;
Vieille divinité qui, trompeuse et légère,
Propagea des faux dieux la race mensongère,
Et, des bords de Memphis étendue en tous lieux,
Sous mille traits divers reproduisit les dieux.
Voyons comme, en suivant sa marche et ses vestiges,
L'Imagination y joignit ses prestiges.

Dans l'Égypte d'abord un seul Dieu fut connu :
Et quand sur sa grandeur le ciel se serait tu,
Le Nil, dont tous les ans le retour la rassure,
Proclamait assez haut le Dieu de la nature.

CHANT VIII.

Mais les grands, dans le fond d'un sanctuaire obscur (15),
Conservaient du vrai Dieu le culte toujours pur,
Et de vaines erreurs ils amusaient la foule.

Ainsi, quand du pressoir le jus brillant s'écoule,
On garde le nectar le plus délicieux
Pour la coupe des rois et les banquets des dieux;
Et la lie au hasard enivre le vulgaire.

Des cultes différents dont l'Égypte est la mère,
L'un, aux lois d'un seul Dieu fidèlement soumis,
Par le divin Moïse aux Hébreux fut transmis;
Les Hébreux, dont la race en prodiges féconde
Remonte dans les temps jusqu'au berceau du monde.
Jamais législateur par des traits si puissants
Ne frappa la pensée et n'ébranla les sens.
A l'Hébreu pour monarque il donne un Dieu suprême;
Ce Dieu le récompense et le punit lui-même;
Dans les flots suspendus il lui fraie un chemin,
Ce Dieu, dans le désert, le conduit par la main.
Nourri par un prodige, instruit par des oracles
Il ne marche jamais qu'entouré de miracles :
Reçoivent-ils la loi du roi de l'univers,
C'est au bruit de la foudre, aux lueurs des éclairs.
Aussi cette loi sainte, avec terreur suivie,
Saisit tous leurs pensers, soumet toute leur vie,
Les accompagne aux champs, aux combats, aux festins;
Elle règle leurs mets; elle ordonne leurs bains,
Les suit dans leurs foyers, leur parle dans le temple;
Sur des tables d'airain leur respect la contemple.

Dans quelle nation, chez quel peuple, en quel lieu,
Un culte plus auguste a-t-il honoré Dieu ?
Les candélabres d'or, les pierres précieuses,
Des lévites en chœur les voix mélodieuses,
Les parfums, les métaux, les arts les plus vantés,
Tout rehaussait l'éclat de leurs solennités.
Mont sacré de Sion, redis-moi quels cantiques,
Quels hymnes résonnaient sous tes palmiers antiques !
L'esprit divin lui-même y répandait son feu ;
Partout la voix, la main et le regard de Dieu.
Ainsi, marqués dès lors d'un sceau que rien n'altère,
Ils en ont conservé le profond caractère.
A travers tant d'états, d'âges, de lieux divers,
Avec leurs vieilles lois parcourant l'univers,
Seuls ils sont demeurés sur sa base profonde,
Comme ces vieux rochers contemporains du monde.

 Tandis qu'un peuple saint portait dans le saint lieu
La loi de l'Éternel et l'autel du vrai Dieu,
Des dieux menteurs du Nil, de leurs brillants génies,
La Grèce dans son sein reçut les colonies.
Mais comme un étranger, admis dans nos remparts,
Façonné par nos mœurs et formé par nos arts,
Perd insensiblement ses coutumes grossières,
Ennoblit son maintien et polit ses manières,
Tels ces dieux adoptifs, dans la Grèce accueillis,
De leurs attraits nouveaux furent enorgueillis,
Le ciseau leur donna les plus aimables formes,
A l'Égypte laissa ses colosses énormes :

CHANT VIII.

Sans être monstrueux, ils parurent plus grands,
Et l'art en fit des dieux, et non pas des géants.
Par quelle adresse encor ses utiles chimères
De l'homme ont rapproché ces dieux imaginaires!
Sur la terre autrefois, laboureurs ou bergers,
Ils soignaient les moissons, les troupeaux, les vergers;
L'homme est prompt à chérir l'être qui lui ressemble,
Sur la terre embellie ils habitaient ensemble;
Compagnons de plaisirs, de peines, de travaux,
Ils eurent, comme nous, et leurs biens et leurs maux,
Et, sans aucun effort, la faiblesse mortelle
S'élevait à des dieux qui descendaient vers elle.
Rien de dur, rien de triste autour de leurs autels;
Des danses et des chants fêtaient ces immortels.
Moi-même, tout à coup, plein d'un heureux délire,
Je vois encor ces dieux, j'entends encor la lyre;
J'attelle avec des fleurs les pigeons de Cypris;
Sur son arc radieux je fais glisser Iris:
Profanes, loin d'ici! près de cette onde pure
Les nymphes de Vénus détachent sa ceinture.
Ainsi la fable antique, en vers mélodieux,
Avec profusion jeta partout des dieux:
Tout connut son génie et son dieu tutélaire,
Et le moindre côteau fut l'Olympe d'Homère.
Et ne demandez pas comment de ces erreurs
Le charme si long-temps put séduire les cœurs;
L'Imagination s'en était amusée,
Et la Raison craignit d'être désabusée :

Ainsi l'amant crédule, au moment du réveil,
Nourrit le rêve heureux qui charma son sommeil.

  A ces dieux si riants, empruntés de la Grèce,
Rome, plus sérieuse, imprima sa sagesse.
L'Olympe de Numa fut plus majestueux,
Mercure moins fripon, Mars moins voluptueux;
Jupiter brûla moins d'une flamme adultère,
Vénus même reçut un culte plus sévère.
Admirez par quel art le peuple souverain
Même par ses erreurs soumit le genre humain!
Lorsque de mille états la folle idolâtrie
Dégradait la raison sans servir la patrie,
Le sénat, s'emparant des superstitions,
Employa sagement leurs folles visions;
C'est par là qu'il régnait, par là que sa sagesse
D'un peuple turbulent sut maîtriser l'ivresse :
Le bonnet du pontife asservit à ses lois
Le casque des guerriers, la couronne des rois;
De vains rêves servaient une raison profonde,
Et le sceptre augural fut le sceptre du monde.
O honte glorieuse! utile déshonneur!
Le Romain fuit : au nom de Jupiter Stateur,
Il s'arrête; un beau temple en garde la mémoire,
Et ce temple à jamais commande la victoire :
Ainsi leurs dieux servaient la grandeur de l'État.

  Avec plus de noblesse encore et plus d'éclat,
De la religion la pompe solennelle
Consacrait la victoire et marchait devant elle

CHANT VIII.

Et du pied des autels semblait dire aux humains :
« Rome commande au monde, et le ciel aux Romains. »
Le juste ciel sans doute abhorrait ces conquêtes ;
Mais si quelque vertu peut expier ces fêtes,
C'est que Rome honora, dans ses jours de splendeur,
Ces simples déités qui firent sa grandeur :
Le dieu du Capitole habita des chaumières (16).
Loin de ces chars sanglants, de ces pompes guerrières,
Où le sang des taureaux, satisfaisant aux dieux,
Du sang humain versé rendait grâces aux cieux,
Que j'aime à revoler vers ces fêtes champêtres
Où Rome célébrait les dieux de ses ancêtres !
La déesse des blés, et le dieu des raisins,
Les nymphes des forêts, les faunes, les sylvains,
Toi surtout, toi Palès, déité pastorale !

A peine blanchissait la rive orientale (17),
Le berger, secouant un humide rameau,
D'une onde salutaire arrosait son troupeau.
« O Palès ! disait-il, reçois mes sacrifices,
Protége mes brebis, protége mes génisses
Contre la faim cruelle et le loup inhumain ;
Que je trouve le soir le nombre du matin ;
Qu'autour de mon bercail, vigilant sentinelle,
Sans cesse en hâtelant rôde mon chien fidèle ;
Que mon troupeau connaisse et ma flûte et ma voix ;
Que le lait le plus pur écume entre mes doigts ;
Rends mon belier ardent, et mes chèvres fécondes ;
Puissent de frais gazons, puissent de claires ondes,

Dans un riant pacage arrêter mes brebis!
Que leur fine toison compose mes habits;
Et, quand le fuseau tourne entre leurs mains légères,
Ne blesse pas les doigts de nos jeunes bergères (18) ! »

Il dit, et tout à coup un faisceau pétillant
S'allume, et dans les airs s'élève un feu brillant,
Que trois fois, dans sa vive et folâtre allégresse,
D'un pied léger franchit une ardente jeunesse (19).
Jeux charmants, vous régnez encor dans nos hameaux!
Eh! qui n'est point ému de ces riants tableaux?
La superstition sied bien au paysage;
Triste dans les cités, elle est gaie au village;
Et le sage lui-même aime à voir, en ces vœux,
La terre à ses travaux intéressant les cieux.

Dirai-je quelle heureuse et sage politique (20)
Joignit à tous les dieux de l'empire italique
Un pouvoir plus obscur et plus puissant encor?
Le dieu Terme est son nom : aux jours de l'âge d'or
Il n'avait point d'autel; alors aucun partage
Ne profanait des champs le commun héritage;
Mais quand chaque mortel eut son champ séparé,
Dieu juste! pour chacun ton nom devint sacré.
Tu bornes les cités, les hameaux et l'empire;
Rien ne peut t'ébranler, rien ne peut te séduire;
Cher à deux possesseurs, fidèle à deux voisins,
Du soc usurpateur tu défends leurs confins;
Aussi des deux côtés, sur la même colonne,
Chacun vient déposer son gâteau, sa couronne,

CHANT VIIII.

Et nul impunément n'ose enfreindre tes droits :
Deux Gracques ont péri victimes de tes lois.
Quand Jupiter parut au nouveau Capitole (21),
Tous les dieux firent place à l'imposante idole,
Toi seul gardas la tienne, et toi seul es resté !
Noble image des droits de la propriété :
Droits puissants, droits sacrés, et sur qui seuls se fonde
Et le bien des états, et le repos du monde.
Ainsi parlait, priait, ce peuple de vainqueurs :
Ses mœurs faisaient ses dieux, ses dieux gardaient ses mœurs.

Mais passons, il est temps, de ces fêtes publiques,
Des temples de l'État aux temples domestiques
Où régnaient humblement les dieux hospitaliers.
Je ne sais quoi me plaît dans leurs humbles foyers :
L'homme pouvait les voir, les prier à toute heure ;
Ils avaient même table, avaient même demeure ;
Ils soignaient de plus près sa vertu, son bonheur,
De la vierge modeste ils protégeaient l'honneur ;
Présidents des festins, confidents des alarmes,
Ils partageaient sa joie et recueillaient ses larmes.
Sous le toit parfumé de leur humble réduit,
L'Imagination moi-même me conduit.
J'aime à voir tous les ans le père de famille,
Rassemblant son épouse, et son fils et sa fille,
Présenter pour tributs, à ces dieux innocents,
Quelques gouttes de lait et quelques grains d'encens ;
Heureux d'en obtenir, par un si simple hommage,
L'aisance et le repos, les premiers biens du sage !

Mais malheur à ces dieux, si l'hommage était vain !
Leurs sujets révoltés les punissaient soudain,
Et de leurs vœux frustrés leur infligeaient la peine.

Le sage observateur de la nature humaine
Se plaît à rencontrer, dans des climats divers,
Et les mêmes vertus et les mêmes travers.
La Chine, ainsi que Rome, a ses dieux du ménage;
Ainsi qu'à Rome, objets et d'insulte et d'hommage,
Récompensés, fêtés dans un jour de bonheur,
Dans un jour désastreux délaissés sans honneur;
Avec eux on se brouille, on se reconcilie.
De là si je parcours la nouvelle Italie,
Je ris d'y retrouver l'erreur des vieux Romains.
Et qui ne connaît pas le plus fêté des saints,
Ce bon Antonio, qu'importune sans cesse
D'un dévot ignorant la crédule faiblesse ?
Il le fait le garant de sa félicité,
Du jeu, de la faveur, du cœur de sa beauté,
Des caprices du sort, de son propre caprice;
Il lui demande grâce, ou bien en fait justice;
Et vingt fois sacrilége et dévot en un jour,
L'aime, le hait, le baise et le bat tour à tour.
Ainsi tout se ressemble, ainsi l'erreur voyage,
Passe d'un monde à l'autre, et vole d'âge en âge.

Enfin quand nous cherchons par quels ressorts divers
Les préjugés sacrés ont rempli l'univers,
Pouvons-nous oublier sur le simple vulgaire
Ce que peut le génie et le grand caractère ?

CHANT VIII.

Tels de la renommée ont atteint le sommet,
Zoroastre, Numa, toi surtout, Mahomet,
Dont l'Orient entier garde encor la mémoire.
Tel finit par tromper, qui commença par croire :
D'abord enthousiaste, et bientôt imposteur,
Un rêve prépara sa future grandeur (22) :
O pouvoir d'un grand homme et d'une âme profonde !
Il rêve ; et son délire a fait le sort du monde.
Un songe, une colombe, un glaive et l'alcoran,
Dans l'histoire ont placé son terrible roman,
Dont les sanglants feuillets, tracés par la victoire,
A la saine raison font horreur de sa gloire ;
L'ignorance farouche et la fatalité,
Et l'idole des sens, l'ardente volupté,
Comme trois fiers coursiers sous un maître intrépide,
Ont dans des flots de sang roulé son char rapide ;
Et, sous ces étendards vainqueurs de l'univers,
Une moitié du monde adore encor ses fers.

Après le fier torrent qui, gonflé par l'orage,
Tombe, roule et bondit, gros d'écume et de rage,
L'œil aime à rencontrer ce fleuve sans courroux,
Qui suit dans les vallons son cours paisible et doux :
Tel ce Confucius, l'ami de la nature,
Versait d'une âme tendre une morale pure ;
Tous deux hommes d'état, tous deux législateurs,
Et de l'esprit public éloquents fondateurs,
Semblèrent emprunter, pour éclairer la terre,
L'un les doux feux du jour, l'autre ceux du tonnerre.

Ne peut-on pas encor dans les religions
Reconnaître l'esprit, les mœurs des nations ?
Sur l'amour du repos appuyant son empire,
Un culte simple et doux au Midi peut suffire;
Mais dans les champs du Nord, où le terrible Mars
A son arc, son carquois, son tonnerre et ses chars,
Odin, le grand Odin, aux âmes valeureuses
Va montrer des houris les demeures heureuses.
Ce n'est plus ce ciel calme où, dans un doux loisir,
Régnaient l'aimable paix et l'innocent plaisir;
Les exploits éclatants, et le doux bruit des armes,
D'un paradis guerrier leur présentent les charmes;
Amoureux des dangers, mais exempts du trépas,
Quittent-ils tout sanglants la scène des combats,
Des plus fraîches beautés une foule choisie
Vient étancher leur sang, leur verser l'ambroisie;
Puis chacun prend sa lance, et passe tour à tour
Des plaisirs aux combats, des combats à l'amour.
Je crois voir des Français la grâce et la vaillance.

Les climats même, enfin, ont aussi leur puissance;
L'habitant des rochers ou des marais fangeux,
Sur les monts, dans les eaux, pense trouver ses dieux;
Mais sous un ciel plus pur les fils des Zoroastres
Adorent à genoux le roi brillant des astres.
Que dis-je? ô dieu du jour! est-il quelques mortels [23]
Qui ne t'aient consacré des temples, des autels?
Le Perse t'encensa, le Mexicain t'adore;
Ton triomphe commence où commence l'aurore,

Et s'étend aux lieux même où ton char n'atteint pas;
Le Sarmate t'invoque au milieu des frimas;
Et, t'adressant de loin son cantique sauvage,
Le Lapon tout transi t'offre encor son hommage.
Ainsi, des noirs frimas au ciel le plus ardent,
Et du berceau du jour aux portes d'occident,
Loué par le regret ou la reconnaissance,
Tout bénit tes bienfaits ou pleure ton absence.
Ah! si l'homme est coupable en adorant tes feux,
Tes éternels bienfaits demandent grâce aux cieux.
Eh! qui méritait mieux d'usurper notre hommage
Que cet astre, des dieux la plus brillante image,
Qui dispense les ans, la vie et les couleurs,
Enfante les moissons, mûrit l'or, peint les fleurs,
Jusqu'aux antres profonds fait sentir sa puissance,
Revêt les vastes cieux de sa magnificence,
De saison en saison conduit le char du jour,
Nous attriste en partant, nous charme à son retour,
Eclaire, échauffe, anime, embellit et féconde,
Et semble, en se montrant, reproduire le monde?
Ame de l'univers, source immense de feu,
Ah! sois toujours son roi, si tu n'es plus son dieu!
Plaisirs, talents, vertus, tout s'allume à ta flamme;
Le jeune homme te doit les doux transports de l'âme,
Et le vieillard dans toi voit son dernier ami.
Eh bien! astre puissant, contre l'âge ennemi
Protége donc mes vers et défends ton poëte!
Verse encor, verse-moi cette flamme secrète,

Le plus pur de tes feux, le plus beau de tes dons :
Encore une étincelle, encor quelques rayons,
Et que mes derniers vers, pleins des feux du jeune âge,
De ton couchant pompeux soient la brillante image.

    Mais quoi ! pour le soleil j'oubliais son auteur !
Fuyez, dieux impuissants, devant le Créateur ;
Dieu, le vrai Dieu s'avance ; il veut que je publie (24)
De sa religion la sublime folie.
Ce n'est plus cette erreur, dont les séductions
A des divinités prêtaient nos passions :
Loin d'abaisser l'Olympe aux voluptés humaines,
Elle nous montre un Dieu se chargeant de nos peines ;
Nous montre des mortels s'élevant jusqu'à Dieu ;
Des folles passions elle amortit le feu ;
Elle commande aux sens, subjugue la nature,
Ne puise nos vertus qu'en une source pure.
Ces doux liens de père, et de fils et d'époux,
Au trône de Dieu même elle les suspend tous ;
Bien loin des vœux mortels place nos espérances,
Craint les prospérités, jouit dans les souffrances,
Joint l'homme à l'Éternel, joint les hommes entre eux,
Cultive sur la terre et cueille dans les cieux.
Comme ces cultes vains que l'erreur a fait naître,
L'Imagination ne lui donna point l'être ;
Ainsi que le soleil, les astres et les mers,
Elle sortit des mains dont sortit l'univers.

    Mais, telle qu'une reine en sa grandeur suprême,
Permet à d'humbles fleurs d'orner son diadème,

CHANT VIII.

L'Imagination eut l'honneur immortel
D'embellir sa couronne et d'orner son autel.
Quand les prophètes saints, dans leur sacré délire,
De sa grandeur future entretenaient leur lyre,
Tantôt comme un miel pur vantaient ses douces lois,
Tantôt de son tonnerre épouvantaient les rois;
Elle-même dictait leurs odes immortelles.
C'est elle qui, montrant les palmes éternelles,
Sous les yeux des tyrans, sous le fer des bourreaux,
Transformait des enfants, des femmes, en héros,
Et lorsque sous la terre, au fond des catacombes,
Vivants, ils habitaient le silence des tombes,
Dans ces noirs souterrains conduite par la foi,
L'Imagination charmait leur sombre effroi.
C'est elle qui, changeant tous leurs maux en délices,
Assaisonnait le jeûne, émoussait les cilices,
Mêlait les chœurs divins à leurs hymnes pieux,
Et du fond des tombeaux anticipait les cieux.
Avec non moins de zèle, aux jours de sa victoire,
De la religion elle servit la gloire.
Avant ces jours heureux, autour de ses autels,
Aucune pompe encor n'attirait les mortels;
Seule, sous l'œil de Dieu, dans sa douleur obscure,
Ses maux étaient sa gloire, et ses fers sa parure;
Mais lorsque des tyrans elle eut vaincu l'orgueil,
Alors elle jeta ses vêtements de deuil,
Prit et ses chants de joie et ses habits de fêtes.
L'Imagination, secondant ses conquêtes,

Vint parer son triomphe et hâter sa grandeur,
De ses solennités augmenta la splendeur ;
Des vierges, des martyrs, retraça les exemples ;
L'orgue majestueux retentit dans les temples,
Et les sens, entraînés par ces charmes puissants,
S'armèrent pour un culte armé contre les sens.

 Nature, apprête-toi ! Dieu s'avance ; prépare
Ton ciel le plus brillant, ton encens le plus rare ;
Tout s'assemble, tout sort : avec ordre rangé,
En chœurs harmonieux le peuple partagé,
Les prélats rayonnant de l'or brillant des mitres,
Les grands devant leur maître humiliant leurs titres ;
De vierges et d'enfants un innocent essaim,
En ceinture flottante, en longs habits de lin ;
Le cortége pieux, qui lentement s'avance,
Tantôt chantant, tantôt dans un profond silence ;
L'éclat des vêtements, la pompe des autels,
Faisant hommage à Dieu du luxe des mortels ;
Les drapeaux des guerriers, leur escorte brillante,
Leur foudre proclamant, d'une voix triomphante,
L'arbitre de la guerre et le Dieu de la paix ;
Autour du Saint des saints qui marche sous le dais,
Les encensoirs montant, remontant en mesure ;
Ces nuages de fleurs, encens de la nature ;
Tantôt un peuple entier tout à coup prosterné ;
Tandis que sur leur front humblement incliné,
Un prêtre ouvre le ciel, et, les mains étendues,
Leur verse ses faveurs à grands flots répandues :

CHANT VIII.

Tout enivre le cœur, les oreilles, les yeux ;
La terre est un moment la rivale des cieux :
Partout ce grand triomphe en offre à Dieu l'image.
Et quel lieu dans ce jour ne lui rend pas hommage !
Sous la zone brûlante, au séjour des hivers,
Au milieu des cités, dans le fond des déserts,
Sur ces rocs qu'entoura la ceinture des ondes,
Deux mondes à l'envi fêtent l'auteur des mondes.
Ces lieux mêmes, ces lieux où le culte naissant
N'a point de nos cités l'éclat éblouissant,
Les tabernacles d'or, les pompeuses arcades,
Le faste des habits, l'orgueil des colonnades,
Pour célébrer ce Dieu, né parmi des pasteurs,
N'ont-ils pas leurs festons, leurs guirlandes de fleurs?
Leur trône de gazon, leur tapis de verdure?
Souvent, dans ce grand jour, le Dieu de la nature
S'arrête, satisfait d'un reposoir grossier,
Sous l'ombrage d'un cèdre, à l'abri d'un palmier ;
Et plus sa fête est pauvre, et plus elle est touchante.

Mais si, dans tout l'éclat de sa pompe imposante,
Avec plus d'appareil que ces fameux Romains,
Je veux voir triompher le maître des humains,
J'irai dans cette ville en prodiges féconde.
Veuve du peuple roi, mais reine encor du monde :
C'est là, c'est dans ses murs, le siége de la foi,
Que sous les yeux d'un chef, père, pontife et roi,
Au milieu des palais, des temples, des portiques,
Et du faste moderne, et des pompes antiques,

Dieu se montre aux mortels dans toute sa grandeur,
En vain l'œil de l'impie en veut fuir la splendeur,
Dieu l'accable en secret de toute sa présence.
Malheureux, il est seul dans cette foule immense,
Et ses remords du moins confessent l'Éternel :
C'en est fait ; dans un ordre, et d'un pas solennel,
Dieu revient vers le temple et dans le sanctuaire ;
Sa majesté terrible a repris son mystère :
Là, se courbe en tremblant l'ange respectueux ;
Là, la religion vient lui porter ses vœux ;
La vertu son espoir, le remords ses alarmes,
Le bonheur son hommage, et le malheur ses larmes.
 Mais si le fanatisme entoure les autels,
Dieu ! quels torrents de maux menacent les mortels !
Oh ! si Dieu me prêtait cette voix solennelle
Qui proclama sa voix chez un peuple fidèle,
Je ne parlerais pas dans le fond des déserts ;
J'irais, je publirais devant tout l'univers
Cette loi non moins pure et non moins salutaire,
Aux mortels séparés par un double hémisphère ;
« Par les monts, par les mers, et surtout par vos dieux,
Aimez-vous, leur dirais-je, et vous plairez aux cieux. »
Mais, égarée, hélas ! par leurs fureurs bizarres,
L'Imagination les a rendus barbares ;
Tout est fourbe ou cruel dans ce vaste univers.
Je crois voir un grand temple, où cent cultes divers
De la crédulité se disputent l'hommage.
Tous ont leur sanctuaire ; et, dans sa

CHANT VIII.

L'air troublé, l'œil hagard, chacun vante sa foi :
« Venez, croyez, priez, adorez comme moi ;
Brama, le seul Brama mérite qu'on l'honore ;
Lama, le seul Lama mérite qu'on l'adore ;
Ce crocodile est dieu, gardez de l'insulter ;
A ce dragon divin gardez-vous d'attenter ;
Moi, je vois dieu dans l'air ; moi, je le vois dans l'onde ;
Profanes, à genoux devant l'astre du monde. »
  Et dans le même temple, aux pieds des mêmes dieux,
Que de cris obstinés ! que de chocs furieux !
Un mot, une syllabe enfante des volumes
Que dis-je ? les poignards ont remplacé les plumes,
Et la terre se change en théâtre d'horreur.
Ces lieux mêmes, ces lieux où je peins leur fureur (25) ;
Tout n'y parle-t-il pas de nos guerres sacrées ?
A l'aspect de ces tours par les feux dévorées,
Assis sur ce tombeau, je rêve tristement :
Celui que dans son sein caché ce monument
A dormi deux cents ans dans la nuit sépulcrale ;
Voilà sa mitre encore et sa croix pastorale.
Vingt autres après lui, dans l'ombre descendus,
Régnèrent dans ces murs sur de pieux reclus.
La mort moissonne tout, et des races sans nombre
Tombent, tombent sans cesse en cet abîme sombre.
Hélas ! et sur ses bords les mortels malheureux,
Suspendus un instant, se déchirent entre eux !
  Des Grecs plus modérés les dieux imaginaires
Rarement ont connu ces fureurs meurtrières ;

Leur temple était paisible, et ces dieux fraternels
Loin de les diviser unissaient les mortels.
Eh! qui ne connaît pas ces pompes annuelles
Qu'offraient au dieu du jour cent nations fidèles?
A peine commençaient les danses de Délos,
Tous les Grecs accourus s'élançaient sur les flots;
Le zéphyr se jouait dans leurs voiles pourprées,
Les vagues blanchissaient sous les rames dorées;
Couronnés de festons, peints de mille couleurs,
Les vaisseaux sur les mers formaient un pont de fleurs.
Apollon accueillait le saint pélerinage;
La Grèce tout entière inondait le rivage;
Tous aux mêmes autels priaient le même dieu,
Ne connaissaient qu'un culte et ne formaient qu'un vœu;
Et tous, conciliés par les mêmes mystères,
Attroupés en rivaux, se séparaient en frères.

Toutefois dans les camps, au milieu des combats,
Que le ciel ait souffert ces longs assassinats,
Mon esprit le conçoit; mais dans le sanctuaire,
Quels dieux ont pu souffrir un culte sanguinaire?
O Dieu bon! j'avais cru que tes puissantes mains
Avaient mis la pitié dans le cœur des humains;
Mais quelque nation que mon œil envisage,
Je rencontre partout ces pompes du carnage.
Les Grecs même ont connu ces cultes odieux.
O Français! rougissez pour vos tristes aïeux!
Souvent encore aux lieux de ces horribles scènes,
Le voyageur, errant dans les vieilles Ardennes (26),

CHANT VIII.

Rencontre avec effroi ces barbares autels.
Et toi, qui fus temoin de ces cultes cruels,
César, était-ce à toi de traîner ta victoire
Dans les sentiers battus d'une commune gloire?
Va, cours, du fanatisme heureux persécuteur,
Détruis l'autel, le dieu, le sacrificateur;
Et vengeant et le ciel, et la nature, et l'homme,
Fais chérir une fois les triomphes de Rome.

Et vous, fiers Mexicains, souillés de plus d'horreur [17],
Tremblez; voici venir l'Espagnol en fureur.
Ah! qui pourrait compter les meurtres effroyables
Qu'exigeaient sur ces bords des dieux impitoyables!
Là, des lions d'airain, de feux étincelants,
Recevaient des mortels dans leurs gosiers brûlants;
Là, le sang qui ruisselle en éternel hommage,
Fait au ciel qu'il invoque un éternel outrage;
Et nul n'a droit d'entrer dans ce temple inhumain,
Que d'un meurtre récent il n'ait souillé sa main.
Nature, tu n'as donc plus d'abri sur la terre!
Le fanatisme affreux te fait partout la guerre.
Ah! sans doute, abhorrant ce culte criminel,
Tu te réfugias dans le cœur maternel:
Non, de ces dieux cruels la fureur l'en exile,
Et la nature a fui de son dernier asile.
Des mères, aux autels de ces dieux redoutés [28],
Leurs enfants dans les bras...... Cruelles, arrêtez!
Avez-vous oublié, saintement inhumaines,
Vos amours, vos serments, vos plaisirs et vos peines?

Quel démon inhumain proscrit ces jeunes fleurs ?
Ah ! voyez leur sourire et regardez leurs pleurs,
Et cessez d'immoler à d'horrible chimères
Les nœuds sacrés d'hymen et le doux nom de mères !
Hélas ! où sont les temps où d'un rayon de miel (29),
D'un peu de lait, de fruits, on apaisait le ciel ?

Mais du moins, au milieu de ces cultes barbares,
Chez le Scythe inhumain, chez les cruels Tartares,
Quels que soient leur esprit, leurs costumes, leurs dieux,
Une idée adoucit ces tableaux odieux :
C'est qu'aux pieds des autels, auprès de la vengeance,
Partout le repentir rencontre l'indulgence,
Partout la consolante et sublime raison
Accueille le remords et la religion,
Près d'un dieu qui punit, montre un dieu qui pardonne.
Sans lui, le crime aveugle au crime s'abandonne,
Et l'affreux désespoir, égaré sans retour,
Produit par les forfaits, les produit à son tour.
Mais détournons nos yeux de ces tableaux funestes ;
Muse, qui fus admise aux délices célestes,
Dis comment du pardon le consolant espoir
Rendit un cœur coupable au bonheur, au devoir ;
Parle ; et que l'homme impie, oubliant le blasphème,
A ce récit touchant soit attendri lui-même.

Dans l'Espagne naquit une jeune beauté,
De qui le cœur ardent, mais long-temps indompté,
Du plus brûlant amour sentit enfin la flamme ;
Alvar, malgré son père, avait séduit son ame.

Son père, dans l'excès de son ressentiment,
Sous les yeux de sa fille immola son amant ;
Et du même poignard dont s'arma sa colère,
Sa fille à son amant sacrifia son père.
Ainsi, par deux forfaits un instant a dissous
Et les nœuds les plus saints, et les nœuds les plus doux.
L'amour fut de tout temps barbare en sa vengeance.
Mais de ce jeune cœur qui peindra la souffrance ?
Nul ne fut confident de son affreux secret ;
Un hameau renferma sa honte et son regret ;
Une femme, en ces lieux, son unique ressource,
Témoin de ses malheurs, en ignorait la source :
Jamais un être humain n'offrit dans l'univers
Des contrastes si grands et des traits si divers
Quelquefois se plongeant dans un profond silence,
Son âme du remords domptait la violence ;
Mais ce pénible effort, pour contraindre son cœur,
Faisait de son visage un spectacle d'horreur.
Tout à coup il changeait ; et tel que dans l'orage
Un doux rayon s'échappe à travers un nuage,
Dans ses traits, altérés par son affreux tourment,
Un souris triste et doux se montrait un moment.
Osait-elle pleurer ? une douleur sans charmes
N'arrachait de ses yeux que de pénibles larmes.
Quelquefois, ô douleur ! ô supplice nouveau !
De ses jours innocents l'intéressant tableau
Lui rappelait cet âge où d'une tendre mère
Les baisers la cédaient aux baisers de son père.

Alors un trouble affreux agitait ses esprits ;
Elle errait, se roulait, tournait, poussait des cris,
Dans les champs, sur les monts, dans la forêt profonde,
Fuyait, précipitait sa marche vagabonde ;
Et, lasse enfin, tombait sans force et sans couleur.
Ces courses cependant soulageaient sa douleur.
Mais rentrait-elle seule en son obscur asile,
C'est là que, moins distraite, et non pas plus tranquille,
Son crime sur son cœur semblait s'appesantir ;
Là, dans un long tourment, elle croyait sentir,
Goutte à goutte, tomber sur son cœur solitaire
Le sang de son amant et le sang de son père :
Tantôt, du bras fatal à l'auteur de ses jours,
Elle efface ce sang qui reparait toujours ;
Tantôt, d'un spectre affreux se croyant poursuivie,
« Cher Alvar, disait-elle, on attente à ma vie ;
Vois mon père irrité, vois le glaive assassin !
Dieu ! c'est le même fer dont j'ai percé son sein !
Où l'a-t-il pris ? » Alors, croyant voir la mort prête,
Comme pour fuir le coup elle baissait la tête.
Mais comment fuir son âme et le remords rongeur ?
Tout lui peint son forfait, lui montre un Dieu vengeur
L'enfer s'ouvre, l'air gronde, un Dieu lance la foudre
Et Dieu pardonnât-il, son cœur ne peut l'absoudre
Quelquefois elle espère et veut le supplier,
S'agenouille, se lève, et renonce à prier :
Tant l'épouvante un Dieu vengeur des parricides !

   D'autres fois cependant, dans ses courses rapides,

CHANT VIII.

De loin elle observait le temple du hameau,
Ombragé d'un cyprès et d'un antique ormeau.
Il semblait qu'en secret une force invisible
L'attirât vers ce lieu consolant et terrible.
Elle approchait : soudain, par un Dieu courroucé,
Son cœur avec effroi se sentait repoussé.
Mais un jour, sous les murs de la demeure sainte,
Promenant ses regards autour de son enceinte,
Elle voit accourir aux pieds du Dieu sauveur
Des pécheurs repentants la pieuse ferveur;
C'était dans la saison où la riche nature,
En couronnes de fleurs, en habits de verdure,
Comme une jeune vierge échappée au cercueil,
Des chrétiens attristés vient égayer le deuil;
C'était dans ce grand jour où la foi glorieuse,
Fêtant d'un Dieu mourant la croix victorieuse,
Dans le sang de l'Agneau, source heureuse de paix,
Revient puiser la grâce et laver nos forfaits.
Elle, sans se mêler à la foule chrétienne,
A leur sainte douleur joignit tout bas la sienne;
Comme un vaisseau battu par un orage affreux,
Pour entrer dans le port, n'attend qu'un souffle heureux,
Sur la porte sacrée elle fixait la vue;
Soudain elle aperçoit, ô faveur imprévue!
Un simple villageois, qui dans ce lieu sacré,
Poussé par le remords dont il fut déchiré,
Des célestes vertus pour ranimer la flamme,
Au ministre de Dieu venait ouvrir son âme;

De ses crimes secrets sévère délateur,
Il revenait heureux ; un Dieu consolateur
Se peignait dans ses yeux, brillait sur son visage.
De la paix qu'elle implore elle y croit voir le gage ;
Alors un saint espoir surmontant ses remords,
Elle laisse en ces mots éclater ses transports :
« Ah ! du haut de la croix quand la grâce féconde
Verse à grands flots l'espoir et le salut au monde,
Laisserai-je, dit-elle, échapper ce beau jour ?
Ne puis-je prendre aussi ma part de tant d'amour,
Et d'un si long tourment misérable victime,
Dans ce sang rédempteur noyer aussi mon crime ? »
De ses plus jeunes ans le souvenir vainqueur
Vient encore en secret aiguillonner son cœur.
Que de fois dans le temple elle suivit sa mère !
Que de fois elle y vint sur les pas de son père !
Quel refuge au pécheur offre un espoir plus doux ?
« Là, s'ils sont avoués, les crimes sont absous ;
Là, m'attend le bonheur, la paix d'une âme pure ;
Là, doit d'un long remords se fermer la blessure. »
    Alors, plus confiante, elle n'hésite plus ;
Et bientôt rassurant ses pas irrésolus,
Vers l'asile indulgent où Dieu même l'invite,
Du pardon désiré l'espoir la précipite ;
Elle s'approche, elle entre, elle avance à pas lents :
Et d'abord se découvre à ses regards tremblants
Ce tribunal ouvert au repentir sincère :
« Ah ! dit-elle en pleurant, ce tribunal sévère,

CHANT VIII.

Où les méchants de Dieu viennent subir la loi,
A des pardons pour tous, mais n'en a pas pour moi.
    Au même instant paraît un vieillard vénérable,
C'était de ce hameau le pasteur respectable (30);
Qui depuis quarante ans sert son Dieu, fait le bien,
Reçoit peu, donne tout, et ne demande rien.
Chéri dans son hameau, respecté dans son temple,
Il prêche par ses mœurs, instruit par son exemple;
Des pères, des enfants il resserre les nœuds;
L'enfant même l'adore; et souvent, dans ses jeux,
D'une timide main en passant il arrête
Le vieillard qui sourit en détournant la tête.
Des aveux, du remords, quel confident plus sûr?
Il écoute le vice, et reste toujours pur :
Tel un auguste mont entouré de nuages
Voit bien loin sous sa cime expirer les orages,
Tandis que son front calme habite dans les cieux.
A peine l'un de l'autre ils ont frappé les yeux,
Tous les deux arrêtés, dans un profond silence,
Sont prêts à se parler : l'un et l'autre balance;
Elle, avec un regard éloquemment muet,
Semble à la fois trahir et garder son secret :
Lui, sans l'interroger (les âmes généreuses
Respectent le secret des âmes malheureuses),
Montrait cette pitié d'un ministre de Dieu,
Qui d'un crime caché semble enhardir l'aveu.
Au sacré tribunal ils arrivent ensemble;
Elle tombe à genoux, elle hésite, elle tremble,

Trois fois de son forfait veut soulever le poids;
Sur son trop faible cœur il retombe trois fois.
Impatiente enfin du fardeau qui l'accable,
Elle laisse échapper cet aveu redoutable;
Et, la rougeur au front, du ministre des cieux
Son repentir tremblant interroge les yeux.
Tant de malheur l'émeut, tant de remords le touche,
Et des mots consolants sont sortis de sa bouche.
Alors elle respire, alors ses pleurs taris
Commencent à couler de ses yeux attendris;
Non plus ces pleurs cruels arrachés par la rage,
Qui de leurs flots brûlants sillonnaient son visage;
Mais ces pleurs bienfaisants, ces pleurs délicieux
Que donne aux cœurs touchés l'indulgence des cieux;
Semblables en leur cours à la douce rosée
Qui rafraichit le sein de la terre embrasée.
Tourné tantôt vers elle, et tantôt vers le ciel,
Le prêtre enfin pardonne au nom de l'Éternel.
Ah! qui peut exprimer ce moment plein de charmes :
Elle offre à Dieu son cœur, ses prières, ses larmes,
Sent calmer ses tourmens, ses remords douloureux,
Et s'accorde un pardon qu'ont accordé les cieux.

Dès lors quel changement dans la nature entière!
L'air reprend sa douceur, le soleil sa lumière :
Tel qu'un stérile arbuste à la terre arraché,
Son cœur dans l'abandon languissait desséché;
De joie et de bonheur un doux torrent l'inonde;
Elle renaît au ciel, elle renaît au monde;

CHANT VIII.

Et, sûre d'y trouver un Dieu consolateur,
Elle ose sans effroi descendre dans son cœur.
Enfin, tout est possible au Dieu qui la rassure.
Elle entend sans frémir la voix de la nature.
Une boîte en son sein gardait fidèlement
Les traits jadis si doux d'un père et d'un amant;
Vingt fois, d'espoir, de crainte et d'amour enivrée,
Elle essaya d'ouvrir cette boite adorée,
Et vingt fois, écoutant sa secrète terreur,
Sa main l'avait soudain fermée avec horreur.
Plus confiante, enfin, elle ose davantage;
Du Christ, en son asile, elle adorait l'image;
Elle-même à ses pieds place les deux portraits;
Tremblante, elle s'essaie à supporter leurs traits.
Il semblait que du haut de la croix tutélaire
Dieu réconciliait son amant et son père;
Elle-même, espérant les revoir plus heureux,
Osait déjà les joindre et se placer entre eux.
Son bonheur renaissait, quand ses forces, lassées
Par le long sentiment de ses douleurs passées,
Succombèrent enfin; son simple et vieux pasteur
A ses derniers moments vint soutenir son cœur.
Elle, serrant main de l'ami qui la pleure :
« Adieu donc, je vais voir la paisible demeure
Où le malheur repose, où le remords s'éteint.
Malgré mon crime affreux, Dieu sans doute me plaint.
Un aveugle transport m'a fait commettre un crime,
Mais au courroux d'un Dieu j'offre un Dieu pour victime;

Je vais me présenter devant ses yeux vengeurs,
Couverte de son sang, couverte de ses pleurs.
O toi, dont mes malheurs ont troublé la famille,
Ne sois pas plus que lui sévère pour ta fille ;
Et toi, mortel trop cher, cause de tant de maux,
Ah! puissent nos trois cœurs!... » En prononçant ces mots,
L'œil tourné vers les cieux où son espoir aspire,
Sans douleurs, sans regrets, doucement elle expire,
Et les anges en chœur ont proclamé son nom.

 Charme heureux! charme pur de la religion,
Qui, des faibles mortels mère compatissante,
Et plus que l'homme même aux hommes indulgente,
Sur le crime qui pleure exerce un doux pouvoir,
Et lui rend les vertus en lui rendant l'espoir!

NOTES
DU CHANT HUITIÈME.

Non content de célébrer l'empire de l'imagination sur les objets nombreux où elle règne en souveraine avec une autorité exclusive, ou presque sans partage, notre poëte chante ses rapports les plus éloignés avec les objets sur lesquels elle n'a que l'influence la plus légère. Il est certain que tout se tient dans l'homme, et même dans la nature entière; tout se lie par des rapports plus ou moins délicats, plus ou moins visibles. Les esprits bornés n'aperçoivent point ces rapports; les esprits justes les aperçoivent, mais ils ne confondent point les objets, parce qu'ils voient aussi les limites qui les séparent. Les esprits brillants, les imaginations vives, franchissent ces limites, et se plaisent à réunir dans le même ordre d'idées, sous le même point de vue, et dans le même tableau, les objets les plus distincts et les plus réellement séparés. Telle est, en général, la manière de Delille. Elle l'a fait accuser de faire entrer dans chacune de ses compositions des objets qui y étaient assez étrangers, et de multiplier ainsi ses tableaux à l'infini. Mais comment ne pas s'abandonner au penchant de tout peindre, lorsque, comme lui, on avait le talent de tout orner et de tout embellir?

Au reste, un pareil reproche ne pourrait s'appliquer à ce chant, par lequel il fait entrer dans le plan de son poëme la religion et les cultes. En effet, ces institutions sacrées sont de son domaine; elle y exerce un grand empire; c'est elle qui a créé les fausses religions; mais elle embellit aussi les rites et les cérémonies de la religion véritable et révélée; elle donne de la pompe et de la magnificence à leurs pratiques, de l'éclat et de la majesté à leurs fêtes, et n'a même pas toujours été sans une influence plus ou moins heureuse sur les sentiments qu'elles inspirent, sur les préceptes qu'elles donnent, sur les dogmes qu'elles enseignent. C'est l'imagination grossière des sauvages qui enfanta les dieux grossiers qu'ils adorent. La vive et féconde imagination des Grecs créa une mythologie riante, qui fut fixée et consacrée par leurs poëtes, et surtout par Homère, et adoptée ensuite par la sagesse et la gravité des Romains. Nourri à l'école de ces poëtes, échauffé par leurs inspirations, le génie de Delille ne pouvait manquer de célébrer, dans des chants consacrés à la puissance de l'imagination, tant de merveilles créées par elle.

(¹) Les animaux vivaient sans révolte et sans guerre;
Mais tous, d'un front servile, ils regardaient la terre:
Leur souverain, lui seul, marchant au milieu d'eux,
Levait un front sublime, et regardait les cieux.

Il n'est personne à qui les trois derniers vers de ce passage ne rappellent trois vers célèbres d'Ovide, dont ils sont une imitation sensible, ou plutôt même une assez fidèle traduction:

Pronaque dum spectent animalia cætera terram,
Os homini sublime dedit, cœlumque tueri
Jussit, et erectos ad sidera tollere voltus.

Cette belle idée d'Ovide, cette pensée éminemment religieuse, ne pouvait échapper à l'auteur du poëme de *la Religion*; Racine le fils s'en est donc aussi emparé, et l'a ainsi imitée :

Le roi pour qui sont faits tant de biens précieux,
L'homme élève un front noble et regarde les cieux.

Imitation sèche et mesquine. Racine a passé sous silence la moitié de la pensée, cette comparaison entre l'homme et les animaux qui prouve que non-seulement l'auteur de la nature a ordonné à l'homme de *lever un front sublime et de porter ses regards vers les cieux*, mais qu'il est le seul qui ait reçu cet ordre glorieux et cette noble destinée. Delille n'a pas manqué d'exprimer et même d'amplifier cette partie de la pensée du poëte latin : *leur souverain, lui seul, marchant au milieu d'eux*, etc. Mais aucun des deux imitateurs n'a rendu l'énergie du tour, *cœlumque tueri jussit*, ni cette sorte de pléonasme, *et erectos ad sidera tollere voltus*, qui n'est point ici une redondance, mais qui complète la pensée, en lui donnant une magnificence digne d'elle. A la vérité, Racine et Delille n'étaient qu'imitateurs ; ils n'étaient point astreints à une traduction exacte et rigoureuse.

(²) D'un dogme consolant destructeur odieux,
Éteins donc le soleil, éclipse donc les cieux,
Au cri du monde entier impose donc silence.

Les preuves de l'existence de Dieu tirées des merveilles de la nature ont été, pour les poëtes de tous les âges et de toutes les nations, une source inépuisable de richesses. Les cantiques, les psaumes, les prophéties des chantres inspirés par Dieu même, sont pleins de peintures admirables de la puissance souveraine et de l'ordre de la nature. Rien n'est plus digne, en effet, d'élever la pensée et d'enflammer l'imagination. Il est bon de faire observer qu'ici la philosophie et la poésie marchent d'un commun accord. Pendant long-temps les preuves de l'existence de Dieu furent principalement tirées de la métaphysique, et plusieurs philosophes négligeaient même les preuves soi-disant populaires, telles que celle tirée de l'ordre de l'univers. Il s'est opéré, sous ce rapport, une heureuse révolution, et quelques-uns de nos esprits les plus distingués pensent que l'existence de Dieu peut être aussi rigoureusement démontrée par les preuves populaires que par les preuves métaphysiques. Ils pensent, avec raison, que cette manière de traiter la question religieuse et morale la plus importante, étant la plus propre à agir sur la classe la plus nombreuse, mérite une attention particulière. En effet, ce n'est que lorsque la philosophie aura pu rendre la doctrine religieuse accessible à l'intelligence vulgaire, du moins sur les questions étroitement liées à la morale, qu'elle exercera une influence vraiment bienfaisante. C'est alors qu'elle sera complétement vengée des calomnies, dont l'ignorance et les préjugés la poursuivent encore. C'est alors également que le nom de philosophe ne sera plus usurpé par les destructeurs de la morale et de la religion, et qu'il sera réservé à celui dont les discours et les écrits ont pour principal but le bien de ses semblables.

(3) Aux cultes différents qui donna la naissance?
Fut-ce d'abord la crainte, ou la reconnaissance?
Repoussons loin de nous un doute injurieux:
Oui, la reconnaissance a fait les premiers dieux,
Ainsi des nations la douce idolâtrie
Honora les mortels amis de la patrie.

Delille s'élève ici contre l'opinion de Pétrone : *Primus in orbe deos fecit timor*. Pline le jeune semblerait d'abord ne s'éloigner pas beaucoup de ce sentiment : C'est, dit-il (liv. VII, ép. xxvi), lorsque l'homme est accablé de maux, surtout lorsqu'il craint le plus redoutable et le plus inévitable de tous, la mort, qu'il pense qu'il n'est qu'un homme et qu'il y a des dieux, *tunc deos, tunc hominem esse se meminit*. Mais la pensée de Pline a un côté vrai, et même religieux ; celle de Pétrone est impie (*). Il appartenait au cœur sensible et reconnaissant de Delille de regarder la reconnaissance comme le premier sentiment qui nous ait avertis de l'existence de la Divinité, et qui nous ait inspiré le dessein de l'honorer par un culte religieux et des institutions sacrées. Cette opinion est plus aimable, sans doute, plus douce, plus honorable à l'huma-

(*) Pope a dit avec plus de raison :
And Hell was built on spite, and Heav'n on pride.
La peur fit les démons, l'espérance les dieux.
DELILLE.

nité ; mais, s'il s'agissait d'établir un système philosophique rigoureux, il est certain que tous les sentiments et toutes les passions de l'homme ayant pu concourir à faire naître en lui l'idée d'un être puissant et surnaturel, dans la dépendance duquel il se trouve, la crainte et la terreur n'ont pas dû être plus étrangères à cette opinion que toute autre affection de l'âme. Ainsi, suivant les différents caractères des peuples et des individus, et suivant leurs différentes positions, les uns se seront élevés vers la Divinité par le sentiment de la reconnaissance, les autres se seront abaissés sous la main puissante d'un Dieu redoutable et vengeur par le sentiment de la crainte, d'autres auront été guidés par d'autres sentiments et d'autres passions. Ces divers guides ne les trompaient point, du moins quant à l'idée principale et primitive, qu'ils ont ensuite altérée et défigurée en cent façons; et l'impiété du poète latin consiste à ne voir dans les dieux que des fantômes produits par des craintes chimériques et des terreurs paniques. Delille avoue lui-même l'influence qu'ont dû avoir sur l'opinion si naturelle à tous les peuples d'une Divinité puissante et redoutable, et notre propre faiblesse, et la multitude des dangers et des maux qui nous environnent, et la frayeur qu'ils nous inspirent, lorsque, quelques vers plus bas, après avoir peint les Lapons, les Indiens, les peuples de l'Amérique et ceux de l'Afrique courbés devant des idoles terribles, il s'écrie :

Partout je vois la crainte encenser les autels.

(4) L'aigle servile emporte au séjour du tonnerre,
Cette âme, ainsi qu'au ciel, exécrable à la terre.

Dans l'apothéose des empereurs romains on plaçait un aigle sur le bûcher, et cet oiseau, s'élevant dans les airs au moment où on mettait le feu, était censé emporter dans l'Olympe l'âme du nouveau dieu. C'est ce qui fit dire à l'empereur Claude, au moment où il sentait la mort s'approcher : « Je sens que je deviens dieu. »

(5) En vain dans ses foyers, sur ses tapis de neige,
De son tambour magique il redouble le bruit,
La secrète terreur qui toujours le poursuit
Trouble cette âme simple, et sous sa hutte obscure
Vient ajouter aux maux que lui fit la nature.

On trouve, dans le *Voyage de Regnard en Laponie*, des détails curieux sur les pratiques superstitieuses des Lapons. Le principal instrument dont ils se servent dans leurs enchantements est une espèce de tambour couvert d'une peau de renne, sur laquelle ils peignent en rouge quantité de figures, et d'où l'on voit pendre plusieurs anneaux de cuivre et quelques morceaux d'os. Ils tracent vers le milieu du tambour une ligne transversale, au-dessous de laquelle ils mettent les dieux qu'ils ont en grande vénération, comme Thor, avec ses valets, et la déesse Seyta. Ils en tirent une autre un peu plus bas, comme la première, mais qui ne s'étend que jusque vers la moitié du tambour ; là, on voit l'image de Jésus-Christ, avec deux ou trois apôtres. Au-dessus de ces lignes sont représentés la lune, les étoiles et les oiseaux ; la place du soleil est au-dessous, avec les animaux, les ours, les serpents. Ils y représentent aussi quelquefois des lacs et des fleuves. Telle est la figure de ce tambour, instrument nécessaire de tous leurs sortiléges, et dont ils se servent principalement pour trois choses : pour obtenir une chasse ou une pêche abondante, pour les sacrifices, et pour savoir ce qui se passe dans les pays les plus éloignés.

A ces détails Regnard ajoute le récit d'une scène fort plaisante, dont ses compagnons et lui furent les témoins. On leur avait amené le plus fameux sorcier du pays, pour leur donner une idée de son pouvoir et de sa science. « Sitôt, dit Regnard, que notre Lapon eut la tête pleine d'eau-de-vie, il prit son tambour et se mit à frapper dessus, avec des agitations et des contorsions de possédé. Nous lui demandâmes si nous avions encore père et mère ; il était assez difficile de parler juste sur cette matière ; nous étions trois, l'un avait son père, l'autre sa mère, et le troisième n'avait ni l'un ni l'autre. Notre sorcier nous dit tout cela, et se tira assez bien d'affaire, quoique ceux avec qui nous étions, qui étaient des Finlandais et des Suédois, n'en eussent aucune connaissance qui nous pût faire soupçonner qu'ils auraient instruit le Lapon de tout ce qu'il devait dire. Comme il avait affaire à des gens qui ne se contentaient pas de peu, et qui voulaient quelque chose de plus sensible et de plus particulier que ce qui pouvait arriver par un simple effet du hasard, nous lui dîmes que nous le croirions parfaitement sorcier, s'il pouvait envoyer son démon au logis de quelqu'un de nous, et rapporter un signe qui nous fît connaître qu'il y avait été. Je demandai les clefs du cabinet de ma mère, que je savais bien qu'il ne pouvait trouver que sur elle ou sous son chevet, et je lui promis cinquante ducats s'il pouvait me les apporter. Comme le voyage était fort long, il fallut prendre trois ou quatre bons coups d'eau-de-vie pour faire le chemin plus gaîment, et employer les charmes les plus forts et les plus puissants pour appeler son esprit familier, et le persuader d'entreprendre le voyage et de revenir promptement. Notre sorcier se mit en quatre; ses yeux se tournèrent, son visage changea de couleur, et sa barbe se hérissa de violence. Il pensa rompre son tambour, tant il frappait avec force, et il tomba enfin sur sa face, roide comme un bâton. Tous les Lapons qui étaient présents empêchaient avec soin qu'on ne l'approchât en cet état, éloignaient jusqu'aux mouches, et ne souffraient pas qu'elles se reposassent sur lui. Je vous assure que, quand je vis cette cérémonie, je crus que j'allais voir tomber par le trou du dessus de la cabane ce que je lui avais demandé, et j'attendais que le charme fût fini pour lui en commander un autre, et le prier de me ménager un quart d'heure de conversation avec le diable.... Notre Lapon resta mort pendant un quart d'heure, et revenant un peu à lui, il commença à nous regarder l'un après l'autre, avec des yeux hagards. Après nous avoir tous examinés fort attentivement, il m'adressa la parole, et me dit que son esprit ne pouvait agir suivant son intention, parce que j'étais plus grand sorcier que lui, que mon génie était plus puissant, et que si je voulais commander à mon diable de ne rien entreprendre sur le sien, il me donnerait satisfaction. J'avoue que je fus fort étonné d'avoir été sorcier si long-temps sans m'en apercevoir; je fis mon possible pour mettre notre Lapon sur les voies; je commandai à mon démon familier de ne point inquiéter le sien, et avec tout cela, nous ne pûmes savoir autre chose de notre sorcier. Il se tira fort mal d'un pas si difficile; il sortit avec dépit de la cabane pour aller, je crois, noyer tous ses dieux et tous ses diables qui l'avaient abandonné au besoin, et nous ne le revîmes plus. »

(6) Que de champs dévastés! que de sang et de pleurs!
Cruels, voulez-vous donc mériter vos malheurs?
Votre instinct était pur, et des accès de rage
Sont de votre raison l'horrible apprentissage.

L'histoire de l'affranchissement des noirs, à Saint-Domingue, est un des plus horribles épisodes de notre révolution. Les épouvantables excès auxquels ils se livrèrent méritent toute notre exécration; mais ce sentiment doit tomber avec plus de force encore sur les scélérats qui brisèrent leurs fers, avant de les avoir préparés à la liberté; et d'un autre côté, je le demande, est-il une nation européenne qui, avec des données et dans des circonstances absolument semblables, pût se vanter d'être moins féroce? Le passage subit et immédiat de l'esclavage à la liberté a presque toujours été signalé par plus ou moins d'excès. Les peuplades de l'Afrique qui alimentaient la traite des nègres ont offert aux voyageurs modernes une intelligence au moins égale à celle des individus européens placés sur la dernière échelle de la civilisation, et un instinct moral dont le développement produirait sûrement les vertus que nous honorons.

(7) *Les noirs peuples du Nil insultent à ses feux.*

Ce dernier vers rappelle la strophe admirable de Le Franc de Pompignan, dans son *Ode sur la mort de J. B. Rousseau* :

>Le Nil a vu sur ses rivages
>Des noirs habitants des déserts
>Insulter par leurs cris sauvages
>L'astre éclatant de l'univers.
>Cris impuissants ! fureurs bizarres !
>Tandis que ces monstres barbares
>Poussent d'insolentes clameurs,
>Le dieu, poursuivant sa carrière,
>Verse des torrents de lumière
>Sur ces obscurs blasphémateurs.

(8) *O Maldives ! combien j'aime la noble fête*
Qu'aux vents, maîtres des mers, tous les ans on apprête !

Les insulaires des Maldives offrent des sacrifices à un certain génie ou roi des vents. Voici en quoi ils consistent. On fait construire exprès de petites barques qu'on remplit de parfums, de gomme, de fleurs et de bois odoriférants. On met le feu à ces barques, qu'on abandonne ensuite au gré des eaux et des vents. Un nuage de fumée s'élève jusqu'au ciel, et porte une agréable odeur au génie des airs, qui, selon les idées de ces peuples, se trouve très-flatté d'un pareil sacrifice. D'autres honorent le roi des vents à moins de frais ; ils se contentent de jeter dans la mer un certain nombre de coqs et de poules ; mais tous ont un si grand respect pour lui, qu'ils ne manquent jamais, avant de s'embarquer, de lui faire des vœux, fidèlement acquittés lorsqu'ils rentrent dans le port ; qu'ils ne se permettent pas même de cracher ou de lancer quelque chose contre le vent, et qu'en mer ils craignent de regarder derrière eux vers le point d'où le vent souffle.

Tous les voyageurs ont vu cette fête que Delille a si bien décrite, et ils se sont crus transportés au milieu de l'ancien Archipel de la Grèce.

(9) *Et tout est Dieu pour l'homme, excepté Dieu lui-même.*

Bossuet a exprimé la même pensée de la même manière, dans son *Discours sur l'Histoire universelle.*

(10) *Voyez l'homme descendre aux plus vils animaux.*

Boileau avait dit, sat. VIII, v. 267 :

    .... Cent fois la bête a vu l'homme hypocondre
Adorer le métal que lui-même il fit fondre ;
A vu dans un pays les timides mortels
Trembler aux pieds d'un singe assis sur leurs autels ;
Et sur les bords du Nil les peuples imbéciles,
L'encensoir à la main, chercher les crocodiles.

Le même poëte a reproduit, mais bien plus faiblement exprimé ces mêmes idées, dans la satire XII, v. 95 :

> On vit le peuple fou qui du Nil boit les eaux
> Adorer les serpents, les poissons, les oiseaux ;
> Aux chiens, aux chats, aux boucs offrir des sacrifices :
> Conjurer l'ail, l'ognon, d'être à ses vœux propices ;
> Et croire follement maîtres de ses destins
> Ces dieux nés du fumier porté dans ses jardins.

La manière de Delille est plus riche, plus brillante, plus philosophique, que la première leçon de Boileau ; et infiniment supérieure à la seconde, sous tous les rapports.

(11) Rois, princes, potentats, dominateurs du monde,
> Attendez que du jour l'astre majestueux
> Sèche, de ses rayons purs et respectueux,
> Le rebut adoré des festins qu'il consomme,
> Qui trahit dans un dieu les vils besoins de l'homme :
> Voilà vos ornements, vos colliers, vos bijoux,
> Et l'excrément divin vous enorgueillit tous.

Horace a dit avec raison :

> Et quæ
> Desperat tractata nitescere posse relinquit.

Mais Delille ne désespérait de rien en ce genre, et son audace était presque toujours justifiée par son talent et par le succès ; les objets les plus bas et les plus vils s'ennoblissaient par son style ; les expressions qui, par leur défaut d'harmonie, ou par la nature des idées qu'elles présentent à l'imagination, semblaient à jamais être exclues du domaine de la poésie, entraient cependant très-heureusement dans ses vers, et leur donnaient une nouvelle grâce par le mérite de la difficulté vaincue. C'est ainsi que, maîtrisant tout ce qui paraissait le plus rebelle aux lois de la poésie, il avait infiniment agrandi son empire, en y ajoutant d'heureuses conquêtes.

(12) Voyez-le du présent franchir l'étroite enceinte,
. . . .
>Son esprit inquiet en cherche les présages
>Dans le feu de l'éclair, dans les flancs du taureau,
>Et dans son vol rapide interroge l'oiseau, etc.

Dans ces vers et dans les suivants, Delille fait une sorte d'énumération des divers présages dans lesquels les Romains lisaient et l'avenir, et leur sort particulier, et la destinée des plus grands événements. Horace fait une énumération de ce genre dans l'ode *Impios parræ*, etc. Il est probable que l'ami de Mécène, poëte peu crédule, peu religieux, ne fait ici qu'adopter un système populaire, favorable à l'imagination et à la poésie sans y ajouter aucune foi, aucune importance. Toutefois le même Horace ne paraît point indifférent au signe du zodiaque qui a présidé à sa naissance, *seu Libra, seu me Scorpius aspicit*.

(13) Déjà l'Ambition, acquittant ses promesses,
>Sur l'autel mercenaire entasse ses largesses.

Philippe de Macédoine, l'un des souverains les plus adroits et les plus ambitieux de l'antiquité, avait coutume de tirer grand parti des oracles en les disposant en sa faveur; et cette supercherie était tellement connue dans toute la Grèce, que lorsqu'ils s'exprimaient d'une manière favorable à Philippe, on avait coutume de dire : La sibylle *philippise*.

(14) Lorsque loin des forêts qu'habitaient ses ancêtres, etc.

Tout le fond de ce morceau appartient à Pope, qui a si poétiquement exposé, dans l'*Essai sur l'Homme* (ép. III), l'alliance de la politique et de la superstition pour exploiter le genre humain à frais et à profits communs. Ce passage est l'un des plus remarquables de la belle traduction de Delille.

(15) Mais les grands, dans le fond d'un sanctuaire obscur,
Conservaient du vrai Dieu le culte toujours pur,
Et de vaines erreurs ils amusaient la foule.

C'est une opinion accréditée parmi les savants qui ont tenté de débrouiller le chaos des fables égyptiennes, que les prêtres et les grands avaient une religion plus épurée, et que l'idée simple et sublime d'un Dieu unique et créateur était conservée dans le fond du sanctuaire, où l'on n'admettait que les initiés. Il est difficile cependant de savoir avec quelque certitude quels étaient les dogmes de morale et de religion enseignés dans les mystères de Thèbes, qui donnèrent lieu sans doute aux mystères d'Éleusis. L'auteur de ce poëme dit avec raison :

Tandis qu'un peuple saint portait dans le saint lieu
La loi de l'Éternel et l'autel du vrai Dieu,

Des dieux menteurs du Nil, de leurs brillants génies,
La Grèce dans son sein reçut les colonies.

Il est vraisemblable qu'elle en reçut aussi cette doctrine secrète, conservée successivement dans les temples d'Isis et de Cérès, et que les initiés de la Grèce eurent pour modèles et pour maîtres ceux de l'ancienne Égypte. Tout ce qui a percé des cérémonies pratiquées dans les mystères d'Éleusis indique qu'il ne s'y passait que des choses simples, légitimes et honnêtes, telles que l'usage de certaines prières, des parfums et des fumigations. Mais rien ne prouve que l'idée de la divinité n'y fût point altérée par des croyances populaires; il paraît, au contraire, qu'on y offrait sur les autels de la myrrhe à Jupiter, du safran à Apollon, de l'encens au soleil, des aromates à la lune, et des semences de toutes les espèces, excepté des fèves, à Cybèle qui représentait la terre, et qui, parmi ses différents noms, comptait ceux de Tellus et de Vesta. Ainsi le polythéisme était admis par les initiés de la Grèce, qui rendaient même un culte religieux à des hommes morts. « Puisque vous êtes *initié*, dit Cicéron, vous savez que ceux d'entre les dieux à qui on donne le premier rang ont vécu sur la terre avant de monter au ciel. » Au reste, il est possible que les initiations égyptiennes, en passant dans la Grèce, aient aussi changé de nature, et qu'elles se soient rapprochées de la mythologie de ce peuple ingénieux. Il ne résulte pas nécessairement des erreurs ou des fraudes pieuses d'Éleusis, qu'un culte plus pur et plus raisonnable ne fût pas offert au vrai Dieu dans les temples d'Égypte, et l'on ne peut faire un reproche à Delille d'avoir adopté cette opinion honorable pour la sagesse et la philosophie d'un peuple à qui les nations les plus célèbres de l'antiquité durent les sciences, les arts et la civilisation.

(16) *Le dieu du Capitole habitait des chaumières.*

Virgile, Properce, se plaisaient à retracer en beaux vers ces origines obscures de la grandeur romaine, et ne craignaient pas de rappeler le chaume d'Évandre dans le palais des Césars. Les derniers livres de l'Énéide empruntent leur plus grand charme de ces intéressants souvenirs; et la plus belle élégie peut-être de Properce (la première du livre IV), est celle où le poëte oppose la Rome antique à celle d'Auguste.

(17) *A peine blanchissait la rive orientale.*

Voyez les *Fastes d'Ovide*, livre IV, v. 721— 782:

Nox abiit, oriturque Aurora : Palilia poscor, etc.

et la traduction de Saint-Ange, tome VII de ses œuvres.

(18) *Et, quand le fuseau tourne entre leurs mains légères,*
   Ne blesse pas les doigts de nos jeunes bergères.

Ces deux derniers vers sont une traduction élégante de deux vers d'Ovide, *Fast.*, liv. IV :

Lanaque proveniat nullas læsura puellas,
   Mollis et ad teneras quamlibet apta manus.

Ils sont tirés d'une invocation à Palès très longue, et trop longue dans l'original : Delille, en l'abrégeant, et en choisissant les traits les plus poétiques et les plus gracieux, l'a mieux appropriée à nos idées et à nos mœurs, et l'a imitée avec un goût exquis et une grâce charmante. Le tableau d'Ovide est plus complet : celui de Delille est plus achevé.

(19) Que trois fois, dans sa vive et folâtre allégresse,
D'un pied léger franchit une ardente jeunesse.

Ovide, endroit déjà cité du quatrième livre des *Fastes*, v. 781 :

Moxque per ardentes stipulæ crepitantis acervos,
Trajicias celeri strenua membra pede.

Alors, sautant de joie, agiles et dispos,
Des chaumes allumés traversez les faisceaux.
SAINT-ANGE.

(20) Dirai-je quelle heureuse et sage politique
Joignit à tous les dieux de l'empire italique
Un pouvoir plus obscur et plus puissant encor?
Le dieu Terme est son nom, etc.

Parmi tant de divinités mythologiques qui offraient aux pinceaux du poëte des couleurs aussi poétiques, plus poétiques même, il a choisi, avec une sorte de préférence et de prédilection, le dieu protecteur des champs légitimement acquis, et vengeur des usurpations. Le dieu *Terme* était donc le dieu de la propriété, et Delille s'est plu à le chanter, au moment où les lois de la propriété étaient ébranlées dans sa patrie, et où les passions politiques, appelant à leur secours les passions viles et basses de la cupidité, avaient multiplié les confiscations, et méconnu ces droits antiques et sacrés, sur lesquels, comme dit le poëte, et comme l'expérience l'a si bien prouvé, *se fonde*

 Et le bien des états, et le repos du monde.

(²¹) Quand Jupiter parut au nouveau Capitole.

Ovide, au IIe livre des *Fastes*, v. 667 :

> Quid, nova quum fierent Capitolia? nempe deorum
> Cuncta Jovi cessit turba, locumque dedit :
> Terminus, ut veteres memorant, conventus in æde
> Restitit; et magno cum Jove templa tenet.

Lorsque du Capitole on rebâtit les murs,
On relégua les dieux dans des réduits obscurs :
A Jupiter tonnant tous cédèrent leur place :
Dans le temple on te trouve, et rien ne te déplace.
       SAINT-ANGE.

(²²) Un rêve prépara sa future grandeur.

« Mahomet commença à l'âge de quarante ans la mission dont il se disait chargé. Il était venu passer le mois de Ramadhan dans sa retraite ordinaire; mais cette fois il avait pris avec lui sa famille, qu'il voulait d'abord convertir à sa nouvelle religion. Un jour, il dit à sa femme que l'ange Gabriel lui étant apparu la nuit précédente, sur la montagne, s'était fait connaître à lui, l'avait appelé *apôtre de Dieu*, et lui avait intimé, au nom de l'Eternel, l'ordre de lire et d'annoncer aux hommes les vérités qui devaient lui être révélées. » *Biographie Universelle*, tome XXVI, page 189.

(23) Que dis-je? ô dieu du jour! est-il quelques mortels
Qui ne t'aient consacré des temples, des autels? etc.

Le soleil a été le premier et le plus universel objet de l'idolâtrie ; c'était le *Baal* des Chaldéens, le *Moloch* des Chananéens, le *Béelphégor* des Moabites, l'*Adonis* des Phéniciens ou des Arabes, le *Saturne* des Carthaginois, l'*Osiris* des Égyptiens, le *Mitras* des Perses, le *Dionysius* des Indiens, et l'*Apollon* ou le *Phébus* des Grecs et des Romains. Cet astre a aussi été adoré sous son propre nom. Les anciens habitants du Pérou ne reconnaissaient pas d'autre divinité, et ils regardaient leurs empereurs comme ses descendants. On peut aussi mettre au nombre des adorateurs du soleil les habitants de la Floride, des Apalaches, et enfin les Lapons, les Natchés et les Tensas, peuples du Mississipi.

(24) Dieu, le vrai Dieu s'avance ; il veut que je publie
De la religion la sublime folie.

Le poète a voulu consacrer ici une expression de l'un des Pères de l'Église, qui a appelé le mystère de la Rédemption : *stultitiam crucis*.

(25) Ces lieux mêmes, ces lieux où je peins leur fureur,
Tout n'y parle-t-il pas de nos guerres sacrées ? etc.

Delille fit autrefois ces vers dans une abbaye du Poitou ; il était loin alors de penser que des causes à peu près semblables étaient sur le point d'avoir les mêmes résultats dans les mêmes lieux.

(26) Le voyageur, errant dans les tristes Ardennes,
    Rencontre avec effroi ces barbares autels.

Presque toutes les anciennes superstitions ont été souillées par des sacrifices humains. Celles des druides n'étaient pas moins cruelles. On a cru reconnaître dans la forêt des Ardennes des monuments de leur culte féroce, qui, long-temps après la conquête des Gaules par Jules-César, bravaient encore les lois et la puissance romaine. Il n'est peut-être aucun peuple, sous aucun climat, qui n'ait payé ces tributs sanglants au fanatisme, jusqu'au temps où la religion chrétienne, en s'établissant sur la terre, adoucit les mœurs, épura l'impie crédulité des hommes, et leur donna la véritable idée de la Divinité.

(27) Et vous, fiers Mexicains, souillés de plus d'horreur,
    Tremblez, voici venir l'Espagnol en fureur.
    Ah! qui pourrait compter les meurtres effroyables
    Qu'exigeaient sur ces bords des dieux impitoyables?

Les Mexicains immolaient les prisonniers de guerre à leurs idoles. Il est possible que les Espagnols les aient calomniés, en écrivant que cette coutume barbare ne se bornait point dans le Mexique au sacrifice des prisonniers; mais il paraît trop certain qu'elle y était généralement suivie, et que nulle part ces assassinats pieux ne furent commis en plus grand nombre, avec plus de pompe et de férocité.

(28) *Des mères, aux autels de ces dieux redoutés,*
Leurs enfants dans les bras... Cruelles, arrêtez!
. . . .
Ah! voyez leur sourire, et regardez leurs pleurs,
Et cessez d'immoler à d'horribles chimères
Les nœuds sacrés d'hymen et le doux nom de mères?

Racine le fils a aussi, dans son poëme de *la Religion*, présenté le tableau de ces effroyables superstitions qui ont fait le tour du globe et déshonoré, dans les différents âges, tous les peuples, même ceux qui sont les plus fiers de leurs politesse, de leurs arts et de leur philosophie. Les lecteurs qui seraient curieux de comparer la manière des deux poëtes peuvent chercher les vers que j'indique à la fin du troisième chant du poëme de *la Religion*; ils verront que le fils du grand Racine, poëte toujours pur, correct, et même assez élégant, était dépourvu de la verve et de la richesse d'imagination qui brille dans les vers du chantre de cette faculté dominante des grands poëtes; il a moins de ressources et de fécondité dans l'esprit, et des rapprochements moins heureux; ses tableaux ont moins de coloris, d'âme, et de sentiment.

Je ne puis finir cette note, à laquelle ont donné lieu les sacrifices abominables qui ont ensanglanté tant d'autels, sans rapporter la pensée d'un ancien sur ces cultes barbares : « Tel est le délire de l'esprit humain, qu'on pense inspirer aux dieux de la clémence et de la bonté par des cruautés dont les hommes seraient incapables dans les transpor-

de la colère et de la vengeance; *Tantus est perturbatæ mentis et sedibus suis pulsæ furor, ut sic dii placentur, quemadmodum ne homines quidem sæviunt.* »

(29) Hélas! où sont les temps où d'un rayon de miel,
D'un peu de lait, de fruits, on apaisait le ciel!

Ce culte innocent et doux, qui fut celui des patriarches dans les premiers âges du monde, a été perfectionné par la religion chrétienne, la seule, comme je l'ai déja dit, qui ait banni de la terre ces abominables superstitions qui faisaient couler le sang humain sur les autels. On accuse l'esprit de la philosophie moderne d'être ennemi du christianisme; cependant cette philosophie, dont le titre le plus respectable est d'avoir quelquefois défendu les droits de l'humanité, a puisé dans l'Évangile tous ses préceptes de justice, de modération et de bienfaisance universelle, dont elle a voulu faire honneur à la raison. Si le culte le plus noble et le plus pur, le plus digne des regards du ciel et le plus conforme à la dignité de l'homme, a succédé généralement à des pratiques absurdes, barbares ou sacriléges, c'est à la religion chrétienne que la philosophie en doit l'hommage; et c'est ce qui prouve son origine céleste, aux yeux même de cette raison orgueilleuse qui lui doit ses plus sublimes pensées et ses sentiments les plus généreux.

(30) C'était de ce hameau le pasteur respectable,
Qui, depuis quarante ans, sert son Dieu, fait le bien,
Reçoit peu, donne tout, et ne demande rien.

Ce dernier vers est, par le tour, par la forme, et la concision, une imitation évidente de celui du Tasse, en parlant du jeune Olinde :

Brama assai, poco spera, nulla chiede.

« Il désire beaucoup, espère peu, et ne demande rien. »

ANALYSE
DU POËME D'AKENSIDE*.

Quand le poëme de l'*Imagination* parut, on ne manqua pas de renouveler contre Delille l'absurde accusation de plagiat, dont les *Jardins* avoient été l'objet dans le temps, quoique la publication de l'ouvrage de M. Masson fût postérieure de deux ans à celle du poëme français. Mais l'infatigable malignité de l'envie ne se rebute pas aisément; et, vaincue dans son imprudente attaque contre les *Jardins*, elle se flatta d'être plus heureuse, en opposant à l'*Imagination* le poëme du docteur Akenside sur *les Plaisirs de l'imagination*. Elle alla donc déterrer dans la poudre des bibliothèques la traduction que le baron d'Holbach avait faite de ce poëme en 1759 (*), dans des vues fort étrangères à la

* *The pleasures of Imagination, a Poem, in three books.* London, 1744. — Nouvelle édition, avec les changements et les corrections de l'auteur, Londres, 1772. La première est la plus estimée.

(*) Un volume petit in-8°. — Amsterdam, chez Arkstée et Merkus. — Paris, Pissot. — Réimprimé en 1806, in-18, Paris, Moreau et Dupont. — Elle ne m'a été d'aucun secours.

littérature et à la poésie, mais avec l'intention seulement de propager les maximes hardies que le *presbyterian-dissenter* avait répandues dans son poëme, plus admiré que lui même de ses compatriotes. La tentative ne fut pas heureuse, ou plutôt elle réussit dans un sens tout contraire au but que se proposoit l'envie : elle prouva que le poëte qui n'avait plus de rivaux en France n'en craignait pas davantage en Angleterre. Il n'y avait d'ailleurs, pour les juges désintéressés, aucune comparaison à faire entre les deux ouvrages ; et le genre de mérite qui distingue le poëme anglais était précisément ce qu'il y a de plus opposé au génie poétique de notre langue, au caractère de notre nation, et au talent particulier de notre Delille. Nous le prouverons bientôt : mais disons d'abord quelque chose de l'auteur même des *Plaisirs de l'imagination*.

MARK AKENSIDE naquit le 9 novembre 1721, à Newcastle sur la Tyne, et mourut à Londres, le 23 juin 1770, à peine âgé de quarante-neuf ans. Son père, boucher de profession, et de la secte des presbytériens, lui fit donner la première éducation à l'école élémentaire de Newcastle, d'où il passa en-

APPENDICE
AUX NOTES SUR LE POËME
DE L'IMAGINATION.

suite dans la petite académie de Wilson. Destiné d'abord à l'état ecclésiastique, il fut, à l'âge de dix-huit ans, envoyé à Edimbourg, pour y donner cette direction à ses études : il participa même quelque temps aux libéralités que les *dissenters* consacrent généreusement à l'instruction des jeunes gens nés sans fortune. Mais transporté sur un théâtre plus vaste, ses idées s'agrandirent, il conçut d'autres espérances, et résolut de se livrer à l'étude de la médecine. Il se crut alors obligé de restituer les secours qu'il avoit reçus, et dont l'objet ne se trouvait plus rempli. Akenside sentit de bonne heure s'éveiller en lui le génie de la poésie; et ses meilleures productions en ce genre datent de sa première jeunesse. Il passa à Leyde en 1741, pour y terminer ses études médicales, et fut reçu docteur en 1744. De retour en Angleterre, il s'établit d'abord à Northampton, ensuite à Hampstead, et se fixa enfin à Londres, où les secours d'un ami, M. Dyson, le mirent en état de fonder un établissement. Il fut successivement médecin de l'hôpital Saint-Thomas, agrégé au collége des médecins de Londres, et membre de la société royale. Il a écrit plusieurs ouvrages de médecine, parmi lesquels on distingue surtout son Traité de la dyssenterie. Mais ce n'est pas du médecin, c'est du poëte qu'il s'agit ici, c'est de l'auteur des *Plaisirs de l'imagination*; le plus considérable de ses ouvrages en vers, et le seul qui mérite, par ses beautés, et même par ses défauts, de fixer un moment l'attention de la critique. Akenside n'avait que vingt-trois ans quand il publia son poëme; et cette production d'un jeune homme donnait des espérances que la suite n'a pas réalisées. Le sujet, dit le célèbre Johnson, était cependant bien choisi : il n'en est pas de plus heureux pour la poésie, puisqu'il comporte nécessairement toutes les images les plus capables d'émouvoir et de charmer le lecteur. La seule difficulté consistoit ici dans le choix des exemples; et il faut convenir qu'au milieu de cette profusion de richesses il n'est pas facile de trouver le milieu juste entre une abondance vicieuse et une pénible stérilité. Un mérite dont il faut savoir gré au poëte anglais, c'est l'artifice de son plan, dont les diverses parties se rattachent si bien à l'idée principale, et s'enchaînent si naturellement, qu'il serait impossible d'en ôter une de sa place, sans jeter le désordre parmi toutes les autres, sans troubler toute l'économie de l'ouvrage.

Essayons de donner une idée du sujet, et remontons avec l'auteur à la cause de ce qu'il appelle les plaisirs de l'imagination.

L'esprit humain, dit-il, est doué de certains pouvoirs intermédiairement placés entre les organes du sens-corporel et les facultés de la perception morale : on les définit en général *les pouvoirs de l'imagination*. Ainsi que les sens extérieurs, ils ont pour objet la matière et le mouvement, et donnent en même temps à l'esprit des idées analogues à celles qui nous font moralement approuver ou rejeter tel ou tel objet. Comme ils ouvrent pour nous l'accès aux plus exquis plaisirs que nous puissions goûter, quelques génies ardents et sensibles ont cherché les moyens de rappeler ces délicieuses perceptions, dans l'absence même des objets qui les avaient d'abord produites. Telle fut l'origine des arts d'imitation : quelques-uns, comme la peinture et la sculpture, s'attachent à reproduire fidèlement les formes matérielles qu'ils ont admirées dans la nature : les autres, tels que la musique et la poésie, se bornent à la représentation des objets, au moyen de signes convenus, et généralement entendus de tout le monde.

Mais ces mêmes arts, à mesure qu'ils se perfectionnèrent, se trouvèrent naturellement portés à franchir, dans leur imitation, le cercle des objets spécialement renfermés dans le domaine de l'imagination : la poésie, entre autres, qui imite par le langage, est devenue par cela même une représentation illimitée de l'être, sous toutes ses formes et dans tous ses modes. Mais comme leur intention première était d'exprimer seulement ce que leur fournissait l'imagination, et que les idées de ce genre sont les plus fécondes pour eux, ils ont conservé leur caractère original; et les différents plaisirs qu'ils nous procurent sont désignés généralement sous le nom de *plaisirs de l'imagination*.

Le but du poëme d'Akenside est de remonter à la source de ces sortes de *plaisirs*, et de les suivre dans tous leurs effets. Avant lui, Addison leur avait assigné trois causes générales, la grandeur, la nouveauté, la beauté des objets susceptibles de les occasionner. Mais un seul et même objet peut renfermer à la fois plusieurs de ces causes;

et sa beauté, sa nouveauté, sa grandeur, feront, en raison même de cette réunion, une impression bien plus profonde. D'ailleurs les arts d'imitation, et la poésie surtout, sont souvent redevables de l'effet qu'ils produisent à l'expression fidèle de propriétés absolument étrangères à l'imagination. Il était donc indispensable de définir ces différentes sortes de plaisir, d'en assigner les limites et d'en donner des exemples. C'est l'objet du poëme que nous analysons, et que l'auteur a divisé en trois chants. Le poëte expose d'abord son sujet en quelques vers; il se propose de chanter

« L'action puissante du spectacle de la nature sur les âmes capables d'en apprécier les beautés, et les trésors que l'imitation y peut puiser pour enrichir les vers du poëte ou la palette du peintre. »

Dans une rapide et brillante invocation, il appelle ensuite à son secours ces mêmes pouvoirs qu'il entreprend de célébrer; et ce morceau se distingue par une chaleur, une verve d'inspiration qui entraîne le lecteur. Il ne se dissimule point l'extrême difficulté de saisir et de rendre les traits de l'esprit humain, de prêter une couleur, de donner l'action et le mouvement à ce qu'il y a dans notre nature de plus subtil et de plus mystérieux ; mais l'amour de la vérité l'emporte sur ces craintes pusillanimes, et l'entraîne malgré lui

« Dans une région poétique tout-à-fait nouvelle, pour y découvrir des sources jusqu'alors inconnues, y puiser à longs traits l'inspiration, et ceindre son front d'une couronne qui n'a brillé encore sur la tête d'aucun poëte. »

Le nôtre s'élève bientôt avec une noble audace à toute la hauteur d'où il a conçu et contemplé son sujet.

« C'est du ciel, s'écrie-t-il, que descendent mes chants ; c'est du ciel que la flamme du génie, l'amour, la beauté, l'ivresse et l'inspiration poétiques descendent, pour remplir, pour échauffer le cœur de l'homme. Avant que le soleil s'élançât tout radieux des portes de l'orient ; avant que la lune éclairât de sa douce lumière la voûte ténébreuse de la nuit ; avant que les montagnes, les bois et les eaux prêtassent à ce globe le charme de leurs ornements, et que la sagesse enseignât aux enfants des hommes ses hautes leçons, vivait l'Être éternel, l'Être unique. Profondément renfermé dans son ineffable essence, il voyait dans l'immensité les images des choses encore incréées : l'éclatant soleil, le pâle flambeau des nuits, les montages, les bois, les eaux, ce globe terrestre, et les formes célestes de la sagesse, étaient présents à sa pensée.

Dès l'origine des temps tous ces objets fixèrent son admiration ; et quand le jour en fut arrivé, son sourire vivifiant donna l'être à ce qu'il avait aimé et admiré. Le souffle de la vie circula ; la terre se couvrit de verdure, les vagues mugirent au loin, le jour et la nuit se succédèrent, etc. »

Tout cela est grand et beau de pensée, riche et noble d'expression et d'harmonie, dans le texte anglais. Un peu plus loin, Akenside veut nous donner l'idée d'une belle imagination, et de l'état d'une âme absorbée dans la jouissance des plaisirs qu'elle lui procure : voici de quelles couleurs, de quelles images il revêt sa pensée.

« Telle que cette harpe merveilleuse de Memnon, que le Nil a depuis si long-temps consacrée dans ses fables, rendait spontanément des sons mélodieux, dès qu'un rayon du soleil avait frappé l'une de ses cordes ; ainsi, sous la main puissante de la nature, une âme bien organisée résonne tout à coup, et répond harmonieusement aux êtres qui l'environnent, etc. »

Delille, qui avait senti tout le prix de cette ingénieuse comparaison, l'a imitée avec son bonheur ordinaire, dans le début de son troisième chant.

Voyez ce luth muet ; tant qu'une habile main
N'éveille pas le son endormi dans son sein,
Dans le bois insensible en secret il sommeille ;
Mais si d'un doigt savant l'impulsion l'éveille,
Il frémit, il résonne, exprime tour à tour
La pitié, la terreur, et la haine, et l'amour ;
Et, quand rien n'agit plus sur l'organe sonore,
Le bois mélodieux long-temps résonne encore :
Ainsi l'âme se tait quand rien ne parle aux sens, etc.

Le poëte anglais suit graduellement l'*Imagination* dans les genres divers de *plaisirs* qu'elle reçoit de l'impression que font sur elle le *grand*, le *merveilleux* ou le *beau*, dans les objets. Comme Delille, Akenside a son hymne à la beauté : peut-être ne sera-t-on pas fâché de comparer les deux poëtes, dans deux morceaux également remarquables, mais par un genre de mérite bien différent.

« O la plus brillante des filles du ciel ! comment essayer de reproduire tes divins attraits ? où trouver des couleurs qui puissent approcher de ton éternelle fraîcheur ? Tentons-le toutefois ; viens, ô Muse ; élançons-nous dans la vaste immensité de la nature : mets à contribution tous les élémens, et rassemble, pour parer ton aimable ouvrage, tout ce que la terre, l'air et les eaux pourront t'offrir de plus riant, de plus riche et de plus gracieux. Veux-tu fuir avec l'automne jusqu'aux rivages atlantiques ? Là, ses doigts de rose ont à peine touché l'arbre, ses branches se chargent de fruits dorés : quelque part quelle porte ses pas dans cette heureuse contrée, la grappe se colore, la pourpre y circule à longs flots, et les coteaux se parent de couleurs aussi vives que les images du soir. Aimes-tu mieux diriger ton vol vers les bords chéris où le tranquille Pénée réfléchit dans le cristal de ses eaux les scènes si agréablement variées du beau vallon de Tempé? Tempé, retraite chérie des Nymphes, des Faunes, de toutes les divinités des bois ! c'est là que, durant les beaux jours du siècle d'or, ils se livraient, avec le vieux Pan, à leurs jeux innocents sur les rives du fleuve; et tandis qu'ils dansaient, les Heures et les Zéphires leurs prodiguaient le parfum des fleurs, l'ambroisie de la rosée, et toutes les délices de l'Élysée. Non, Tempé ne refusera pas de t'ouvrir ses riches trésors : ne crains rien : un terrible dragon ne t'empêchera pas de cueillir les fruits des Hespérides. Oh! porte-les ces doux trésors dans le charmant réduit où la jeune Dioné fait son séjour. Qu'elle se rende à tes vœux; qu'elle consente à ce que ses formes divines deviennent pour nous le type et le modèle de la beauté. « Ne dédaigne pas, déesse aimable, de diriger vers nous ces pas où la grâce respire, d'incliner vers nous ton beau front! que tes yeux répandent autour de nous le doux éclat du jour naissant; que l'haleine des vents agite et soulève mollement les flots de tes blonds cheveux, en les écartant de ton cou d'albâtre ; que ces joues, où la beauté brille dans toute sa fleur, que ces lèvres de rose, où le plaisir sourit aussi doux que l'amour, tempère par un mélange heureux de pudeur et de sagesse ce que leurs charmes auraient de trop décevant! » Plus dignes alors de mon sujet, mes chants peindront l'attrait puissant de la nature, et sa tendresse maternelle pour tous ses enfants : alors le jeune homme, la jeune fille prêteront sans danger une oreille attentive aux accords de ma lyre, qui élevera leur âme à l'idée de la véritable beauté. Ils la verront s'avancer semblable au matin, éveillant le mois de mai dans les bras du Zéphire; ou à Vénus, lorsque debout sur son char, sortant à peine des flots, et déjà sûre de ses charmes, elle venait prendre possession des bosquets d'Idalie, au milieu des joyeuses acclamations de toutes les divinités de la mer, accourues à son triomphe. »

Mais sans la vertu, sans la vérité, point de beauté réelle :

« Elle n'est descendue du ciel dans ce monde livré à l'erreur, que pour y faire aimer la vertu et goûter la vérité : car vérité et vertu sont une seule et même chose : la beauté les renferme et elles renferment la beauté. Et vous pourriez, ô fils de la terre, chercher à rompre ce nœud sacré! Vous pourriez vous obstiner à poursuivre au hasard ce fantôme imposteur, que l'imagination vous présente sous des couleurs mensongères, au lieu de rechercher la beauté réelle, celle qui a reçu la sanction de l'éternelle vérité, celle que la vertu a marquée de son sceau, qui ne saurait vous tromper! Sans ces divins caractères, ce que vous prenez follement pour la beauté n'est qu'une ombre, que vous vous efforcerez en vain de saisir. Tristes jouets des prestiges de l'imagination, elle vous prend pour des enfants, et vous amuse en vous montrant des jouets. »

Une pompeuse invocation au génie de la Grèce termine noblement ce premier chant.

« O génie de l'ancienne Grèce! toi, dont je cherche et suis respectueusement les pas dans les sentiers de la nature et de la science! Source divine des beaux faits et des nobles désirs! oh! puisse une étincelle de ton feu embraser mon âme, l'élever et la soutenir à la hauteur de mon sujet! Que l'on ne m'accuse point de témérité, si je m'élance impatient du triste repaire de l'intrigue et de l'ambition, pour jouir de ta présence dans les bois sacrés, interdits aux profanes. Entends mes vœux! viens, avec tes palmes, tes lauriers, tes chants de victoire! viens, suivi du cortége brillant des arts, des pères de la sagesse antique, et de ton héroïque jeunesse, toute brûlante encore des leçons de la gloire. Je te suis au lycée, sous les doctes ombrages d'Académus, et dans l'odorante vallée où l'Ilissus charmé accordait le doux murmure de ses ondes aux sons harmonieux des paroles de Socrate. Puissé-je cueillir et transplanter dans ma patrie quelques-unes des fleurs immortelles qui parent tes beaux climats! puissent-elles se reproduire dans mes vers, tandis que, porté par la hardiesse de mon vol au-delà des bornes mêmes de l'imagination, j'essaie de remonter aux antiques sources de la sagesse; de réunir dans un même tribut d'éloges et ton nom à jamais sacré pour moi, et le nom de la nature; d'offrir à mes jeunes compatriotes l'héroïque exemple de tes fils, et de faire répéter à la lyre britannique les chants des muses théniennes! »

Ce morceau et le précédent suffiroient, ce me semble, pour donner au lecteur français une idée juste de la différence du goût des deux nations, et du génie des deux poëtes comparés. D'un côté quel luxe désordonné de parure, quel abus du style descriptif; et à travers tout ce fracas de mots, toute cette profusion d'images poétiques, quelle indigence fréquente d'idées neuves ou ingénieuses! C'est en général le grand défaut du docteur Akenside, et ce qui faisait dire au célèbre critique anglais déjà cité, « que ses images sont tellement entraînées par le torrent d'expressions poétiques dans lequel il les noie, que l'on essaie en vain de les retrouver : on ne poursuit plus que des formes fantastiques, qu'il faut deviner sous l'attirail d'une toilette exagérée : il multiplie les mots au point de rendre le sens imperceptible ; l'attention n'est plus dans l'esprit, elle est toute dans l'oreille ; et après avoir long-temps erré dans ce labyrinthe de fleurs, le lecteur est tout étonné de se retrouver au point d'où il étoit parti, et de s'être en pure perte si long-temps arrêté sur des riens. » Quelle sagesse, au contraire, chez le poëte français, dans le choix des ornements ; quel goût éclairé dans leur distribution ! Aussi riche pour le moins que l'écrivain anglais, mais économe plus habile de ses richesses, Delille ne sacrifie jamais le fond des choses au vain luxe de l'expression : chez lui, une image est presque toujours une pensée ; et plus cette pensée est noble ou profonde, plus l'image dont il la revêt est d'ordinaire simple et modeste ; il réserve les ornements pour ce qui a nécessairement besoin d'être orné. Akenside est admirable sans doute, pour la variété des tours, la richesse et l'abondance des expressions poétiques : Milton et Thompson, qui comme lui ont écrit en vers blancs, n'ont ni aussi bien connu, ni aussi habilement manié cette forme de versification ; mais on n'admire pas long-temps ce mérite tout-à-fait mécanique ; on s'endort bientôt au cliquetis puéril de tant de mots, qui ne sont que des mots; et l'on range, comme Chesterfield, le poëme d'Akenside au nombre des beaux ouvrages *qu'on n'entend pas*, et que par conséquent on ne cherche guère à relire. Peut-être le poëte-médecin s'est-il flatté de déguiser par le luxe des détails la sécheresse didactique du fond : mais il s'est encore trompé à cet égard; et des idées abstraites, obscures par elles-mêmes, le deviennent bien plus encore quand il faut lever, pour les trouver, tout l'appareil d'un style constamment métaphorique. C'est un écueil que notre Delille a su éviter avec un rare bonheur : la métaphysique parle chez lui son langage naturel; et le mécanisme de la mémoire est aussi clair, aussi intelligible dans ses beaux vers que dans la prose du plus rigoureux métaphycisien.

Un autre tort d'Akenside est de s'être volontairement privé du secours des épisodes : rien ne délasse son lecteur d'une marche pénible, dans des sentiers couverts, ou plutôt embarrassés de fleurs, qui ajoutent par cela même à la fatigue, au lieu de la diminuer. Quel avantage ici du côté de Delille! avec quel art il a su orner son sujet d'épisodes naturellement sortis de ce même sujet, et jeter une sorte de variété dans cette variété même, en donnant à chacun de ses épisodes un caractère et un intérêt particuliers! Quel charme de naïveté dans celui du jeune Lée-Boo! de grâce et de mélancolie dans celui de Volnis, de terreur dans les catacombes, de pitié et d'attendrissement religieux dans celui qui termine l'ouvrage!

Le poëte anglais paraît avoir néanmoins senti une fois l'inconvénient de cette longue suite de raisonnements, et de discussions politiques, morales, ou métaphysiques, bizarrement surchargées de couleurs et d'ornements poétiques; et une vision allégorique occupe le second chant du poëme. Mais le même défaut de goût et de mesure se fait encore remarquer ici; et sur sept cents et quelques vers dont se compose le chant, cet épisode prétendu en absorde à lui seul six cent quinze. Voici comment il est amené.

La matière de ce second chant est riche et belle : l'auteur se propose d'y passer en revue les plaisirs accidentels, qui ajoutent pour l'imagination à l'impression première d'un objet agréable.

« Ainsi, dit-il (et cette fois très-heureusement),

quand nous respirons le parfum d'une rose, elle nous semble se peindre d'un plus vif incarnat. Ainsi, lorsque nous voyons, à l'heure de la plus grande chaleur du jour, un ruisseau fuir dans la prairie, la pensée qu'il va désaltérer la soif brûlante des champs voisins prête un nouveau charme au cristal de ses ondes, et quelque chose de plus doux à son murmure. »

Que sera-ce donc, si de ces petits objets, de ces sensations communes, l'âme s'élève à de plus nobles considérations? si elle essaie de pénétrer, et pénètre en effet dans le secret des merveilles de la création, de l'harmonie des mondes, et surtout des mystères du cœur humain et des passions qui l'agitent?

« Eh quoi (se demande Akenside)! les larmes amères qu'un ami verse sur la tombe de son ami, les terreurs de la nuit, les feux d'une indignation prête à éclater, sont-ils donc aussi des jouissances pour l'imagination? »

Ce n'est pas le poëte qui va répondre à la question; c'est le personnage allégorique que j'ai annoncé.

« C'était la saison où le pâle automne attriste de ses ombres humides le soir d'un beau jour; j'égarais mes pensées solitaires dans les détours d'une antique forêt, méditant sur l'étrange destinée de l'homme, sur les biens et les maux qui marquent son passage dans la vie..... Soudain, vivement frappée, mon imagination se retrace le tableau désolant de la mort de Parthénie, moment affreux, l'objet de tant et de si cruels regrets ! Hélas ! la fleur de la jeunesse brillait à peine sur son visage; les leçons de la sagesse achevaient de former son cœur, la couronne de l'hymen allait orner son front!... et les larmes de ton père, le désespoir de ton amant n'ont pu te soustraire à la tombe inexorable ! Je vois encore tes regards expirants, ton dernier adieu, et toutes les puissances de mon âme sont anéanties sous la main terrible de la mort! — En même temps l'ombre m'enveloppa plus épaisse et plus noire, le vent mugit dans le feuillage avec un plus triste murmure; et la scène de la vie humaine se déploya à mes yeux, terrible comme l'orage pendant la nuit. Je me crus transporté dans un désert affreux, où le meurtre et le pillage n'avaient laissé que la désolation : la tyrannie y siégeait sur un trône sanglant, et le souffle contagieux de la supersition avait au loin infecté les airs. — Dieu juste, m'écriai-je, qu'est-ce donc que la vie de l'homme! n'était-ce donc point assez, pour accomplir tes redoutables décrets, des maux qui me sont personnels? pourquoi étendre encore cette désolante perspective devant moi, et déchirer mon âme par le tableau de nouvelles cruautés ? Malheureux héritier de douleurs qui ne sont pas les miennes, suis-je donc destiné à porter tout le poids des misères humaines ? — Ainsi s'exhalait l'impatience de mes plaintes, etc. »

Un fantôme lui apparaît ; c'est *le Génie de l'humanité*. Son large front est ceint de feuilles de palmier, et sur ses épaules flotte un vêtement léger et transparent, que fixe autour de ses reins une ceinture d'or, où sont tracés en caractères mystiques et le nom et les augustes fonctions du Génie. Il régnait dans ses traits un mélange de douceur et de majesté, qui commandait le respect, sans inspirer la crainte ; et ses graves paroles retentissaient dans l'air comme le bruit sourd d'un tonnerre éloigné.

« Où s'égarent tes vaines pensées et l'impuissance de tes discours, fils périssable de l'homme ? T'es-tu flatté de renfermer dans l'étroite capacité de tes idées tout le vaste ensemble de la création ? Ta sagesse a-t-elle tout prévu, pourvu à tout ? Et c'est toi qui oses te constituer juge entre le maître de la nature et ses œuvres ! élever ta voix contre l'ordre suprême réglé par celui qui est toute bonté, tout amour ! calomnier les nœuds sacrés de tendresse qui réunissent tous les membres de la grande famille ! Eh ! quelles sont donc les angoisses qui ont déchiré ton âme au point de lui faire désirer de rompre tous ses rapports avec le reste de la nature, afin que ton lâche et froid egoïsme cesse enfin de déplorer son partage, et d'hériter des peines de tes semblables ! Oh ! quel excès de bienveillance et de générosité ! et quel présent la nature a fait en toi au genre humain ! »

La scène change, et le Génie la transporte dans un site agreste et sauvage, où la volonté du ciel fixa la demeure primitive de l'homme : là il révèle au poëte étonné et ravi la grande pensée qui présida à la création et à l'ordre mystérieux de l'univers, et lui prouve que les peines inséparables de la vertu ne sont jamais sans plaisir : mais Akenside prouve en poëte : il personnifie la Vertu, la Peine, le Plaisir; et les fait agir et parler dans une succession de scènes où il s'abandonne plus que jamais au luxe désordonné de son style, toujours semé par intervalles d'images brillantes ou de pensées profondes. « La Vertu, selon lui, c'est la beauté par excellence ; c'est un rayon échappé de la gloire de l'Eternel ; c'est la divinité qui inspire tous les généreux sentiments : sans elle, sans sa puissante intervention, rien ne se fait de grand, rien n'arrive d'heureux. Le souverain des mondes lui commit le soin de faire éclore et d'amener à leur maturité les germes heureux déposés dans les grandes âmes; de leur révéler le secret de leur énergie, et d'en diriger utilement l'essor vers le bien. Il lui donna, pour la seconder dans son auguste mission, la jeune et aimable

Euphrosine (c'est le *Plaisir*, que ce nom désigne dans le poëme), dont le doux sourire et la grâce enchanteresse captivent également et les simples mortels et les habitants du séjour céleste. Aussi le Plaisir ne tarde-t-il pas à séduire, à entraîner tous les cœurs ; et la Vertu négligée languit dans un triste abandon. Elle en porte ses plaintes à l'Eternel.

« O toi, lui répond-il, qui seras à jamais l'objet de ma tendresse, ô la plus belle des habitantes des cieux, et le portrait le plus fidèle de ton auteur ! loin de toi le découragement, le reproche et les dégoûts : rassure-toi : ton grand ouvrage s'accomplira. Si l'homme refuse de se rendre à tes conseils, si honteusement subjugué par des plaisirs indignes de lui, il rend à ta compagne les honneurs qui n'appartiennent qu'à toi, il ne poursuit qu'un vain fantôme de bonheur, qui lui échappera sans cesse. Reprends donc courageusement ta glorieuse tâche ; mais poursuis-la seule, et que cette trop séduisante compagne ne la partage plus désormais. Je la remplace auprès de toi par le terrible fils de Némésis, ce redoutable vengeur des atteintes portées à l'ordre sacré établi par mes lois. »

Sous quels traits le monstre nous est ensuite présenté ! C'est un spectre-géant ! il s'avance, noir comme la nuit, au bruit du tonnerre, et au milieu des nuages. L'impatience, les convulsions de la douleur agitent violemment ses membres, et sa main est armée d'un fouet de serpents. La Vertu le suit en silence : rien n'a troublé le calme de ses traits ; et la sérénité de son front n'a rien contracté de l'obscurité profonde qui l'environne. Une jeune victime est livrée pour un moment à l'opiniâtreté du malheur qui la poursuit : mais la Vertu ne la perd pas de vue, elle l'empêche de succomber, la réchauffe, la ranime dans son sein, la fortifie par ses éloquentes exhortations. La victime du malheur se résigne courageusement à son sort, le brave, en triomphe ; et la Vertu lui rend la présence et les charmes de la belle Euphrosine.

La scène change de nouveau ; et le poëte se retrouve seul avec le Génie, qui lui dévoile le sens allégorique de la vision. Ainsi finit le second chant.

Ce sont moins *les plaisirs* que les écarts et les erreurs de l'imagination qui font la matière du troisième : sujet éminemment riche et fécond, pour le poëte comme pour le philosophe. C'est le poëte qui nous représente *la folle de la maison*, suivant l'heureuse expression de Montaigne, offrant la coupe empoisonnée de Circé à l'imprudente avidité de la jeunesse, qui y boit à longs traits l'erreur, dénature toutes les notions primitives, met le vice à la place de la vertu, et bouleverse le monde moral. Mais c'est le philosophe qui ajoute : « Ainsi tous les crimes fameux que la muse tragique étale sur la scène à nos yeux effrayés se sont d'abord introduits dans l'âme sous des idées fausses d'honneur, de plaisir, ou de grandeur. » Cependant ces illusions, ces erreurs de l'imagination ne portent pas toujours les passions à des actions criminelles. La raison n'est pas toujours soumise en esclave à la tyrannie du vice : souvent il cède le trône à la folie, et c'est alors le ridicule qui règne. Ici s'ouvre devant le lecteur une galerie de portraits satiriques, où le poëte fait passer en revue sous nos yeux une foule d'originaux distingués tous par les traits d'un genre particulier de folie. Il y a de la vérité dans ces tableaux, et une certaine énergie caustique dans le style, qui diversifie agréablement le ton grave et solennel du reste de l'ouvrage. « Mais pourquoi, se demande-t-il ensuite, pourquoi ce rire involontaire, excité par le mépris même du ridicule ? Pourquoi ce sentiment de plaisir, né du sein même du dégoût ? » Sa réponse est très-remarquable. « C'est pour hâter, dit-il, les pas tardifs de la raison, et la forcer de rechercher et de reconnaître enfin par quelle sympathie secrète le ridicule se rattache au vice pour concourir avec lui au désordre général. On se détourne avec horreur de l'aspect du vice : on s'arrête avec une sorte de plaisir sur le tableau du ridicule, lorsqu'il se présente sous des traits assez caractérisés pour frapper également et le rustre qui passe et le sage qui médite. »

Après avoir ainsi tenu l'âme, pour ainsi dire, en présence d'elle-même, dans la contemplation de ses vices, de ses vertus et de ses travers, Akenside la met en rapport avec les êtres inanimés, et s'explique leur impression sur l'esprit, par l'analogie naturellement établie entre eux et l'âme humaine, centre universel, d'où tout part, et où tout doit se rapporter. Plus cette impression aura été vive et profonde, plus l'expression en deviendra forte, vraie et pittoresque ; plus le génie se développera dans les arts d'imitation. Mais tout cela suppose une âme si supérieure aux idées communes, et tellement épurée par le commerce habituel de la divinité, qu'il n'est pas surprenant que le beau, et surtout le parfait, soit, en tout genre, un phénix si difficile à trouver. Aussi, quel portrait le poëte va nous tracer du mortel heureux dans lequel il réalise cette perfection idéale, et conçoit cette parfaite harmonie des facultés morales et des organes corporels !

« Qu'il est chéri du ciel, celui que les chants efféminés du luxe et de la mollesse, que l'éclat perfide d'un vil métal, trop souvent acquis aux dépens de l'honneur, n'ont pu séduire au point de lui faire abandonner les ineffables trésors que l'imagination emprunte à la nature pour faire le charme et le bonheur de la vie ! Il n'est pas donné sans doute à tous les enfants des hommes d'iriter l'envie par l'élévation de leur rang : l'opulence patricienne et la pourpre impériale sont le partage d'un petit nombre seulement ; mais juste et tendre pour tous ses enfants, la nature dédommage par de plus riches trésors, par des distinctions plus honorables, l'heureux mortel qui sait apprécier ses dons. La pompe des villes, les richesses des campagnes, tout est à lui : ce palais magnifique, ces portiques, ces colonnes, ce marbre qui respire, cet or si habilement travaillé, il jouit de tout cela, et ses titres de propriété s'étendent bien plus loin que ceux de l'orgueilleux possesseur de ces merveilles. C'est pour lui que le printemps distille la rosée et déploie la verdure : pour lui que l'automne dore le feuillage et le peint de la pourpre du matin. Chaque heure lui apporte le tribut d'une nouvelle jouissance : chaque pas lui découvre une beauté nouvelle ; et un charme qu'il n'avait jamais éprouvé l'attire sans cesse. Un léger zéphyr s'élève-t-il de la prairie, un nuage absorbe-t-il les derniers rayons du soleil couchant, le chantre harmonieux du bocage fait-il entendre sa voix, l'âme du sage goûte une volupté pure, un plaisir que n'empoisonne aucun remords. Que dis-je ? ce plaisir ne se borne pas pour elle à une vaine et stérile sensation du moment ; l'action de cette harmonie universelle sur ses facultés la met en harmonie avec tout l'univers : accoutumée depuis long-temps à étudier dans la contemplation des objets extérieurs l'ordre admirable de la création, elle s'efforce de trouver en elle-même un ordre qui y réponde, et qui développe ce délicieux amour qui lui est inspiré. Ainsi ses facultés se perfectionnent, s'épurent insensiblement ; les passions n'ont plus rien de violent, rien de tumultueux. Mais si, justement indifférente pour ces beautés d'un ordre inférieur, elle porte plus haut son essor, et s'élève jusqu'à la contemplation de la majesté céleste qui posa les fondements de l'univers, quel merveilleux changement s'opère tout à coup en elle !.... Tout se réunit pour lui révéler la grandeur de sa destinée : tout lui apprend que le Créateur nous a faits pour contempler, pour aimer ce qu'il aime, ce qu'il contemple : pour être, à son exemple, grands, actifs et bienfaisants. Ainsi conversent avec Dieu même les mortels qui savent connaître et apprécier les œuvres de la nature : plus familiers de jour en jour avec les plans de l'éternelle sagesse, ils agissent dans ses vues, et cherchent pour leur âme des plaisirs semblables aux siens. »

Ainsi les chants du poëte remontent à la source céleste d'où ils étaient descendus, et le dernier anneau de la chaîne de ses graves pensées va se rattacher, comme le premier, au trône de la Divinité. Mais cette gravité même, cette élévation continue de pensées, qui tient habituellement l'esprit à une hauteur forcée, ne tarde pas à fatiguer le lecteur, déjà rebuté par la diffusion d'un style où l'on se lasse bientôt de suivre un auteur qu'il faut souvent chercher. Au surplus, c'est le grand inconvénient des *vers blancs*, qui, n'imposant point au poëte la nécessité de compléter le sens avec la rime, et de satisfaire ainsi l'esprit par le complément de l'idée, et l'oreille par une chute harmonieuse, accumulent les images sur les images, ajoutent des ornements, sans trop s'embarrasser de ce que devient la pensée au milieu de tout ce vain fracas de mots. Aussi a-t-on remarqué que les plus difficiles à entendre, et surtout à traduire, de tous les poëtes anglais (Milton, par exemple, et Thompson), sont ceux qui se sont affranchis de la rime; tandis que ceux qui s'y sont le plus scrupuleusement assujettis, tels que Dryden et Pope, n'offrent pas, à beaucoup près, les mêmes difficultés.

Akenside paraît avoir reconnu lui-même la plupart des défauts de son poëme; car il s'était proposé de le revoir, ou plutôt de le refaire en entier; mais la mort ne lui laissa pas le temps d'effectuer son projet. On a cependant recueilli tous ses changements, dans une édition postérieure : il s'étoit particulièrement attaché à réduire dans de plus justes proportions la pénible prolixité de son style; « mais je ne sais, dit à ce sujet Johnson, si l'auteur n'a pas perdu en beautés de détail ce qu'il s'est efforcé de gagner en économie de paroles ».

On peut s'expliquer maintenant la destinée littéraire de ce poëme en Angleterre, où il fut d'abord accueilli avec enthousiasme par ceux dont il flattait les idées républicaines: impartialement jugé par les autres, et mis bientôt, et pour toujours, au rang des ouvrages qu'on estime, qu'on admire même, mais auxquels il est rare qu'on soit tenté de revenir. Les savants n'étaient point assez poëtes pour l'apprécier sous ce rapport, ni les poëtes assez savants pour le suivre et l'entendre partout.

VARIANTES DU CHANT CINQUIÈME.

PAGE 11, VERS 9.

Ah! quand mon œil à peine entrevoit la nature, etc.

PAGE 12, VERS 9.

Mais si je veux trouver tes plus brillants prestiges, etc.

Ces vers et les trente-cinq suivants ne se trouvent pas dans les éditions antérieures à 1817.

PAGE 17, VERS 7.

Gloire te soit rendue!

PAGE 22, VERS 3.

Quels que soient les excès de leurs divisions, etc.

Ce morceau sur Shakespeare et sur la tragédie anglaise a été ajouté dans les éditions qui ont suivi celle de 1806.

PAGE 34, VERS 1.

Edition de 1806 :

L'erreur régnait partout : sa voix enchanteresse
D'un ton plus éloquent fit parler la sagesse :
Par lui l'homme rompit le joug du préjugé.

VARIANTES
DU CHANT SIXIÈME.

PAGE 102, VERS 11.

Malheureux! le trépas est donc ton seul asile! etc.

Tout ce qui suit a été ajouté dans l'édition de 1817, jusqu'au vers

Voyez ce fier coursier, etc.

On lisait dans les précédentes :

J'ai dit les biens charmants d'où naissent nos délices :
Je dois dire les maux qui causent nos supplices.
L'imagination en augmente l'effroi ;
Contre elle la raison va combattre avec moi.
Ces maux si redoutés sont de peu de puissance ;
L'obscurité, la mort, et surtout l'indigence.

Vois-tu ce fier coursier, etc.

PAGE 105, VERS 16.

Bien plus cruel encor, le chantre d'Épicure, etc.

Ce morceau, d'une mélancolie si douce et si tendre, et qui respire une sensibilité si vraie, si touchante, ne se trouvait pas dans les éditions antérieures à 1817 : le poëte y passait immédiatement à ce vers :

De loin la pauvreté semble encor plus cruelle

VARIANTES DU CHANT VI.

PAGE 111, VERS 10.

Mais, vois que de travail, etc.

PAGE 113, VERS 7.

Le ciel partage à tous les biens et la misère, etc.

Jusqu'au vers,

Pauvres riches! ces biens que vous croyez les vôtres, etc.

Ajouté dans l'édition de 1817.

PAGE 116, VERS 7.

Edition de 1806 :

Qui flattent ton espoir, et séduisent ton cœur?...
Mirabeau nous l'a dit, etc.

L'édition de 1817 ajoute tout ce qui se trouve aujourd'hui entre ces deux vers.

VARIANTES
DU CHANT SEPTIÈME.

PAGE 160, VERS 11.

Surtout dans leurs écrits leurs souveraines voix,
De leur couche de mort, etc.

PAGE 164, VERS 18.

Si chèrement payée, et si vite ravie !

PAGE 166, VERS 27.

De ces jeux des hameaux, des fêtes des pasteurs.

PAGE 169, VERS 27.

Mais que j'aime ces jeux, qui, dans les jeunes cœurs,
Versaient déjà l'amour des vertus et des mœurs !

PAGE 177, VERS 9.

Mais que veut ce concours et ce peuple en furie à

PAGE 183, VERS 13.

Mais pourquoi loin de nous.

VARIANTES
DU CHANT HUITIÈME.

PAGE 218, VERS 17.

Mais ce prix, au mérite, etc.

PAGE 225, VERS 26.

Mais de l'esprit humain triste fatalité!

PAGE 238, VERS 1.

Eh! pourrais-je oublier sur les religions
Ce que peuvent l'esprit, les mœurs des nations!
Sur l'empire des mœurs appuyant son empire, etc.

IBID., VERS 27.

........Le Tartare t'adore.

PAGE 242, VERS 7.

Nature, apprête-toi!

Tout ce qui suit, jusqu'au vers 13, page 224, a été ajouté dans l'édition de 1817.

PAGE 251, VERS 8.

Édition de 1806 :

Elle errait incertaine autour de son enceinte.
Un simple villageois, dans cet auguste lieu,
Venait d'ouvrir son âme au ministre de Dieu;

VARIANTES DU CHANT VIII.

La sainte paix du cœur brillait sur son visage.
Ce calme la surprend, cet aspect l'encourage ;
Elle s'approche, elle entre, elle avance à pas lents,
Tout à coup se découvre, etc.

PAGE 255, VERS 3.

Enfin, que ne peut point le Dieu qui la rassure?

FIN DU TOME SECOND DE L'IMAGINATION.

TABLE DES MATIÈRES

CONTENUES

DANS CE VOLUME.

L'IMAGINATION.

Chant V....................................	3
Notes du chant V...........................	41
Chant VI...................................	87
Notes du chant VI..........................	127
Chant VII..................................	151
Notes du chant VII.........................	185
Chant VIII.................................	215
Notes du chant VIII........................	257
Appendice aux notes sur le poëme de l'Imagination.	283
Variantes..................................	313

FIN DE LA TABLE.

www.ingramcontent.com/pod-product-compliance
Lightning Source LLC
Chambersburg PA
CBHW060415170426
43199CB00013B/2156